天津博物馆

MUSEUM TIANJIN 论丛

2022

天津博物馆
天津文博院 编

科学出版社
北京

内 容 简 介

本书为"天津博物馆论丛"系列丛书中的一本。主要包括文物学研究、博物馆学研究、文化遗产保护研究、历史学研究四个部分,汇总了文博界相关研究人员就博物馆展览、博物馆教育、博物馆新技术、博物馆藏品研究、文化遗产保护等方面问题的最新思考。本书内容所涉主题皆是当下中国文物及博物馆学界研究的热点问题,文章的作者也多是奋战在文博行业第一线的工作人员,这些思考对高校文博专业的研究人员、相关文博机构的从业人员势必有所启发。

本书可供高校博物馆专业师生、文博机构从业者,以及对文博专业感兴趣的人员阅读、参考。

图书在版编目(CIP)数据

天津博物馆论丛. 2022 / 天津博物馆,天津文博院编 . -- 北京:科学出版社,2023.9

ISBN 978-7-03-076378-5

Ⅰ.①天… Ⅱ.①天… ②天… Ⅲ.①博物馆学 – 文集 Ⅳ.① G260-53

中国国家版本馆 CIP 数据核字(2023)第 175158 号

责任编辑:张亚娜 闫广宇 / 责任校对:王晓茜
责任印制:肖　兴 / 封面设计:北京美光制版有限公司

科 学 出 版 社 出版
北京东黄城根北街16号
邮政编码:100717
http://www.sciencep.com

北京中科印刷有限公司 印刷
科学出版社发行 各地新华书店经销

*

2023 年 9 月第 一 版　开本:787×1092　1/16
2023 年 9 月第一次印刷　印张:21
字数:497 000

定价:168.00 元
(如有印装质量问题,我社负责调换)

编　委　会

目 录

一、文物学研究

二、博物馆学研究

三、文化遗产保护研究

四、历史学研究

一、文物学研究

战国布币地名汇释四则*

摘要：布币是中国先秦时期的一种重要货币，对于"襄垣""齐贝""梁邑""平阳"等布币的国别归属和地名释义一直存在争议。通过对这四种布币的地名汇释，我们可以综合多种研究成果，更加科学客观地认识这些布币。对这四种布币的实测对比则可初步看出异同，并反映战国时期的各国军事兼并和经济交流这一大趋势。

关键词：货币 地名 战国 方足布

中国古代把一种铲形挖土工具称为"镈"，在原始社会末期，人们即懂得拿着这种铲形器去换取其他物资。到了周景王的时候，这种铲形农具被进一步地小型化，铸成象征性的"镈"。这种小型化的"镈"成为一种交换媒介，行使着一般等价物的职能。又因为"镈"和"布"发音相似，声母相同，音韵相转，于是"镈"就转韵成了"布"了[①]。笔者于 2020 年在保定市得见四枚战国布币真品，遂着手测量并记录相关数据。这四枚布币都系方足布，方足布是从空首布演变而来的，彭信威先生评价方足布说："方足布是一种最通行的布，形状比尖足布要小，每枚平均只有五六公分重，铜质比尖足布坚韧。"[②] 其中第一枚布币上写着"㐫䢼"，今一般译作"襄垣"；第二枚布币上铸有钱文"貝攵"，今一般译作"贝丘""齐贝""文贝""贝它"；第三枚布币上铸有钱文"粱"，今译作"梁邑"；最后一枚布币上铸有钱文"㝪㝵"，今译作"平阳"。

---

① 盛洪伟：《布币的收藏投资》，《金融时报》2014 年 7 月 26 日第 11 版。

② 彭信威：《中国货币史·两汉的货币》，上海人民出版社，2015 年，第 96 页。

一、"襄垣"布币的国别归属及地名汇释

据《说文》卷 8 上"襄"字条有"汉令解衣耕谓之襄，从衣"[①]，卷 13 下"垣"字条有"墙也，从土亘"[②]。战国时期的襄垣在今山西省长治市襄垣县北，并不像今天一样在潞水之滨，其地西临铜鞮，南距屯留大城不远[③]。《汉书·地理志》上党郡条目记载："襄垣，莽曰上党亭。"[④] 其后又有应劭注曰："黎侯国也，今黎亭是也。"[⑤] 可见，襄垣在春秋早期属于黎国管辖的范围。周桓王二十一年，其地属鲁大夫党氏食邑，后被赤狄攻夺侵占，其地归潞子婴儿国。周定王十三年，晋景公灭赤狄，其地归晋公族食邑。初尚龄《吉金所见录》（1819 年刻本）释读出"襄垣"方足小布，成为最早指出"襄垣"具体含义的著录。

对于"襄垣"布币（图一）到底是韩国钱币还是赵国钱币，学界一直有多种看法。马静在《浅谈战国时期三晋货币方足布的品类》一文中认为"襄垣"布币属于赵国方足布，并存在传形"襄垣"布[⑥]。吴良宝先生在《战国金文考释两篇》中列举了"襄"字原篆从攴，这种"襄"字的写法还见于《殷周金文集成》4·2303 的鼎铭、18·11565"二十三年襄城矛"，以及"六年襄城令戈"等[⑦]。据吴先生分析，两件兵器铭文中的"造"字从贝、从攴、告声，是韩国文字的特有写法，而且"令"之后有"司寇"，这是一级监造者。根据黄茂琳先生的研究，这是韩桓惠王九年之后韩国兵器铭文的一个特征[⑧]，可作为判定国别的一个标准。方足布"襄垣"的国别早前一般认为是赵国，主要就是依据襄垣之地临近赵国统治核心区，吴良宝先生通过对文字进行分析，今襄垣县北的战国襄垣遗址实为韩国属地[⑨]。

从各种地理书的对比上看，李吉甫的《元和郡县图志》襄垣县条载："襄垣县，本汉旧县，属上党郡，赵襄子所筑，因以为名。"[⑩] 李吉甫认为是从赵襄子筑城开始该地才

---

① （汉）许慎撰，（宋）徐铉校定：《说文解字》卷 8，中华书局，1963 年，第 172 页。

② （汉）许慎撰，（宋）徐铉校定：《说文解字》卷 13，中华书局，1963 年，第 287 页。

③ 谭其骧主编：《中国历史地图集·战国时期》，中国地图出版社，1982 年，第 35~36 页。

④ （汉）班固：《汉书》卷 28《地理志》，中华书局，1962 年，第 1553 页。

⑤ （汉）班固：《汉书》卷 28《地理志》，中华书局，1962 年，第 1553 页。

⑥ 马静：《浅谈战国时期三晋货币方足布的品类》，《文物世界》2013 年第 6 期，第 12 页。

⑦ 王人聪：《六年襄城令戈考释》，《第三届国际中国古文字学研讨会论文集》，香港中文大学，1997 年，第 415~422 页。

⑧ 黄茂琳：《新郑出土战国兵器中的一些问题》，《考古》1973 年第 6 期，第 372~380 页。

⑨ 吴良宝：《战国金文考释两篇》，《中国历史文物》2006 年第 2 期，第 22 页。

⑩ （唐）李吉甫：《元和郡县图志》卷 15《河东道四》，中华书局，1983 年，第 422 页。

命名为"襄垣","襄垣"布币当比襄垣筑城要晚，应该是赵国铸币。王存在《元丰九域志》中并未提到春秋战国时期襄垣的相关信息，只是指出宋代时的襄垣城在潞州西北八十里处，有鹿台山、涅水和漳水①。乐史在《太平寰宇记》襄垣县写道："亦汉旧县，属上党郡。赵襄子所筑，因以为名。……唐武德元年，移于甘罗水南，即今县。"②这条史料也认为该城系赵襄子所筑，不过在唐高祖武德元年曾迁移县城到甘罗水南岸。顾祖禹的《读史方舆纪要》襄垣县条有"秦置县，属上党郡。相传邑城为赵襄子所筑也"的记载，而其后的韩城条注记还提到，韩城在襄垣县的县城以北，可能是战国时期

的韩国修筑的，后来就被人们习惯性称为"韩城"，后周曾在这里设置韩州。在襄垣县北边二十七里处有甯城，传说为赵简子修筑③。通过上述材料可以看出，襄垣县所在地在战国时期可能是韩国和赵国的交界处，归属错综复杂，"襄垣"布币由谁而铸可能存在三种情况：首先，"襄垣"布币可能是赵襄子筑城后赵国建造的；其次，"襄垣"布币可能既在"韩城"被韩国铸造，也在"甯城"被赵国铸造；最后，"襄垣"布币为韩国铸币。

图一　"襄垣"布币正面和背面

二、"齐贝"布币的国别归属及地名汇释

"**𧵅**"如果释读成"齐贝"，据《说文》卷7"齐"的繁体字"齊"可以释读为"禾麦吐穗上平也，象形凡亝之属，皆从亝"，徐锴注曰："生而齐者莫若禾麦二地也，两傍在低处也。"④卷6"贝"的繁体字"貝"被解释为"海介虫也，居陆名猋，在水名蜬，象形。古者货贝而宝龟，周而有泉，至秦废贝行钱，凡贝之属皆从贝"⑤。"齐贝"在诸多地理书中难以寻见，《庄子·盗跖》曾有"唇如激丹，齿如齐贝"的记载，而"贝丘"则是一个重要的地理名词，在战国时期或属赵国，或属齐国。《汉书·地理志》清河郡条目记载有贝丘城并设置都尉，应劭称《左传》云："齐襄公田于贝丘。"⑥从这

① （宋）王存：《元丰九域志》卷4《河东路》，中华书局，1984年，第163页。

② （宋）乐史：《太平寰宇记》卷45《河东道六》，中华书局，2007年，第943页。

③ （清）顾祖禹：《读史方舆纪要》卷42《山西四》，中华书局，2005年，第1963～1964页。

④ （汉）许慎撰，（宋）徐铉校定：《说文解字》卷7，中华书局，1963年，第143页。

⑤ （汉）许慎撰，（宋）徐铉校定：《说文解字》卷6，中华书局，1963年，第129页。

⑥ （汉）班固：《汉书》卷28《地理志》，中华书局，1962年，第1577页。

则史料看，贝丘之地铸造"齐贝"有一定的可能性。

对于"齐贝"布币（图二）到底是赵国铸币还是齐国铸币，也存在多种说法。马静在《浅谈战国时期三晋货币方足布的品类》一文中认为"齐贝"布币也可作"贝丘"、"贝土"或"贝地"，但其释义、国属和地望仍存争论①。吴良宝先生在文章中分析称，"齐贝"布币旧时有多种译法：初尚龄在《吉金所见录》中释为"贝邱"；马昂在《货布文字考》中释为"贝丘"；倪模在《古今钱略》引中释为"文贝"；丁福保在《古钱大辞典》中释为"齐贝"；刘体智在《善斋吉金录·泉录》中释为"它贝"。吴良宝先生认为上述提法都不可

图二　"齐贝"布币正面和背面

信②。吴先生认为何林仪先生释为"贝它"即是文献中的"贝丘"③；张颔先生释为"榆即"的省变之形，读为"榆次"，在今山西榆次县北④，这两种说法比较可信。但是根据裘锡圭先生的《战国布币考·榆次币考》，显然"榆次"布币另有其他写法⑤。

从各种地理书的对比上看，李吉甫在《元和郡县图志》贝州条写道："贝州，禹贡冀州之域。春秋时其地属晋，七国时属赵。"临清县条记载："贝丘城在县东南五十里。汉贝丘县城也。城内有丘，高五丈，周迴六十八步，城因此为名。春秋'公田于贝丘'，是齐州地也，与此异也。"⑥李吉甫认为《春秋》中提到的"贝丘"并不是临清县的贝丘城。《元丰九域志》恩州条未提及"贝丘"，校勘记也未提及⑦。乐史在《太平寰宇记》中提到淄川县"宋元嘉五年于此置贝丘县，属清河郡。高齐废郡，县属齐州。隋开皇十六年于此置淄州，贝丘县属焉"⑧。在淄州也曾设置过贝丘县，且在齐国境内。同时乐史提到河北道还有贝州，战国时为赵国地。顾祖禹在《读史方舆纪要》清河县条记载"贝州城，在县治东。杜佑曰：'春秋时齐地，亦为晋东阳之境。'七国时属

① 马静：《浅谈战国时期三晋货币方足布的品类》，《文物世界》2013 年第 6 期，第 14 页。

② 吴良宝：《战国金文考释两篇》，《中国历史文物》2006 年第 2 期，第 24 页。

③ 何林仪：《贝地布币考》，《陕西金融钱币专辑》（14），1990 年第 Z1 期。

④ 张颔：《"贝丘"布文字辩正》，《张颔学术文集》，中华书局，1995 年，第 124～125 页。

⑤ 裘锡圭：《战国货币考（十二篇）》，《北京大学学报》（哲学社会科学版）1978 年第 2 期，第 70 页。

⑥ （唐）李吉甫：《元和郡县图志》卷 16《河北道一》，中华书局，1983 年，第 463～465 页。

⑦ （宋）王存：《元丰九域志》卷 2《河北路》，中华书局，1984 年，第 72～102 页。

⑧ （宋）乐史：《太平寰宇记》卷 19《河南道》，中华书局，2007 年，第 377 页。

赵", 其后清阳城注记云:"贝丘城, 在故清阳城东。或以为即春秋时齐贝丘地。"① 顾祖禹则揭示了贝丘自春秋时齐国地转化为战国时赵国地这一历史过程。由上述材料分析, "齐贝"布币极可能是流通于齐赵两国边境的通行货币, 贝丘城及其周边可能因为战争等原因在齐国和赵国之间流转过。因此"齐贝"布币既有可能是齐国铸币, 也有可能是赵国铸币。

三、"梁邑"布币的国别归属及地名汇释

"釋"一般都释读为"梁邑", 据《说文》卷6"梁"字可以释读为"水桥也, 从木从水"②,《说文》卷6"邑"字可释读为"国也。从口; 先王之制, 尊卑有大小, 从卪。凡邑之属皆从邑"③。可见, 从《说文解字》里的解释"梁邑"拆开来讲, 都蕴含地理要素。战国时期的"梁邑"即是魏国东迁后的都城"大梁", 该城位于小黄之西、沙海之东、黄池之南、启封之北, 是商旅辐辏的交通便利之地。据《汉书·地理志》上党郡条目记载:"浚仪。故大梁。魏惠王自安邑徙于此。"④ 后秦将王贲水灌大梁, 灭魏, 汉代的浚仪城就是在大梁城之上修建的。

对于"梁邑"布币(图三)的国别归属, 唐石父先生认为布文"梁邑"为文字左右两半, 分别在直纹两侧, 正写、反写不定, 是战国魏国铸币⑤。彭信威先生认为"梁邑"布有大小布两种, 当属于三晋布币中的一种⑥。清人戴熙在《古泉丛话》中方足布部分亦绘有"梁邑"布币⑦。清人李佐贤将"梁邑"释作"乘邑", 引《春秋·庄公十年》:"公败宋师于乘邱。"认为其系鲁币⑧。综合众多观

图三 "梁邑"布币的正面和背面

---

① (清)顾祖禹:《读史方舆纪要》卷15《北直六》, 中华书局, 2005年, 第689~690页。

② (汉)许慎撰, (宋)徐铉校定:《说文解字》卷6, 中华书局, 1963年, 第124页。

③ (汉)许慎撰, (宋)徐铉校定:《说文解字》卷6, 中华书局, 1963年, 第131页。

④ (汉)班固:《汉书》卷28《地理志》, 中华书局, 1962年, 第1559页。

⑤ 唐石父:《中国古钱币》, 上海古籍出版社, 2001年, 第15~16页。

⑥ 彭信威:《中国货币史·货币的发生》, 上海人民出版社, 2015年, 第25页。

⑦ (清)戴熙:《古泉丛话·泉话四》, 广文书局, 1980年, 第46页。

⑧ (清)李佐贤:《古泉汇》, 山东画报出版社, 2017年, 第113页。

点，今人基本确定"梁邑"布币为魏国铸造，行用于三晋及燕国等地。

从各类地理书的对比上看，李吉甫在《元和郡县图志》汴州浚仪县条写道："浚仪县，本汉旧县，属陈留郡。故大梁也，魏惠王自安邑徙此，因浚水为名。后魏于此置梁州，周宣帝改为汴州，县属之。隋大业二年废汴州，改属郑州。武德四年于此重置汴州，以县属焉。"[1]李吉甫认为"梁邑"之浚仪县属于附郭县，大梁城就在唐代汴州城之下，他又写到夷门、枯遮梁沟等战国大梁城地理名词多遗留至唐代。《元丰九域志》东京条提及"开封""祥符"两县有"浚沟"和"夷门山"，这都体现了战国大梁城的地理要素[2]。乐史在《太平寰宇记》中提到开封府开封县云："开封县，本汉县，属河南郡。今县南五十里开封故城，是汉理所。后魏天平元年于此置开封郡。高齐天保七年郡与县俱废。隋开皇六年复置，属郑州。唐武德四年自郑州来属，贞观元年并入浚仪，延和元年又析浚仪于州城内别置。今县管东界。"乐史在书中记载了诸多大梁遗迹，引《史记》曰："大梁城有十二门，东曰夷门。"又记载始皇二十二年王贲引水攻大梁之梁沟[3]。顾祖禹在《读史方舆纪要》开封府祥符县条记载有沙海、蓬陂等战国时大梁遗迹[4]。顾祖禹展示了大梁自春秋至清代的地理沿革变化这一历史过程。由上述材料分析，"梁邑"布币属于魏国铸造是比较可靠的历史事实，其流通领域可根据其在河北、山西、河南等多省市都有出土可以大致确定其在赵魏韩燕诸国都有所流通。

四、"平阳"布币的国别归属及地名汇释

"平阳"一词在钱币上一般释读为"平阳"，据《说文》卷5"平"字可释读为"语平舒也。从亏从八。八，分也。爰礼说。采，古文平如此"[5]。《说文》卷14"阳"字可释读为"高、明也。从易声"[6]。因而《说文解字》引清代段玉裁注解山南水北谓之阳。战国时期，赵魏韩三国皆有城池称为"平阳"，在河东的汾水之西，高梁城南，陉城之北有韩国第一个都城平阳；赵魏交界邺县之东，绛水之南有平阳城；此外，魏国桂陵之北也有平阳小城。据《汉书·地理志》河东郡条目记载："平阳。韩武子玄孙贞子居

① （唐）李吉甫：《元和郡县图志》卷7《河南道三》，中华书局，1983年，第175~177页。
② （宋）王存：《元丰九域志》卷1《东京》，中华书局，1984年，第1页。
③ （宋）乐史：《太平寰宇记》卷1《河南道一》，中华书局，2007年，第1~9页。
④ （清）顾祖禹：《读史方舆纪要》卷47《河南二》，中华书局，2005年，第2136~2149页。
⑤ （汉）许慎撰，（宋）徐铉校定：《说文解字》卷6，中华书局，1963年，第101页。
⑥ （汉）许慎撰，（宋）徐铉校定：《说文解字》卷14，中华书局，1963年，第304页。

于此，有铁官。"[1] 韩国最早即立都于平阳，先迁洛水之北宜阳城，再迁都颍水之畔的阳翟，灭郑国后迁都新郑，完成了政治中心的东移。

对于"平阳"布币（图四）的国别归属，李佐贤对于平阳方足布有比较多的研究，他认为平阳自右读，背平。二品同，惟次"易"字减笔。各品篆书写法不同，末品面上多一横画，背三直文。各品俱同，摹一品以概其余。他引《春秋·宣公八年》和《左传·哀公二十七年》认为平阳有东西平阳之分，又引《史记·秦本纪》应劭注："在平河之阳，尧所都也。"这指的是韩都平阳在汾水之西。《吉金所见录》则称："近时此布多与长子、屯留诸布同出，应是赵铸。"[2] 马静则认为"平阳"方足布为三晋皆有铸造的

图四　"平阳"布币的正面和背面

货币。因而，"平阳"布币为赵、魏、韩都有所铸造的可能性是存在的。

从各类地理书的对比上看，李吉甫在《元和郡县图志》晋州临汾县条写道："临汾县。本汉平阳县，属河东郡，在平水之阳，故曰平阳。魏置平阳郡，平阳县属焉。隋开皇元年改平阳县为平河县，三年罢郡，县属晋州，其年又改平河县为临汾县。"[3] 李吉甫的记载反映出韩都平阳到隋代变化为临汾县的历史过程。《元丰九域志》晋州条记载："晋州，平阳郡，建雄军节度，治临汾县。"[4] 这时的韩都平阳已经作为临汾县成为晋州的附郭县，是州治所在地。乐史在《太平寰宇记》中提到河东路临汾县云："大业三年罢州，置临汾郡，县仍属焉。唐义旗初，属平阳郡。武德元年罢郡，置晋州，县仍属焉。"[5] 这表明，临汾县自武德元年后直到北宋其行政归属的变化相对较小了。顾祖禹在《读史方舆纪要》中记载清代山西平阳府有附郭临汾县[6]。

① （汉）班固：《汉书》卷28《地理志》，中华书局，1962年，第1550页。

② （清）李佐贤：《古泉汇》，山东画报出版社，2017年，第105页。

③ （唐）李吉甫：《元和郡县图志》卷12《河东道一》，中华书局，1983年，第336～337页。

④ （宋）王存：《元丰九域志》卷4《河东路》，中华书局，1984年，第164页。

⑤ （宋）乐史：《太平寰宇记》卷43《河东道四》，中华书局，2007年，第898页。

⑥ （清）顾祖禹：《读史方舆纪要》卷39《山西一》，中华书局，2005年，第1780页。

五、余　论

表 1　四枚布币数据实测表（厘米）

国别	标本	形制特点	首宽	肩宽	裆宽	足宽	通长	重量
韩国或赵国	布币	平首、束颈、小耸肩、方足，钱身外郭呈有内弧的弧线，正面呈土黄色、背蓝绿锈	1.85	2.6	1.3	2.7	4.8	5.9 克
齐国或赵国	布币	平首、束颈、小耸肩、方足，钱身外郭呈有内弧的弧线，正面浮土、背蓝绿锈明显	1.7	2.6	1	2.7	4.7	5.82 克
魏国	布币	平首、束颈、小耸肩、方足，钱身外郭呈有内弧的弧线，正背面皆有蓝绿锈	1.8	2.5	1.1	2.8	4.65	3.73 克
赵国、魏国或韩国	布币	平首、束颈、小耸肩、方足，钱身外郭呈有内弧的弧线，正背面绿锈有脱落	1.8	2.65	1.2	2.85	4.65	5.24 克

　　以铸地命名面文是三晋和东周布币的一个重要特征，而燕国和齐国则主要流行刀币。"襄垣""齐贝""梁邑""平阳"等布币作为地理因素复杂情况下铸造的货币，确实很难完全归为某一国铸造或独自拥有。战国时期是"平王东迁"以来兼并战争的一个高峰时期，位于韩赵边界的襄垣、齐赵边界的贝丘也必然成为战争双方争夺的重点，同时作为魏都的大梁和三国都有平阳城也是十分重要的地理要素。何况布币上铸写的诸城还拥有大量掌握铸币冶炼技术的工匠和部分矿产资源，其所孕育的商业和交通价值更是邻近国家争夺的"焦点"。通过四枚布币的数据实测我们可以看出，小型化后的方足布其在形制上都有"平首、束颈、小耸肩、方足，钱身外郭有内弧"等特点，而四枚布币的首宽、肩宽、裆宽、足宽、通长和重量也都相差不大，反映出当时各地的铸币标准有趋向统一的趋势，也符合当时黄河流域统一的时代进程和封建主义王权不断加强这一历史趋势（表1）。对四枚布币进行国别判断和地名汇释，为我们从货币经济的发展解释这一现象提供了良好的素材，也为我们研究战国时期行政区划沿革变更打下基础。

作者简介：孙斌，《河北师范大学学报》编辑部编辑、河北大学博士，河北省石家庄市友谊北大街 426 号，050000。

博物馆中的"豆战车"

徐广泰

（天津博物馆）

摘要：坐落于北京市西北郊昌平区阳坊镇的中国坦克博物馆收藏有一辆旧日本陆军早期型九四式超轻型坦克，是目前已知的全世界唯一一辆完全保持当时全套作战配备的日军战车，车上现存配套设备十分齐全，具有重要史料价值，在日军装甲车辆发展历程中具有十分重要的意义。此坦克造价低廉、用途多样，装备广泛，在抗战前期大量使用。坦克博物馆的这辆九四式便是日军入侵华北地区时被遗弃在河中，这也成为日本帝国主义侵略中国的罪证。

关键词：超轻型战车　九四式　二战史　豆战车

一、藏品简介

中国坦克博物馆的镇馆之宝是一辆早期型九四式超轻型坦克，是 1989 年 7 月由河北省涿州市西围坨村农民王芬在大清河中发现，11 月 5 日由北京军区组织打捞出水的。据史料记载：1937 年 7 月，日军调集重兵从北平、天津分三路发动攻势，一路沿"平绥"路西出南口，进攻山西、绥远；一路沿"津浦"路向南攻打沧县、德州，进攻山东；一路沿"平汉"向南进攻涿县、保定。华北局势极为危急。与此同时，日军还在华东淞沪地区发动进攻，企图南北夹击，速战速决，以实现"三个月内灭亡中国"的狂妄计划[①]。日军方面组织了战车 1 大队和战车 2 大队，每个大队均编制有三个战车中队，每个中队下辖 3 个战车小队和 1 个轻装甲车小队[②]。第一大队由马场英夫大佐指挥，战车第 2 大队由今田俊夫大佐指挥。共计"八九"式中战车 78 辆、"九四"式轻装甲车 41 辆。1937 年 9 月 14 日日军华北方面军的主力——第 1 军[③]，以坦克为先导，在 260 门火炮和 60 架飞机的支援下分别从固安、永清两个方向强渡永定河，并向涿县保定地区发起进攻。其中战车第 2 大队在前一天接到第 14 师团命令，"战车队与 14 日 12 时，由所在地（庞各庄）出发。日落到达，沿杨家庄—黄各庄—胡林一线进出。

---

① 徐帆、甄锐：《钢铁抗战：中日装甲兵全史（1918—1937）》，中国长安出版社，2015 年，第 366 页。

② 战车 1 大队和战车 2 大队分别由久留米战车第一联队和千叶战车第二联队直接改编而来，虽然是大队编制但是战力与联队相近，因此指挥官均为大佐。

③ 即第 6、第 14 师团。

一部分配属右翼队、主力配属左翼队准备协同攻击"。因日军左翼步兵第 59 联侦察报告"中国军有撤退的征兆",今田战车队决定向永定河方面展开追击。侦察部队报告永定河水水势上涨、河底情况不明且需要渡河设备。第二大队配属在左翼的部队以第一中队、大队部、第三中队的顺序进行强渡,并于 14 日夜渡河完毕,其中 2 中队有四辆战车沉入河底。配属右翼的第二大队 2 中队在 15 日凌晨强渡永定河,并向拒马河畔的宫村镇桥进攻。驻守该桥的中国军队第 25 师激战后将拒马河上的浮桥烧坏,日军第二大队 2 中队的"九四"式轻装甲车群冲过浮桥追击时,一辆编号为"75"号的"九四"式轻装甲车掉落水中沉进了水底,因河流较为湍急,中队长永山仙一大尉并没有组织打捞,仅以战损进行了上报[①]。同日,日军增调兵力,在今田战车队主力及重炮的掩护下,加强攻势,强渡拒马河,将国民党第 47 师裴昌会部分割包围,中国守军与敌激战半日后,被迫突围撤退。截至 9 月 18 日,中国第 2 集团军所属第 47 师、新 44 旅、第 30 师、第 31 师已被日军击溃,失掉了战斗力[②]。18 日,涿县陷落。日军遂长驱直入,沿"平汉"路两侧向保定突进。

24 日拂晓,日军第 6 师团对保定城发动攻击。炮击持续了一小时,城墙被轰开缺口。守军第 52 军各部在日军攻击之下纷纷撤退,24 日保定沦陷。日本《战史丛书:中国事变陆军作战史》称:"涿州、保定会战为双方在平汉线上的第一次会战,战况激烈,日本参战兵力为 88500 人,战死 1448 人,重伤 4000 人。"[③]上文提到的涿州大清河中发现的这辆坦克根据车体上残留的模糊编号、乘员饭盒等线索及时间、地点上可以推断出,其正是 1937 年 9 月 15 日,在渡拒马河浮桥时沉没的日本华北方面军战车第 2 大队的永山仙一第 2 中队的那辆编号"75"的"九四"式轻装甲车。这辆"九四"式轻装甲车是目前已知的全世界唯一一辆完全保持当时全套作战配备的日军战车。其中还完好地保存有战车兵乘员的战车帽、望远镜、军刀、检修工具、饭盒、报纸、钢笔和铅笔等物品。

二、研 发 概 述

九四式超轻型坦克是 20 世纪 30 年代初在欧洲流行的超轻型战车风潮传入日本的产物,30 年代初,日本陆军要求一辆能够牵引履带式拖车的装甲牵引车辆,以便在前方战区提供弹药。还明确规定了防御性武器并设计成一种 3 吨重的有炮塔车辆,外观与当时的维克斯 - 卡登·洛伊德外贸型轻型坦克非常相似。该车被标准化命名为九四

---

① 徐帆、甄锐:《钢铁抗战:中日装甲兵全史（1918—1937）》,中国长安出版社,2015 年,第366 页。

② 郭汝瑰、黄玉章主编:《中国抗日战争正面战场作战记》,江苏人民出版社,2005 年,第 397 页。

③ 转引自张宏志《抗日战争的战略防御》,军事科学出版社,1985 年,第 42 页。

式超轻型坦克（不是第二次世界大战期间美国情报部门错误认为的 92 型）[①]。

英国卡登·洛伊德 Mk.VI 坦克作为 30 年代超轻型坦克的代表作品，因其价格便宜，小巧轻便，且兼具一定的火力受到日本陆军的青睐（这一定程度上是由于一战结束后的二三十年代，各国的军队反坦克武器较少，且倾向于减少军队开支，超轻型坦克也就成为一种不错的选择）。日本帝国陆军订购了 6 辆卡登·洛伊德坦克，并于 1930 年交付。

卡登·洛伊德设计简单，两名机组人员向前并排乘坐，动力装置位于两者之间。它没有配备机枪塔，但有覆盖物盖在车顶。该车辆配备了一把维克斯 .303 机枪[②]。重量为 2.5 吨，装甲厚度为 6mm。最高速度为 50 km／h，但由于悬架系统不完善，因此越野行驶速度较慢[③]。进口的样本于 1931 年 3 月到 10 月在步兵学校和骑兵学校进行测试其实用价值。报告指出，该车简单，易于操作，轮廓低矮且适合"隐秘前行"活动，但由于采用了简易的悬挂系统，因此野战机动性不足，此外，有人表示，如果打算将其用作步兵运输车，则应尽可能轻，并省略武器装备。最后，报告强调，这类车辆是坦克部队的指挥联络车辆，并概述了这种车辆应用所需的性能。在过去挎斗摩托也被用来执行类似的任务，但是，由于早期超轻型坦克在野外很难跟上主战坦克，因此被认为是不合适进行坦克伴随作战。因此，最初的卡登·洛伊德并不令人满意，报告还补充说，如果需要采用新的设计，重量应控制在 2.0 吨以内，应增加长度，能够跨越战壕，并改进悬挂系统，能防御普通步枪弹的射击，并配备一支轻型机枪，射界尽可能宽。为了响应陆军最高司令部的意愿，技术总部制定了一项研究方案，要求具有牵引力的车辆战斗中为步兵提供后勤支持，并且坦克车队仅将牵引车作为辅助车辆使用。虽然不适合直接战斗，但是可以很好地完成燃料、弹药运输任务，还能担负索敌、警戒、指挥等任务，并且步兵和骑兵都要求陆军拨付这种车辆作为辅助车辆来使用。尽管这种设计体型太小，在 30 年代的主流陆军国家已显得落后[④]。

当时的法国、德国军队也装备有类似车辆。但是借助其履带式拖车的身份，德国国防军更多地侧重于其对步兵的支援。1933 年 1 月，日本陆军技术（本）部第 1 部遗留的《昭和八年研究审查预定一览表》中记载了对各战车、装甲车，以及对特种牵引车（运输用）进行试验，"……试造以运输用为主的特种牵引车以及被牵引车"[⑤]。根据

---

① Peter Chamberlain, Chris Ellis. Tanks of the World 1915-1945, Cassell, 1972: 139.

② 维克斯 .303 机枪是一种英国装备的改进型马克沁机枪，在一战、二战中大量使用，直到 1968 年才退役。

③ Hara Tomio. Japanese Combat Cars, Light Tanks and Tankettes. Profile Publications, 1973: 17.

④ 20 世纪 30 年代陆军强国已经陆续开始研发中型甚至重型坦克，如德国四号坦克、马蒂尔达步兵坦克。

⑤ 徐帆、甄锐：《钢铁抗战：中日装甲兵全史（1918—1937）》，中国长安出版社，2015 年，第 320 页。

以上要求，日本陆军技术本部的原乙未生担任开发研究工作，并由东京瓦斯电气工业股份公司（株式会社）完成了首辆原型车的制造，原型车采用柴油驱动，驾驶员位于左侧，而不是像以前的车型那样位于右侧。设计此种车辆的经验在 97 型中战车的研制中也得到了借鉴。

1934 年（昭和九年）牵引车和挂车相继研制成功，牵引车被临时定名为"九四式装甲牵引车"，挂车被临时定名为"九四式四分之三吨被牵引车"（可以挂载 750kg 货物）。由于卸下牵引车后可以作为超轻型坦克使用因此被命名为"九四式轻装甲车（TK）"即特殊牵引车（Tokushu Keninsha，简称 TK）。九四式比卡登·洛伊德更大，在布局上与当时的维克斯轻型坦克更相似，它采用了前置发动机，主要武器是转塔式机枪。与法国雷诺 UE 轻型装甲车一样，这种轻型坦克采用履带式。由于该车配备机枪塔且防护能力甚至超过了当时日军的九二式骑兵装甲车[①] 因此被用作步兵支援车，使用机枪提供火力支援，并在战区携带补给品，侦查索敌等任务，成为日军一线作战车辆。根据《第九师团战史》关于南京保卫战的记载："10 日上午 8 时左右，旅团副官武田大尉在承担运送补给的 500 枚山炮弹和机枪子弹的同时，用轻装甲车突破了中间地带的敌军阵地……"[②] 可见日军对其使用的方式。九四式战车一般配属在每个步兵师团的坦克中队中，每个中队有四个小队每个小队 4 辆坦克[③]。20 世纪 30 年代日本大量生产九四式，并在中国战场广泛使用。其大规模生产的主要原因是 1934 年在满洲地区与苏联爆发战争的可能性增加，需要组建 30 个现代化步兵师团，其中 24 个师团将部署在满洲战区。因此日本调整计划大规模生产九四式。该车虽然在 1935 年由东京瓦斯电气工业株式会社进行量产[④]。但即便后来有了更好的设计（例如 95 式轻型坦克）问世之后，这些超轻型坦克仍在生产，这也是得益于它们的制造和操作成本低廉。例如，九四式超轻型坦克的造价仅为 50000 日元，而 95 式轻型坦克的造价为 98000 日元[⑤]。从下文的图表中也可以看出直到 1940 年，九四式轻战车和其后续替代车型 97 式轻战车都在大量生产，在战争爆发后的几年里，此类超轻型战车大多作为牵引车的替代品进行制造，在抗战期间日军在一线也大量使用九四式超轻型坦克（表 1）。

---

① 九二式骑兵装甲车是 20 世纪 30 年代日军骑兵部队装备的一种重型装甲车，配备 6.5mm 坦克机枪和 13.2mm 高射机枪各一挺，其大口径机枪可对 30 年代大部分装甲车辆构成威胁，但其主装甲仅为 6mm，只能防御步枪弹远距离射击。

② 徐帆、甄锐：《钢铁抗战：中日装甲兵全史（1918—1937）》，中国长安出版社，2015 年，第 461 页。

③ Zaloga Steven J. Japanese Tanks 1939–45. Bloomsbury Publishing, 2011: 6.

④ 徐帆、甄锐：《钢铁抗战：中日装甲兵全史（1918—1937）》，中国长安出版社，2015 年，第 323 页。

⑤ Zaloga Steven J. Japanese Tanks 1939–45. Bloomsbury Publishing, 2011: 8.

表1　1931—1940 年中国战争时期生产的日本装甲车辆

	1931 年	1932 年	1933 年	1934 年	1935 年	1936 年	1937 年	1938 年	1939 年	1940 年	总数
九四式超轻型坦克	—	—	—	—	300	246	200	70	5	2	823
97 式超轻型坦克	—	—	—	—	—	—	1	56	217	284	558
95 式轻型坦克	—	—	—	—	31	80	53	115	422	701
92 式骑兵装甲车	—	—	42	49	44	32	—	—	—	—	167
89a 式中型坦克	5	9	8	31	30	15	15	—	—	—	113
89b 式中型坦克	7	11	61	80	28	36	29	19	20	—	291
97 式中型坦克	—	—	—	—	—	—	—	110	202	315	627
其他装甲车辆	—	1	1	1	2	50	22	9	11	115	212
总数	12	21	112	161	404	410	347	317	570	1138	3492

三、总体设计思路

九四式轻装甲车体型小巧，重 3.4 吨，重量上比二战道奇 5 吨卡车要轻。虽然体积小，却为其专门设计了新式的平衡悬挂。坦克的悬挂是卡登罗伊德型的改进。该车装备一台"三菱"32 匹马力风冷式汽油发动机。最大速度 40 公里每小时，最大行程 200 公里。它采用前主动轮驱动，后面是一个从动轮和两组负重轮。其履带为高锰钢材质，每条履带由 85 块履带板构成。该车行走装置的每侧包括 4 个橡胶包裹的负重轮。每两个负重轮安装在双臂曲柄平衡肘上，并由一个横置的大型弹簧连接减震。

全车采用铆接车体，引擎和油箱都在战斗舱里。引擎采用飞溅式润滑，且引擎位于车体左前部，发动机辅助设备位于驾驶员右边，驾驶员可从座椅上轻松触碰。该车比英国原型车进步的地方在于装备了旋转炮塔。该炮塔由轧制钢板制成，居中布置在车体，并安装在一个滚珠轨道上。包括一个机枪炮盾、一个炮塔横向锁、一个入口舱门、两个观察孔、一个瞄准孔和一个车长舱盖。驾驶室和炮塔装甲的内表面衬有石棉，作为保护措施，可阻隔发动机产生的热量和夏季的热辐射，以防止舱内过热。由于没有提供方向机，炮塔的转动可能是通过射手使用机枪抵肩射击时借助炮塔的滚珠滑道进行人力转动[①]。车内人员由车长指挥并通过接触乘员身体实现前进、转向等操作。炮塔武备上最初装备的是一挺 91 式 6.5 毫米车载机枪，1937 年以后又升级成了 97 式 7.7 毫米机枪，备弹 1980 发。车体有轻装甲保护。最大装甲厚度为 12mm，且除了观察窗的突起部分，其余部分也采用了倾角设计，增加了一定的防御力，整体优于之前的 92 式重装甲车的 6mm 装甲。当然也仅可以防御普通步枪弹的直射。当面对抗战中中国军队机

———————
① 坦克兵转动身体操纵炮塔，而非采用手柄旋转。

枪发射的钢芯弹时，由于当时日本生产的装甲质量并不优秀。九四式轻装甲车的装甲也经常被击穿。以下是当时日军装甲的防御性能，我们也能大致了解其真实的防御力。

日本装甲钢板防御性能测试如下。

6mm：可防御 7.7mm 普通枪弹。

13mm：可防御 7.7mm 穿甲枪弹。

17mm 在各距离可防御 37mm 步兵炮的 Vo（初速）450m（米）/s（秒）榴弹。

20mm：在 500m（米）距离外可防御 37mm 战防炮 Vo 570m/s 穿甲弹。

25mm：在 500m 距离外可防御 37mm 战防炮 Vo 700m/s 穿甲弹[①]。

该车底盘离地间隙 60cm，具有一定防水性。车体后部有大型舱门，在驾驶室前装甲的内侧，左右两侧各有观察缝；且驾驶员舱高出车体一块，有装甲防护，但是没有潜望镜，采用装有防弹玻璃的观察缝。防弹玻璃采用装卸简单的构造，方便清扫及替换。另外还有一条供小型武器瞄准和观察的观察孔。在战车前面有一个方形检修板，可以抬起检修变速箱。在行进过程中，它可以保持锁定状态[②]。

重量：3.4 吨。

长：11 英尺。

宽：五英尺三英寸。

高：五英尺四英寸。

底盘高度：12 英寸。

乘员：2 人。

装甲厚度：4 到 12 mm（0.16 to 0.47 英寸）。

武备：一挺 6.5mm 91 式车载机枪。

发动机和动力装置如下。

型号：4 缸，风冷，直列式，汽油机。

马力：32 匹。

发动机正常转速：每分钟 1800 转。

发动机最大转速：每分钟 2700 转。

点火顺序（四缸发动机冲程做工顺序）：1-2-4-3。

汽化器："Tokiwa"型号 NV.41。

燃油泵："自动脉冲"电动泵。

---

① 徐帆、甄锐：《钢铁抗战：中日装甲兵全史（1938—1945）》，中国长安出版社，2015 年，第55 页。

② Japanese tank and antitank warfare. Military Intelligence Division War Dept, United States Government Printing Office, Washington, 1945: 6-8.

点火装置：磁电机和附加手动脉冲磁电机（BH2 型）。

发电机：12 伏，75 瓦。

起动器：12 伏，1.4 马力。

蓄电池：存放在驾驶员座椅后面的右侧；容量 12 伏，60 瓦。

冷却装置：冷却风扇以发动机转速运转进行通风。

润滑：飞溅润滑系统。

炮塔转动角度：360°。

性能如下。

速度：每小时 26 英里。

最大行程：100 英里。

越野性能如下。

战壕：4 英尺，6 英寸宽。

涉水：2 英尺深[1]。

四、使用情况及参加战例

早在"九四"式轻装甲车投产的 1935 年，日军已在动员计划令中准备组建轻装甲车队。至 1938 年，日军编有 5 个混编"八九"式中战车、"九二"式重装甲车、"九四"式轻装甲的战车大队，以及 12 个只装备"九四"式轻装甲车的独立轻装甲车队。战车（甲种）大队（2 个属于第 1 师团，2 个属于第 12 师团，1 个属于关东军）；独立轻装甲车中队（只有 5 个中队，其中第 1 师团有 3 个、第 12 师团有 2 个）。

七七事变后，在北平西面的广安门，日军福田大队的两辆九四式随第 2 联队的 500 人与守城的赵登禹部第 132 师独立 27 旅第 679 团发生战斗，日军损失巨大，中国军队将参战的两辆九四式尽数击毁。"1937 年 8—10 月，3 个战车中队共 50 余辆九四式超轻型坦克在华北地区大举进攻，连续攻占河北房山和保定、山西忻口和太原、河南安阳、山东济南等广大地区。"[2] 同年 8 月 14 日，为了增援上海的日本海军陆战队，日军开始在淞沪战场投送装甲部队，参谋本部组建了上海派遣军，其中包含日本陆军上海派遣军战车第五大队（其中包含本部和 3 个中队，共装备九四式轻装甲车 23 辆），以及上海派遣军独立轻装甲车第八中队（包含本部和四个中队，装备九四式轻装甲车 17 辆）

---

① Japanese tank and antitank warfare. Military Intelligence Division War Dept, United States Government Printing Office, Washington, 1945: 7-8.

② 丁骥：《中国馆藏坦克巡礼（一）——日本 94 式超轻型坦克》，《现代兵器》2001 年第 1 期，第 37~38 页。

并参加了之后的宝山、罗店镇东南等作战，直至淞沪会战结束。

1937 年 12 月，日军进攻南京。南京保卫战是该车成建制投入作战的主要战役之一。为了达成快速攻占南京的目的，日军调集了中国战场大部分作战车辆编入华中方面军的战斗序列，总计有两个战车大队和五个独立装甲车队，共约二百辆装甲战车，分别配属于各个前线师团的步兵联队。参战部队包括战车第 1 大队[①]、独立轻装甲车第 2 中队[②]、战车第 5 大队[③]、第 6 中队[④]、独立轻装甲车第 7 中队[⑤]、独立轻装甲车第 8 中队[⑥]、独立轻装甲车第 9 中队[⑦]等。

其中在南京外围东线作战中，独立轻装甲车第 8 中队[⑧]的 5 辆"九四"式轻装甲车掩护日军击毁了支援国军 36 师的战车连的三辆 1 号坦克[⑨]，国军战车连 2 辆一号坦克被击毁，其中有 1 辆是被日军的掷弹筒所击毁，铁心桥附近负责支援的日军步兵先头战车部队井上中队（第 6 中队）于水阁村附近遭到了埋伏在村内的中国军队第 58 师战防炮的伏击，有四辆九四式被击毁，阵亡 7 人。其中位于队列最前的井上直造中队长乘坐的"九四"式轻装甲车被击毁，其中驾驶员在逃离过程中被中国军队的机枪击毙。第二辆车也随即被战防炮击中起火，车内的稻村少尉和驾驶员在逃出过程中被中国军队击毙。第三辆则被重迫击炮击毁，第四辆在后撤中引爆了中国军队布设的反坦克雷。根据藤田实彦[⑩]回忆："……第三辆战车被敌人的重型炮弹击中，第四辆战车中了地雷，被炸到道路旁边的坑里去了。井上中尉拼死指挥，最后总算把第五辆战车阻在了高地边上，尽管如此，还是失去了四辆战车和七名官兵。"[⑪] 1937 年 12 月 12 日，第 2、第 6中队还参加了对南京的进攻。

在南京沦陷后，由日本扶持一个汉奸傀儡政权——伪"中华民国国民政府"并在 1940 年 6 月，与日本签订了《日华军事协定》。并根据协议内容拨给汪伪军队枪炮装备，其中也包括了 18 辆九四式坦克。其中九四式还作为汪伪军队的军校教具并用于步

---

① 大队长岩仲义治大佐。

② 队长藤田实彦少佐。

③ 大队长细见惟雄中佐。

④ 队长井上中尉。

⑤ 中队长矢口昪中尉。

⑥ 中队长福田林治大尉。

⑦ 中队长藤本春雄大尉。

⑧ 中队长福田林治。

⑨ 其中一辆被掷弹筒击毁。

⑩ 时任华中方面军独立轻装甲车第二中队中队长。

⑪ 徐帆、甄锐：《钢铁抗战：中日装甲兵全史（1918—1937）》，中国长安出版社，2015 年，第452 页。

坦协同训练。并且汪伪中央军校装甲学兵还驾驶"九四"式轻装甲车参加了汪伪国民政府于南京举行的所谓《还都三周年纪念祝贺典礼》阅兵式。而后九四式也大量在敌后战场用于守卫、巡逻、维护治安等。

1938 年 1 月 26 日，矢口轻装甲车队 [①] 按"上作命第二九四号"命令配属于陆军第 13 师团，歼灭凤阳、蚌埠地区的中国军队。1938 年 1—6 月，在徐州会战中，日军九四式超轻型坦克和 89 式中型坦克共 230 辆配合步兵作战，攻占安徽蚌埠、山东滕县。

另一方面，九四式轻装甲车还参加了苏日的诺门坎战役。但是该车和苏军装备差距过大，以至于作战效果并不理想。无论是 1931 年九一八事变及在满洲地区爆发的战斗还是 1937—1939 年在中国战场（关内和关外），坦克作战一直处于一个较低的烈度和规模。在 1936 年日苏爆发了边界冲突——塔乌兰事件，1936 年 3 月，日本关东军宣称蒙古人民军在阿斯拉庙挟持绑架了伪满洲国警察官，于是关东军组建了一支由 1 个步兵大队、1 个山炮小队及战车第 4 大队的平本铃雄少尉所率领的轻装甲车中队（"九四"式轻装甲车 9 辆）编成的组成涩谷支队 [②] 前往边界并与前来的蒙古机械化部队交战，其中蒙军的 BA-3 轮式装甲车和日军的九四式轻装甲车发生了战斗，在 BA-3 装甲车 45mm 火炮的猛烈打击下，有 2 辆九四式被击毁。后来日军又出动了航空队对蒙军进行打击，最后双方进行交涉，交换俘虏事件得以平息。

到了 1938 年，日军与苏军之间在张鼓峰附近又爆发了蒙古边境冲突。1939 年 5 月，沿哈拉河再次爆发了紧张局势，这次战役被日本人称为诺门坎事件。双方在该地区集结兵力，并在夏季爆发全面战斗。日本小松原部队是由前独立混成旅的安冈中将的第 1 坦克联队负责支援。"这支部队包括第 3 和第 4 坦克编队，包括 26 辆 89B 型中战车，8 辆 89A 中战车，4 辆 97 型中战车，35 辆 95 型轻战车，十辆 94 型超轻型坦克和 4 辆 97 型超轻型坦克。" [③] 除坦克部队外，日本步兵和骑兵还拥有约 50 辆超轻型坦克和装甲车。苏联在该地区的坦克部队要强大得多。它包括五个摩托化旅约 550 辆坦克和 450 辆装甲车。从袭击开始之日起，战斗就对日本装甲部队造成了极大的打击。包括两个坦克联队和两个步兵联队在内的安岗支队于 1939 年 7 月 2 日成功突破了苏军第九摩托装甲旅的防御工事。然而，在四天的战斗中，日本坦克部队损失严重，73 辆坦克中约有 42 辆被击毁。其中大部分被苏联的 45 毫米坦克和反坦克炮击毁。日本坦克兵声称他们遇到了 32 辆苏联 BT 坦克和 35 辆装甲车。除 13 辆坦克被完全击毁外，其余的坦克全部被回收和修理，这在一定程度上减轻了日军的损失。1939 年 7 月 9 日，日军坦克部队的失败导致了他们被召回并担任守备部队。而诺门坎战役的坦克战也成

---

① 即独立轻装甲车第 7 中队。

② 战车第 4 大队队长涩谷安秋大佐担任这支部队长。

③ Zaloga Steven J. Japanese Tanks 1939–45. Bloomsbury Publishing, 2011: 13.

为人类战术史上第一次大规模爆发的机械化合成战。

1938 年 1—6 月，在徐州会战中，日军自镇江、南京、芜湖等地渡江沿"津浦"线南段北上，向池淮、凤阳、蚌埠发动攻击。另一方面，日本华北方面军第 10 师团在由今田战车集团（以战车第 2 大队、独立轻装甲车 1、5 中队为主力）进攻济南进至青岛一线。1938 年 1 月 26 日，矢口轻装甲车队^①的 18 辆九四式轻装甲车和 3 缴获中国军队的德制 1 号坦克进攻凤阳、蚌埠地区的中国军队。在独立轻装甲车第 10 中队^②、独立轻装甲车第 12 中队，中队长久纳清之助各 17 辆九四式轻装甲车的支援下攻占山东滕县，猛攻台儿庄遭受重创，支援台儿庄战场的中国（天津）驻屯军战车队^③遭遇重大损失，随后日军组织两支坦克快速纵队，从南北两个方向向徐州西侧实施战役迂回，在砀山、黄口的陇海路上会合，将徐州以西的铁路线切断，继而攻占徐州^④。

1945 年抗战胜利后，中国接收投降日军大量装甲车辆，由于 1940 年后该车不再生产，加之战争损耗，接收的装甲车辆中九四式并不是很多。比如：共产党军队接收了河北石家庄的日军独立步兵第 2 旅团配备的 13 辆战车其中包括数辆九四式。

1948 年 9 月，中国人民解放军又在济南战役中缴获了 2 辆九四式超轻型坦克，同年 10 月装备华东坦克大队的侦察班，11 月 17 日参加了淮海战役的前、后黄滩战斗。在步兵受阻之际，一辆坦克载送一名携带炸药的步兵，逼近第 44 军指挥所的碉堡，以车体和机枪火力掩护爆破手将其炸毁。随后步兵活捉了故军军长王泽浚等 20 多名校级以上军官。"小豆坦克"送炸药包立下赫赫战功，传遍了淮海战场^⑤。后来被人民解放军缴获的九四式，还出现在了 1949 年的开国大典。

作者简介：徐广泰，天津博物馆，助理馆员，天津市河西区平江道 62 号，300201。

---

① 独立轻装甲车第 7 中队。

② 中队长天羽重吉。

③ 日军中国（天津）驻屯军战车队为 1936 年抽调公主岭战车第 3 大队所改编。队长为原战车第 3 大队队附福田峰雄少佐，队附为原战车第 2 连练习部队附藤田实彦少佐（后调任独立轻装甲车第 2 中队长参加南京攻略作战），曾于前年（1937 年）"七·七卢沟桥"事变中逞凶一时，为日本陆军首支投入全面侵华作战的装甲部队。此次为增援徐州方面日军作战，驻屯军战车队临时编成两个战车中队，各配备七辆"八九"式中战车和五辆"九四"式轻装甲车。

④ 丁骥：《中国馆藏坦克巡礼（一）——日本 94 式超轻型坦克》，《现代兵器》2001 年第 1 期，第 37～38 页。

⑤ 赵寒：《日本侵华铁证——94 式超轻型坦克》，《中国博物馆通讯》2014 年 7 月总第 323 期，第 24～25 页。

幽暗夜空　孤星熠熠

——嘉道年间山水画坛与京江画派

潘　恒

（天津博物馆）

摘要：清代嘉庆、道光年间，清廷对文化艺术思想的控制十分严苛，画家群体境遇惨淡、意志消沉。山水画领域，虞山派和娄东派主导画坛，并成为时人追摹和效仿的典范。他们具有深刻的门户之见，很难博采众长，自出机杼。同时，忽视自然秩序，营造的画面大多为既有绘画图式的拆分和组合，绘画走向严重程式化。此时，镇江地区的绘画逐渐展露生机，并在嘉庆年间达到顶峰，美术史上称之为"京江画派"。以张崟为领袖的京江画派主要以吴门画家为师法对象，力求在学习古人的基础上建立自我风格。他们注重体察镇江本地自然山水气象，山水画在继承前人笔法、墨法的同时融入写实元素，作品展现出自然山水的情态和风貌，形成了落墨浓重的绘画风格。

关键词：京江画派　自然秩序　落墨浓重

　　清代嘉庆、道光年间，中国封建社会逐渐走向末世。此时，清廷对文化艺术思想的控制十分严苛，加之盐业萧条、土地兼并等因素，画家群体境遇惨淡、意志消沉。乾隆朝对书画艺术品的收集，使大量经典书画作品集中于宫廷，为画家观摩古人真迹设置了壁垒。此时的画家受限于陈腐封闭的文艺氛围和狭窄的视野，艺术想象力日趋贫乏，绘画逐渐丧失革新创造的精神，艺术风格趋于温和、保守。山水画领域，承袭自"四王"正统派余绪的画家人数众多，虞山派和娄东派主导画坛，并成为时人追摹和效仿的典范。他们一味"摹古"，徜徉在正统派的小圈子中，深刻的门户之见导致师法对象单一，很难做到博采众长，自出机杼。同时，他们忽视自然秩序和对于真实山水的观察，营造的画面大多为既有绘画图式的拆分和组合，"甚至连皴法的用笔走向及皴纹的排列方式也有严格的规范"①。绘画走向严重程式化，失去自然山水的生命活力，背离了山水画创作的真义。

　　在山水画领域难以逆转的衰颓境况下，镇江地区的绘画逐渐展露生机，并在嘉庆

---

① 王朝闻：《中国美术史》，齐鲁书社、明天出版社，2000年，第265页。

年间达到顶峰，美术史上称之为京江画派，又称丹徒派。镇江地区的金山、焦山、北固山，古称"京口三山"，风景壮丽。其间点缀有寺观、楼阁、亭塔等建筑，景色幽绝，极富地方特色，是此地典型的地标性实景山水。此区域自汉代始，即成为众多文人理想的隐居之地，并逐渐形成特有的隐逸文化。同时，此地胜景也成为历代画家多有绘制的题材。京江画派受到自然空间的滋养，继承本区域文化艺术传统，主要以沈周、文徵明等吴门画家为师法对象，并由文、沈上窥宋元，力求在学习古人的基础上建立自我风格。他们注重体察镇江本地自然山水气象，山水画在继承前人笔法、墨法的同时融入写实元素，作品展现出自然山水的情态和风貌。

镇江地区此一时期文化艺术氛围的形成和确立，与京江士大夫领袖王文治有密切的关联。王文治（1730—1802），字禹卿，号梦楼，丹徒人。乾隆三十五年探花，授翰林院编修，擢侍读，官至云南临安知府。后罢归，自此无意仕进。工诗善书，精鉴赏。书法学董其昌，以风韵胜。书名与刘墉相埒，有"浓墨宰相，淡墨探花"之誉。著有《梦楼诗集》《快雨堂题跋》。王文治对其时画坛的弊病有自己的理解和认识，他未被框定于"四王"传派的一种风格框架中，而是推崇明代诸家的书画，据丹徒志（嘉庆本）载，王文治"所收明贤真迹颇多"①。王文治自回到镇江后，受到家乡富商乡绅的礼遇，并经常参与他们组织的文会活动。其对于绘画的认识和画风的偏好通过这些文人的聚会、交流传播出去，直接影响了镇江地区绘画收藏的方向以及画家师承对象的选择。

京江画派的前驱潘恭寿，与王文治友善，二人亦师亦友，其绘画受到王文治艺术理念的影响，同时得其推介，逐步成为京江艺术圈的中心人物。潘恭寿（1741—1794），字慎夫，号握篸。乾隆四十五年受戒于扬州高旻寺，遂名达莲，号莲巢，丹徒人。其山水主要由吴门画派追溯宋元精神，同时研习董其昌的用笔方法。画风清腴妍冷、浓郁深秀。潘恭寿的绘画多有王文治诗题，时人誉为"潘画王题"。天津博物馆藏潘恭寿《临米元晖五洲烟雨图卷》，为其追溯米家风格的作品（图一）。自米芾"中年乐南徐山川"，定居于此之后，镇江山水与米家山水即有着难以割裂的情结。图绘群山连绵起伏，雾气氤氲弥漫，有楼阁、屋顶、小桥隐现山间。作者在临仿米氏云山的同时，加入了自己对于镇江山水的观察和感受，以米点皴塑造山脉的结构，用花青、赭石晕染出山体丰茂、润泽的质感，同时根据镇江本地景观的特点，在山间点缀楼阁、屋宇，画面表现出实景山水的趣味。正如王文治题跋中所言："米襄阳尝谓京口诸山纯类三湘奇境，所为墨戏收揽此景居多，五洲为京口穷胜处，莲巢生长于斯，日夕坐领其妙，其临仿敷文殆别有会心，宜其烟云变灭出人意表也。"除此之外，此卷另有王文治两处

---

① 据赵力《京江画派研究》（湖南美术出版社，1994年，第32页）："注九：经过考证王文治收藏明代画作有：陆治《群卉图卷》、唐寅《会翠图卷》、董其昌《几上烟云卷》《山雨欲来卷》、丁云鹏《十六应真像》等。"

题跋，引首题："潘莲巢仿米敷文五州烟雨图卷。己酉闰五月既望。文治。"拖尾有其抄录的俞希鲁等题诗以及王文治记录其在五年后（1794年）复观此卷时的感受："董文敏临米敷文五州烟雨长卷，莲巢每爱临之，此其一也。今年三月，莲巢已下世，迤来见其画，谛观之，觉时流万不能及，盖莲巢虽不逮古人，而莲巢之后欲再求一莲巢，竟万万不可得。吾绿野孙倩其宝藏之。乾隆甲寅夏六月。梦楼重观并记。"钤"莲居士"朱文方印。从此卷题跋中也能看出王文治对潘恭寿绘画的认可和推崇。

图一 清 潘恭寿《临米元晖五洲烟雨图卷》纸本设色 天津博物馆藏

潘思牧（1756—1841 尚在）为潘恭寿族弟，字樵侣，号髯翁，丹徒人。潘思牧很长寿，据《京江画征录》记载："年九十犹挥洒不辍。"山水主要学文沈，画风沉着淹润。天津博物馆藏潘思牧《松溪萧寺图轴》为其晚年临仿文徵明的作品（图二）。图绘层峦叠嶂，松树劲挺，寺庙掩映山间。一人携童过桥，二人于山崖上坐观溪流。平稳的山势、舒缓的水流和小青绿的设色与文人雅集的题材相结合，画面意境怡然闲适、古典雅致。自题："松溪萧寺图。辛丑秋八月上浣临文衡山真迹。阶符世讲雅属。潘思牧。时年八十又六。"钤印："潘思牧印"白文方印、"樵侣氏"朱文方印、"茂松清泉"朱文方印。京江画派画家对于吴门画派的追摹和临仿，反映了其时山水画学习的另一种选择和取向，他们想要通过尝试取法不同的学习路径，在陈陈相因的山水创作氛围中找到新的灵感和启示。

张崟（1761—1829）是京江画派的领袖人物。字宝崖，号夕庵、夕道人，晚年又号城东蛰叟、观白居士等。丹徒人。出身于世代布商之家，家有园池之盛，辟有"澄华室"作为京江士大夫雅集的重要场所。其父张自坤精鉴赏，富收藏，与潘恭寿、王文治等江南名流来往密切。青年时代的张崟受到家庭的文化艺术氛围的熏陶，作诗鉴古，读书习画，画艺诗文初露头角。1791年其父去世后，张崟经济拮据，鬻画为生。晚年贫病交迫。张崟山水初师文徵明工细一路，中年后"改宗石田翁，得其苍秀浑噩之气"，画风朴厚苍秀，谨严整饬，具有浓重沉郁的气象。张崟尤擅画松，常将松树布置于画面的主要位置，其所绘松树干粗枝繁，

图二 清 潘思牧《松溪萧寺图轴》纸本设色 天津博物馆藏

针叶谨细，富有自然生机，形成了完备的个人风格，被誉为"张松"。存世著作有《逃禅阁集》。

天津博物馆藏张崟《匏村图卷》，作于道光元年（1821年），为其晚年祖述吴门的作品（图三）。图绘巨石老松，房舍院落，小亭、杂树依傍水边，竹林清幽茂盛，远山连亘起伏。水边亭中一人正持卷读书，房舍中满置书籍。图中松树以工稳细密的笔法绘就，松针层叠厚密，并以花青染色，更显其郁郁森森的自然气质。杂树则点叶法、夹叶法并用，用笔一丝不苟、密实厚重。画面用笔缜密、墨彩清厚，画风细密清润。自题："匏村图。夕庵题。""晴初贤侄属作匏村图，时道光元年四月夕庵仿李希古。"钤印："自归依室主"白文长方印、"张崟之印"朱白文方印、"夕庵"朱白文方印。

图三　清　张崟《匏村图卷》纸本设色　天津博物馆藏

张崟《山楼玩月图轴》，图绘陡直、郁茂的两山之间，一轮圆月，明亮皎洁，清淡寂静（图四）。山中雾气浓厚，石头湿润、松针黑密，万物笼罩于月色之中。小亭中三人围坐桌旁，观赏明月，诗酒唱和。画面用笔稳健，落墨浓重，松树的针叶以谨严工致的线条排列而成，既表现出勃勃生机，又具有装饰趣味。画面整体染淡墨，营造了浓浓月色的山间氛围，气韵雅致、生动。此图以文人生活为表现题材，源自吴门。图中树木、人物、茅亭等构成"之"字形，应是学习文徵明晚年的画面结构。狭长的构图应是学文伯仁。自题："山楼玩月图。夕庵张崟写。"钤印："宝岩"朱文长方印。

张崟《山静日长图轴》，图绘深林雾气，层叠青山，平坡上松树高耸，树下房舍数间，屋内书案上摆放着书籍，一人高士姿态斜倚，读书观鹤，童仆侍立一旁（图五）。此图布局平稳中正，松树占据画面的主要位置，干粗枝繁，松针排列均匀，笔法工致细密。山石皴法用繁复的短皴，源自沈周。画面意境娴静优雅，为京江画派的代表作。自题："仿李复古法作山静日长图于自归依室，夕庵张崟。"钤印："张崟之印"朱白文方印、"夕庵"朱白文方印。

顾鹤庆（1766—?），字子余，号弢庵，晚号乳山逸叟。与张崟相交甚厚，擅画柳，好作驿柳诗，时人有"张松顾柳"之誉。与鲍文达、王豫、钱之鼎、张学仁、吴朴、应让称"京江七子"，终生不仕。曾得到查篆仙的资助和引荐赴北京，馆裕亲王和庄亲王府邸，进入京城权贵、名士的交际圈，得以观摩此一阶层收藏的书画珍品。中年后

图四　清　张崟《山楼玩月图轴》　　　图五　清　张崟《山静日长图轴》纸本设色
纸本设色　天津博物馆藏　　　　　　　　　天津博物馆藏

遍游名山大川。顾鹤庆以柳树作为其重要的写生对象，并能表现出柳树不同时节的风貌和神采，其绘画具有清新文雅、富于诗意的画面意境。天津博物馆藏顾鹤庆《吹绿垂杨图轴》，作者采用一江两岸的构图，描绘春风微拂，水波荡漾，垂杨依风而起，一人坐于渔舟上吹笛，悠然闲适（图六）。作者以细笔勾勒出水面波纹，土坡、山脉的皴法用大笔擦染，杨柳的用笔柔中带刚，生动地表现出其沉稳平和、舒展自由的风姿，画面富有古典、优雅的气韵。自题："一篷遥联款乃歌，渔舟不系傍芦莎。东风吹绿垂杨线，始览春潮拍岸多。道光庚寅春玉珊先生老表侄属画并题。顾鹤庆。赵伯驹之柳，赵令穰之山，唐子华之石，王黄鹤之水，合四大家精意以成此幅。自谓可存不知有当于高明否，殁庵老人自记。"钤印："殁庵"朱文方印。

《重树流水图轴》，图绘山脉透迤，山间雾气氤氲，瀑布倾泻而下（图七）。近处杂树掩映下，有房舍数间，一人持卷读书。作品表现出京江画派落墨浓重的特点，山脉以大笔擦染为主，画风优雅，平易近人。自题："积云岭上千重树，流水声中一两家。顾鹤庆。"钤印："顾鹤庆画"朱文方印、"戗庵画禅"朱文方印。

图六　清　顾鹤庆《吹绿垂杨图轴》　　　　图七　清　顾鹤庆《重树流水图轴》
　　纸本设色　天津博物馆藏　　　　　　　　　纸本设色　天津博物馆藏

　　京江画派后期的画家延续了此派的绘画题材和风格特征。其中，周镐（1754—？）成就最为突出。《京江画征录》评价周镐："吾乡画派先生为殿军。"周镐，字怀西，用笔苍劲，皴法异常，精于用墨。他对于京江画派后期由于过分追求装饰化表现出的柔弱的绘画面貌有清醒的认识，并尝试在自己的绘画中扭转这种过分工细的趋向。天津博物馆藏周镐《山水册》，共计 12 开（图八）。作于道光十一年（1831 年），为其晚年的精品之作。此册笔势雄壮苍劲，墨色浓重。从更趋整体的构图和写意化的用笔上，能够看出作者对于过分工致、柔弱画风的一种修正。自题："道光辛卯麦秋画。"钤印："子京"朱文方印。

图八　清　周镐《山水册》　天津博物馆藏

京江画派基于对本邑山水的观察和体悟，跳脱"四王"樊篱，以吴门画派为主要师法对象，形成了苍秀浑噩、落墨浓重的画风。在"虞山派""娄东派"统领画坛的嘉道年间，确实极为难得。京江画派画家在绘画创作中，一直保有的对于自然造化的关注和重视，使其在中国绘画史上显示出自身独有的艺术价值和魅力。

作者简介：潘恒，天津博物馆，馆员，天津市河西区平江道 62 号，300201。

鸂鶒木相关文献疏证

谢亦琛

（天津市文物交流中心）

摘要：《明式家具研究》指出明清古典家具使用的鸂鶒木有新、老两种。其中，关于新鸂鶒木的名称和历史，本文通过《云烟过眼录》《格古要论》《金史·舆服志》等相关文献的梳理，可以确定"鸡舌木"和"鸂鶒木"皆为新鸂鶒木，对金元时期使用鸂鶒木为刀靶的"金水总管刀"进行了一番考证，并对明清时期的其他新鸂鶒木进行了梳理。关于老鸂鶒木的名称和历史，则通过对《广东新语》和《物理小识》等文献进行比对，确定其名称为"相思木"和"红豆木"，其产地应在滇南等地，并指出《清代家具》中的鸂鶒木炕桌与《活计清档》中关于一件红豆木炕桌的记录高度吻合。

关键词：鸂鶒木　鸡翅木　明清家具　活计清档　格古要论

一、引　文

明清时期用于制作硬木类家具的木材，常见有紫檀木、花梨木、酸枝木、铁力木和鸂鶒木等。其中较为独特的是"鸂鶒木"，亦称"鸡翅木"，以其纹理类似鸟羽而得名。如陈浏曾言："木之有肌理者尖峰重叠，颇似浪纹，名为野鸡翅。"[①] 而王世襄《明式家具研究》[②] 为古典家具研究的奠基之作，关于鸂鶒木有一番重要论述，可总结为如下三点。

其一，王世襄沿袭了北京家具匠人的经验将鸂鶒木分作"新""老"两种。其中，肌理细腻且色泽以紫、褐为主的唤作"老鸂鶒木"，粗糙易起茬且色泽以紫、黑相间的唤作"新鸂鶒木"。

其二，王世襄先生强调"老鸂鶒木，实即鸂鶒木，加个老字，以别于新而已"，并指出"清中期以后，家具用老鸂鶒木的甚少，新者则一直到近代尚见使用"。

其三，王世襄先生将《金史·舆服志》中的"鸡舌木"和《格古要论·异木论》中的"鸂鶒木"联系起来，认为二者"似为一物"，并且"都有黑色的纹理，接近现在

---

① （清）陈浏：《匋雅》，金城出版社，2011年，第98页。

② 王世襄：《明式家具研究》，生活·读书·新知三联书店，2007年，第141～142页。

常见的新灪鶒木"。又指出《广东新语》中记述的"相思木"与明及清前期的常用的老
灪鶒木十分相似。

目前，关于两种灪鶒木的树种问题已有不少学者进行了探索。其中尤为重要的是
林仰三和苏中海①、周默和周鲁生②的观点，他们都指出《格古要论》中的"灪鶒木"
是铁刀木，但都将这种"新灪鶒木"误认为是"老灪鶒木"，与王世襄先生的观点相
左。因此，关于老灪鶒木仍需要进一步探索。而笔者通过对相关文献材料的梳理，对
灪鶒木又产生了一些新的见解，故撰此文，求教于学界。

二、新灪鶒木的名称和历史

（一）新灪鶒木的名称

《明式家具研究》中已经将元人编撰的《金史·舆服志》中的"鸡舌木"和明初曹
昭《格古要论·异木论》③中的"灪鶒木"联系了起来。关于二者的关联。首先，明初
曹昭的《格古要论》中共有两段文字提及了"灪鶒木"。一段是在此书《异木论》一章
中的"灪鶒木"一条。

> "灪鶒木出西番，其木一半紫褐色，内有蟹爪纹；一半纯黑色，如乌木。有距
> 者价高。西番作骆驼鼻中绞，总不染腻。但见有刀靶而已，不见大者。"④

另外一段在该书《金铁论》一章"镔铁"一条。

> "出西番，面上自有旋螺花者，有芝麻雪花者。凡刀剑器打磨光净，用金
> 丝矾矾之，其花则见，价直过于银。古云'识铁强如识金'，假造者是黑花，
> 宜仔细看验。刀子有三绝：大金水总管刀，一也；西番灪鶒木靶，二也；鞑
> 靼桦皮鞘，三也。尝有镔铁剪刀一把，制作极巧，外面起花镀金，里面嵌银
> 回回字者。"⑤

---

① 林仰三、苏中海：《明式家具所用珍贵硬木名实考》，《中国木材》1993年第2期，第41～
43页。

② 周鲁生、周默：《倦勤斋内饰用珍稀木材的分析与对比研究》，《故宫博物院院刊》2006年
第5期，第144～153页。

③ 《格古要论》有两个版本，曹昭所撰成书于明洪武年间，后王佐于景泰至天顺年间进行增补。
而本文以《文渊阁四库全书》中的曹昭本为准，特此说明。

④ （明）曹昭：《格古要论》，中华书局，2012年，第257页。

⑤ （明）曹昭：《格古要论》，中华书局，2012年，第214页。

从这两段文字可见，曹昭提供了两条关于"瀂鷞木"的线索——"出西番"和"镔铁刀靶"。其中，"西番"参见《明史·西番诸卫列传》中"西番，即西羌，族种最多，自陕西历四川、云南西徼外皆是"①，指的是当时生活在我国西北、西南的少数民族。而作者曹昭在其《格古要论》中提及产于"西番"的物产有四川马湖的骨柏楠、西北的镔铁、云南的象牙等，其地域与《明史》中关于"西番"的定义相符合。而且，这种木材还用作"骆驼鼻中绞"，骆驼主要分布于我国的西北和青海部分地区，但西北和青海并出产瀂鷞木的可能性不大，明式家具使用的硬木源流几乎都来自于云南、东南亚、印度等亚热带地区或热带地区。但骆驼是"丝绸之路"上最为重要的交通工具，所以"西番"也可能指的是来往于东西方的商人或工匠。

再者，更为重要的是"镔铁刀靶"。按曹昭所言，而此刀名为"金水总管刀"。而元朝初年成书的周密《云烟过眼录》也提及了此刀。

> "篦刀一，其铁皆细花文。云：此乃银片细剪，又以铁片细剪如丝发，然后团打万槌，乃成自然之花。其靶如合色乌木，乃西域鸡舌香木也。此金水总管所造刀，上用渗金镌'水造'二字。"②

通过将这段文字与《格古要论·金铁论》中的"镔铁"一条对比可见，两段文字所描述的镔铁刀似为同一种。如这种刀应是大马士革钢诸城的花纹钢刀，皆为"金水总管"所造，刀上都有渗金铭纹。区别就在于曹昭将刀靶所用木料称为"瀂鷞木"，而周密则称之为"鸡舌香木"。这也与《金史·舆服志》中的文献相对应：

> "左佩牌，右佩刀。刀贵镔，柄尚鸡舌木，黄黑相半，有黑双距者为上，或三事五事。"③

这段文字提到鸡舌木"有黑双距者为上"。而在《格古要论·异木论》中"瀂鷞木"一条中，提到这种木材"有距者价高"。关于其中"距"或"双距"的含义，本意为指鸟爪上向后的趾，如"丹鸡被华采，双距如锋芒"。而瀂鷞木的"距"应为距纹，是这种木材有鸡爪纹或常见树杈刮磨后形成的疤痕（鬼脸纹）。

总之，王世襄先生在其《明式家具研究》中已经将《金史》和《格古要论》联系了起来，也提出了二者记载的"鸡舌木"和"瀂鷞木"似为一种。而通过对《异木论》《金铁论》《云烟过眼录》《金史·舆服志》四段文献材料的对比可以明显地看到——

---

① （清）张廷玉等：《明史》卷三三〇·列传二一八·西番二，中华书局，1974年，第8539页。

② （宋）周密：《云烟过眼录》，商务印书馆，1939年，第20页。

③ （元）脱脱等：《金史》卷四三·志二四·舆服下，中华书局，1974年，第985页。

《金史·舆服志》"鸡舌木"和《格古要论·异木论》"瀚鹕木"实际上是同一种木材在不同时期的两种名称。

（二）新瀚鹕木的历史

关于新瀚鹕木的用途。

金元时期，相关文献多指出这种木材用于制作"金水总管刀"的刀靶。而其中最早出现"瀚鹕木"三字的应该是《金水桥陈琳抱妆盒》中的一句唱词，讲的是北宋皇帝赏赐给陈琳"一套蟒衣海马，系一条玉带纹犀，戴一顶金丝织成帽子。嵌的是鸦鹘石，悬一把镔铁打就刀儿，镶的是瀚鹕木"①。这段唱词中就提到了一把镶"瀚鹕木"的镔铁刀。而且应当是由一定身份地位的人才可佩戴的。那么这段唱词所说镔铁刀，应该就是《云烟过眼录》和《格古要论》中的"金水总管刀"。而关于"金水总管刀"，通过相关文献可见三事。

第一，这种刀的形制应该是笾刀。如《金史·舆服志》中所述的"三事五事"佩刀便是指三个或五个合于一鞘的笾刀。《草木子·杂制篇》记："北人茶饭重开割。其所佩小笾刀，用镔铁、定铁造之，价贵于金，实为犀利，王公贵人皆佩之。"②1988年金齐国王墓就发掘出土了"三事佩刀"③。这套刀的刀靶为骨质。根据《金史》记载，金朝皇帝赏赐镔铁刀的刀靶多为产自哈密的"骨咄犀"，又叫蛇角，可能就是制作这套刀具刀靶所用的材质。

第二，关于"金水总管刀"这一名称有两种解释。其一，"金水总管"也可能为水姓的工匠。如周密的另一本著作《志雅堂杂钞》中则又提到了这把刀，他说："此刀乃大金时水总管所造。"④《庚申外史》中有云都赤想刺杀伯颜的桥段，有人对伯颜说："云都赤佩刀，乃水总管镔铁善刀也。"⑤其二，"金水总管"可能为刀身上的印纹。《金史·百官志》中记载："泰和八年闰四月，敕殿前都点检司，依总管府例铸印，以

① 徐征、张月中、张圣洁，等主编：《全元曲》·金水桥陈琳抱妆盒，河北教育出版社，1998年，第5816页。

② （明）叶子奇等撰，吴东昆等校点：《草木子》卷三·杂制篇，上海古籍出版社，2012年，第52页。

③ 黑龙江省文物考古研究所：《黑龙江阿城巨源金代齐国王墓发掘简报》，《文物》1989年第10期，第1～10页；赵评春、迟本毅：《金代服饰——金齐国王墓出土服饰研究》，文物出版社，1998年，第12页。

④ （宋）周密：《志雅堂杂钞》卷上，《粤雅堂丛书》本，道光三十年（1850年），第8页。

⑤ （清）曹溶辑：《学海类编》第三册·史参·庚申外史卷上，广陵书社，2007年，第1232页。

'金'、'木'、'水'、'火'、'土'五字为号，如本司差人则给之。"① 所以，"金水总管"
的 "水"，也有可能是当时金代留于刀身的印文，后被附会为 "水总管" 所造。而之前
一些学者将 "金水总管刀" 解释为 "金水" 地方长官所铸造的刀，但我国历史上称为
"金水" 的地方有 "金水县""金水州" 两处。但在金元时期，这两处地方的长官显然
都不足够官至总管一级。

　　第三，周密记述 "金水总管刀" 是张受益的藏品。这位张受益是当时有名的藏家，
在《画鉴》②《清秘藏》③ 等中对这位藏家的藏品都有所著录。根据所见文献材料，他和
江浙一带的文人多有来往，方回、曹伯启、陈深等人都曾作诗相赠。宋遗民陈深曾作
《赠张受益检校》④ 一诗，其中有 "从来说张祐，不是浪传名" 的一句。可见此人名叫张
祐，"受益" 是他的表字。依据文献材料推断，此人的活动在江浙一带，而且具有相当
的经济能力可以购买古董字画。他应该就是《元史》中有零星记载，成宗时期做过江
浙行省佥省、后来升迁为户部尚书、中书参知政事的张祐⑤。方回《寄题张受益会清堂》
中有 "钟贤代不乏，一变可鲁儒。吾友子张子，世于此焉居"⑥。可知张祐家乡应该在山
东，其居所叫做 "会清堂"。而在蒙古占领山东之前，这片地区还在金国疆域范围内，
所以张祐可能是位金遗民。

　　明中期至清代文献中也对其他瀱鶒木制品进行了记录。如成书于明朝中期的《金
瓶梅》提及了一种装三十二扇象牙牌的 "瀱鶒木匣"⑦。同时期的丰坊提及了 "瀱鶒木"
做成的笔帽⑧。但是，这些都是些小件器物，尚未在明代早中期的文人笔记中见到瀱鶒
木家具的踪影。由此可见，虽然在民间的市井中有瀱鶒木的木料流通，但可能鲜有大

---

① （元）脱脱等：《金史》卷五八·志三九·百官四，中华书局，1974 年，第 1338 页。

② 汤厚曾见三幅程坦绘《松竹图》为张受益收藏。见（清）曹溶辑：《学海类编》·集余·古今
画鉴，广陵书社，2007 年，第 5072 页。

③ 张应文曾见 "怀古" 琴为张受益收藏。见（明）张应文：《清秘藏》卷上·论琴剑，《芋园
丛书》本。

④ 四川大学古籍整理研究所编：《宋集珍本丛刊》，宁极斋稿清乾隆三十年钞本，线装书局，
2004 年，第 364 页。

⑤ 在元史中，张祐曾两次出现。第一次是成宗七年二月戊寅日，御史朵台谏言："江浙行省平
章阿里，左丞高翥、安祐，佥省张祐等，诡名买盐万五千引，增价转市于人，乞遣省、台官按问。"
第二次是成宗八年九月庚午日，"以户部尚书张祐为中书参知政事"。参见（明）宋濂等：《元史》卷
二一·本纪第二十一·成宗四，中华书局，1976 年，第 448、460 页。

⑥ （清）纪昀等：《影印文渊阁四库全书》·集部五·别集类四·桐江续集·卷二六，北京出版
社，2012 年，第 557 页。

⑦ （明）兰陵笑笑生：《金瓶梅词话》第七十七回，台北故宫博物院藏万历丁巳刊本。

⑧ （明）丰坊：《书诀》，《四明丛书》约园刊本。

料，因而曹昭作出"不见大者"的论断。而能够用于制作桌榻等家具的老鹈鹕木大料，其实可见于宫廷之中。如晚明太监刘若愚《酌中志》记述宫中"凡御前所用围屏、摆设、器具，皆取办焉。有佛作等事，凡御前安设硬木床、桌、柜、阁及象牙、花梨、白檀、紫檀、乌木、老鹈鹕木、双陆、棋子、骨牌、梳枇、螺钿、填漆、雕漆、盘匣、扇柄等件，皆造办之"[①]。至清代，文人笔记中就已鲜少得见"鹈鹕木"的踪迹了，这或许因为此时多将其写作"鸡翅木"。而清宫档案中则常见老鹈鹕木的相关记录，但多制成玻璃罩框、挂屏、匣、帽架等小件器物。

三、老鹈鹕木的名称、产地和重要家具

（一）老鹈鹕木的名称

王世襄先生在其《明式家具研究》中，还引用了屈大均的《广东新语·木语·海南文木》中的两段文字。

其一，为"鸡翅木"一条。

"有曰鸡翅木，白质黑章如鸡翅，绝不生虫，其结瘿犹楠斗斑，号瘿子木。一名鸡刺，匠人车作素珠，泽以伽南之液，以绐买者。"[②]

其二，为"相思木"一条。

"有曰相思木，似槐似铁力，性甚耐土，大者斜锯之，有细花云，近皮数寸无之，有黄紫之分。亦曰鸡翅木，犹香栅之呼鸡鹕木，以文似也。花秋开，白色，二三月英枯子老如珊瑚珠，初黄，久则半红半黑，每树有子数斛。售秦晋间，妇女以为首饰。马食之肥泽，谚曰：'马食相思，一夕卄肥。马食红豆，腾骧在厩。'其树多连理枝，故名相思。唐诗：'红豆生南国。'又曰：'此物最相思。'邝露诗：'上林供御多红豆，费尽相思不见君。'唐时常以进御，以藏龙脑，香不消减。"[③]

王世襄先生认为，这两段文字的第二段"相思木"与老鹈鹕木更为相近，第一段

① （明）刘若愚：《酌中志》卷一六·内府衙门职掌，北京古籍出版社，1994年，第103页。

② （清）屈大均著，李育中等注：《广东新语注》卷二五·木语·海南文木，广东人民出版社，1991年，第571页。

③ （清）屈大均著，李育中等注：《广东新语注》卷二五·木语·海南文木，广东人民出版社，1991年，第572页。

"鸡翅木"接近于新鸂鶒木。而值得注意的是,《广东新语》中对相思木的描述文字,是在对不同文献中关于"相思木""相思子"的信息进行摘抄后拼合而成的。

一方面,段首部分的两句最为重要,应摘抄自方以智的《物理小识》,方氏原文为:

> "相思木即红豆树大者,锯版有花文,其近皮数寸无文也,南京以作扇边骨多年,数围者可为书案,亦称鸡翅木,犹香棚之呼鸂鶒木也,以纹似耳,匠斜锯之其花较显,或以黄紫分称。"[①]

按照成书的时间来看,《广东新语》晚于《物理小识》。屈大均与方以智均为当时广东觉浪道盛弟子中的代表人物,同是隐居在岭南的明朝遗民,均为活跃在同一地域的著名学者。按屈大均所言,《海南文木》中记载的木材都长在黎山深处,非黎人不能入。所以他应该并没有见过砍伐之前的树木。而方以智对"相思木"的记述虽然简练,但所披露的信息更为翔实。

另一方面,其他部分则摘抄自年代更早的文献中。如屈大均在"相思木"一条的段尾有"唐时常以进御,以藏龙脑,香不消减"一句,实际上是源自段公路的《北户录》[②],指的实际上是甘草孔雀豆,这一段在《物理小识》中被方以智予以否定。还有"花秋开,白色,二三月荚枯子老如珊瑚珠,初黄,久则半红半黑,每树有子数斛"一句,实际上是杂糅了《物理小识》和李时珍《本草纲目》中对"相思子"的描述[③]。而且根据《广东新语》的描述,这种相思木应该指的是产于我国南部地区的相思子,台湾地区称之为鸡母珍珠。现在我们常说的"相思子"或者"红豆",大多指海红豆、鸡母红豆、孔雀豆,但是这些"红豆"都含有毒性,六十克鸡母红豆甚至可以致马死亡,都不具备让马"食之肥泽"甚至"腾骧在厩"的可能性。

由此可见,《广东新语》中对相思木的记述实际上是在《物理小识》的基础上增补而成的,但是屈大均未对这些信息进行分辨,致使其难以自圆其说。因此,关于老鸂鶒木的相关线索,还以《物理小识》更为准确。从《物理小识》的记述可见,王世襄先生认为符合老鸂鶒木特征的相思木又名"红豆木"。

---

① (清)方以智:《物理小识》,商务印书馆,1937年,第246页。

② 《北户录》记述相思子"与龙脑相宜,能令香不耗"。见(唐)段公路纂,(唐)崔龟图注:《北户录(附校勘记)》,商务印书馆,1936年,第49页。

③ 李时珍《本草纲目》:"相思子生岭南,树高丈余,白色,其叶似槐,其花似皂荚,其荚似扁豆,其子大如小豆,半截红色,半截黑色,彼人以嵌首饰。"见(明)李时珍:《本草纲目》卷三五·木部二,香港中文大学《庄兆祥教授知足书室藏书》本。

（二）《物理小识》中红豆木的产地

关于红豆木的产地。方以智《物理小识》对"红豆树"进行了记述，并提及了红豆木的产地，十分重要。

> "滇南红豆，鲜红坚实，或嵌骰子，或留银囊，俗以为吉祥。岭南树似槐，寸可琵琶槽，秋开花，二三月荚枯子，老千金方治猫鬼病吐之，《乘雅》以红豆与高良姜红豆蔻为一物，则非矣。半截红半截黑为相思子，段公路云：蔓生。其别见一种乎。岭南北婆罗树高大，皮青，叶似大青，对生而厚，八月结角如刀，豆裂开有红豆，永久不坏，非高座寺门之娑罗也。"①

从上可见，方以智主要记录了两种名为"相思木"或"红豆木"的木材，有岭南产和滇南产的分别。其中，岭南产红豆木与槐树样貌相近，剖开后可做琵琶的架弦格子。这种相思木的使用历史久远，如唐代李匡乂《资暇集》记载："相思子，豆有圆而红，其首乌者，举世呼为'相思子'，即红豆之异名也。其木，斜斫之则有文，可为弹博局及琵琶槽。其树也，大株而白枝，叶似槐。其花与皂荚花无殊。其子若扁豆，处于甲中，通身皆红。李善云：'其实赤如珊瑚。'是也。"②而李匡乂在文中引用李善《文选注》中的见解。而李善为《吴都赋》作注还提及这种红豆"东冶有之"③，也就是今天的福建一带。由此可见，那么这种木材至迟在唐初就开始使用了，主要来自华南地区。

而滇南地区，从地理气候等方面来考虑应为方以智所述可做书案的"相思木"产地④。从其记述来看，这种木材应是一种高档硬木，"锯板有花纹"和"近皮数寸无纹"分别指的是木材的心材和边材。"黄紫分称"则指的是这种木料的心材有深、浅两种，这可以参考海南黄花梨有"油梨"和"糠梨"的分别。

（三）清雍正六年制红豆木炕桌

根据雍正和乾隆两朝的《活计清档》来看，造办处"木作"制作的红豆木家具数量极少，集中出现在雍正时期（表1）。

---

① （清）方以智：《物理小识》，商务印书馆，1937年，第237～238页。
② （唐）李匡乂：《资暇集》卷下，《墨海金壶》本。
③ （梁）萧统选编，（唐）李善等注：《六臣注文选》，浙江古籍出版社，1999年，第86页。
④ 笔者曾在云南见到老鸂鶒木制成的新工艺品，与铁刀木有别。

表1　养心殿造办处木作制红豆木家具一览表

器名	做成时间	尺寸
紫檀牙红豆木案	四年六月十六日	七尺五寸 / 一尺五寸六分 / 二尺七寸三分
红豆木案	四年七月十四日	六尺 / 一尺五分 / 二尺八寸
红豆木宝座	四年七月十四日	不详
红豆木转板书桌	四年七月二十五日	不详
红豆木桌	六年八月十六日	不详
红豆木桌	六年八月二十五日	四尺九寸 / 一尺 / 一尺二寸

从上表可见，而雍正一朝十三年的历史中，仅有雍正四年和雍正六年有过制造红豆木家具的记录。此外，四年六月二十七日，海望曾奉旨为圆明园瀑布处正殿（西峰秀色水法景观）定制一件笔管栏杆床（架子床），要求匠人酌量用紫檀木或红豆木制作，最后使用紫檀木制成。由此可见，清宫内的红豆木原料并不丰富。

造办处《活计清档》中记录，雍正四年四月初八日，养心殿造办处收入蔡珽进贡的十块红豆木[1]。上表中罗列的红豆木家具可能都是由蔡珽进贡木料制成的。雍正皇帝对这种木料十分珍视，对于红豆木家具的制作会提出明确的要求，并且需要呈样御览。而有的红豆木家具被置于圆明园的西峰秀色中，此处是清帝在圆明园的主要寝宫。前辈学者对档案中的"红豆木"存在一些误解。如朱家溍先生认为这种木材为红木[2]，周默认为这种木材为鄂西红豆木[3]。但从现有内务府档案和实物资料的对比来看，清宫使用的红豆木应是老瀪鵜木。

在上述清宫制作的红豆木家具中尤为值得注意的是，雍正六年曾制作了一款红豆木炕桌，前后历经五月有余，具体如下：

1. 三月十七日，据圆明园来帖内称，本月十四日，郎中海望持出黑退光漆条桌一张，红漆桌一张，红油挂椅一张，奉旨：着照此红漆桌尺寸，黑漆桌样式做紫檀木桌一张，红豆木桌一张，红漆桌四张，照此红油椅样式做紫檀木椅四张，红漆椅八张，椅子上的牙子、桄子有可更改处各更改。钦此。[4]

2. 于八月初六日催总马尔汉来说，郎中海望传：本年三月十四日奉旨着照红漆桌尺寸，黑退光漆桌样式做得紫檀木桌一张，红豆木桌一张，尺寸小

① 中国第一历史档案馆、香港中文大学文物馆合编：《清宫内务府造办处档案总汇1》·雍正四年各做成活计清档，人民出版社，2005年，第757页。

② 朱家溍：《雍正年的家具制造考》，《故宫博物院院刊》1985年第3期，第105～111页。

③ 周默：《雍正家具十三年——雍正朝家具与香事档案辑录》，故宫出版社，2013年，第782页。

④ 中国第一历史档案馆、香港中文大学文物馆合编：《清宫内务府造办处档案总汇3》·雍正六年各做成活计清档，人民出版社，2005年，第51页。

了，与红漆桌尺寸不符，暂留造办处备用，再照红漆桌尺寸补做紫檀木桌一张，红豆木桌一张。钦此。①

3. 于八月十三日做得紫檀木桌一张，红豆木桌一张，领催白世秀交太监杨忠收讫。②

4. 八月二十五日，于本日又做得三卷房西峰秀色屋内红豆木案一张，长四尺九寸，宽一尺，高一尺二寸，郎中海望带领领催白世秀将进安在西峰秀色讫。③

由上可见，雍正六年造办处曾奉命的这款红豆木桌共有两件，并且同时制作了两件与之样式相同的紫檀木桌。其中，尺寸较大的红豆木桌，档案对其尺寸大小有详细的记录，从其高度来看应是一种炕桌，是按照宫中收藏的一件黑漆桌样式，红漆桌尺寸制成的。这件炕桌制成后被放入了西峰秀色中，而随着圆明园遭受大火很可能已不复存在了。另一件尺寸较小的红豆木炕桌，因未能达到雍正帝的要求，被保留在了造办处中备用。而田家青《清代家具》中收录了一件瀡鷉木炕桌④。其高度与《活计清档》中记载的红豆木桌一致，宽度较大，长度较小，样式模仿雕漆家具，接近元时的特点。在这件炕桌的说明文字中，田家青先生提及了三事与《活计清档》中对红豆木炕桌的记录相吻合。一是他曾见过一件式样相同、尺寸相近的紫檀木炕桌。二是此桌的抹头和大边有六个长方榫眼，推断曾被改做成宝座的底座。三是这件炕桌的面板髹饰红漆。由此可见，这件瀡鷉木炕桌很可能就是因尺寸有误而收入造办处备用的雍正六年制红豆木炕桌。

四、余　　论

本文主要从文献材料出发，对与新瀡鷉木和老瀡鷉木的相关问题进行了一番考证。但是，从目前所见文献材料来看，古代文人存在将新、老瀡鷉木与其他木材混淆的情况。如新瀡鷉木又名"鸡舌木"或"鸡舌香木"，在一些文献中就将其与母丁香（鸡舌香）、丁子香（鸡丁香）等相混淆的情况。老瀡鷉木又名"相思木""红豆木"，可能与

① 中国第一历史档案馆、香港中文大学文物馆合编：《清宫内务府造办处档案总汇 3》·雍正六年各做成活计清档，人民出版社，2005 年，第 182 页。
② 中国第一历史档案馆、香港中文大学文物馆合编：《清宫内务府造办处档案总汇 3》·雍正六年各做成活计清档，人民出版社，2005 年，第 182 页。
③ 中国第一历史档案馆、香港中文大学文物馆合编：《清宫内务府造办处档案总汇 3》·雍正六年各做成活计清档，人民出版社，2005 年，第 194 页。
④ 田家青：《清代家具》，文物出版社，2012 年，第 147～149 页。

鄂西红豆木等相混淆。

另一方面，从目前所见实物资料来看，明清时期所用瀰鶒木实际上主要有三种。第一种，为老瀰鶒木，这种木材的机理极为紧实细腻，纹理自成山水图景。第二种，为新瀰鶒木，这种木材木纹较粗糙，紫、黑或黄、黑相间。第三种，为鸡翅木，纹理黑白相间，使用历史较晚，多见于清代文献中，如《广东新语》中有"有曰鸡翅木，白质黑章如鸡翅"等。其中，新瀰鶒木应多为云南等地产出的铁刀木，清代中后期才大量使用的"鸡翅木"应为东南亚产的白花崖豆木，即今日家具行业俗称的"黑鸡翅"。而关于老瀰鶒木，首先可以确定的是老瀰鶒木应该不是铁刀木。铁刀木又称挨刀树，其生长迅速，十年可成材，在云南等地是极佳的薪材。而明清家具所用老瀰鶒木花纹十分细密，其纹理紧密程度不亚于海南黄花梨，并且常见"鬼脸"，显然是一种缓生树种。从前文可见，方以智《物理小识》在老瀰鶒木的产地上为我们提供了重要的线索，可知明清时期的"老瀰鶒木"很可能来自于属亚热带的云南地区。但老瀰鶒木是哪一种树木仍有待进一步的实地考察。

作者简介：谢亦琛，天津市文物交流中心，助理馆员，天津市和平区辽宁路 161 号，300041。

天津博物馆藏西夏钱币考

王 震

（天津美术馆）

摘要：本文依据最新研究成果对天津博物馆所藏西夏钱币从尺寸等方面进行了较为全面的介绍，对钱币上的文字作了初步释读和分析，并对西夏钱币的特点、制度等方面作了总结。这批馆藏西夏钱币，为研究西夏钱币制度及西夏货币经济提供了实物资料。

关键词：天津博物馆　西夏　钱币

　　西夏是以党项族为主体建立的少数民族政权。1038 年，党项族首领李元昊称帝建国，国号大夏。在 190 年的时间内，西夏先后与辽、金、宋对立，在与大国的博弈中生存。1227 年，西夏被新兴的蒙古政权灭亡。西夏钱币作为西夏历史的见证，对研究西夏时期人们的生活状态以及西夏社会都具有非常重要的意义。

　　本文拟对天津博物馆藏西夏钱币进行阐释和研究，以期对西夏钱币的特点、制度以及文化形态有初步的认识，进而揭开西夏王国的神秘面纱。

一、西夏文钱币

（一）福 圣 宝 钱

　　铜制，直径 2.4 厘米。行书，右旋读，小平钱。穿上西夏字直译为"圣"，穿右直译为"福"，穿下、穿左二字译为"宝钱"，因此，钱币可直译为"福圣宝钱"。（图一）铸于夏毅宗李谅祚福圣承道年间（1053—1056 年），是已知西夏最早的钱币，比《宋史·夏国传》所载1158 年"始立通济监铸钱"[①] 早 100 多年。1914 年，罗福苌《西夏国书略说》最早著录，并附钱图 [②]。此钱在宁夏、内蒙古、甘肃、陕西均有出土，上海博

---

① （元）脱脱等：《宋史·夏国传下》卷四八六，中华书局点校本，1977 年，第 14025 页。

② 牛达生：《西夏钱币考略》，《宁夏大学学报》（社会科学版）1988 年第 2 期，第 66～72 页。

物馆也有收藏。

图一 福圣宝钱

对于"福圣宝钱",著名西夏学者陈炳应教授认为,从字形上辨认,"福圣宝钱"应译为"禀德宝钱",不是年号钱,是西夏开国皇帝李元昊所铸①。今学界多赞同"福圣宝钱"一说。

(二)大安宝钱

铜制,直径 2.5 厘米。真书,右旋读,小平钱。直译为"大安宝钱"(图二、图三)。铸于夏惠宗李秉常大安年间(1075—1084 年),是目前西夏文钱币中著录最早、出土最多、流布最广的钱币。最早著录于《吉金所见录》,是清嘉庆年间凉州出土的数品"西夏梵字钱"之一。1914 年,罗福苌《西夏国书略说》首次译为"大安宝钱",并附钱图。此钱精粗不一,字迹多不清晰②。

图二 大安宝钱 1

图三 大安宝钱 2

(三)乾祐宝钱

铜制,真书,直径 2.4 厘米。右旋读,小平钱。直译为"乾祐宝钱"(图四)。铸于夏仁宗李仁孝乾祐年间(1170—1193 年),是清嘉庆年间凉州窖藏发现的数品"梵字钱"之一。其钱图,最早著录于李佐贤《古泉汇》"西夏梵书钱"。1914 年,罗福苌

---

① 陈炳应:《关于西夏钱币的几个问题》,《中国钱币》1989 年第 3 期,第 18~23 页。
② 牛达生:《西夏钱币考略》,《宁夏大学学报》(社会科学版)1988 年第 2 期,第 66~72 页。

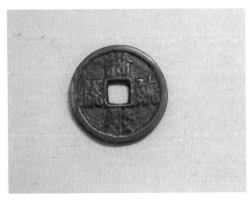

图四　乾祐宝钱

《西夏国书略说》首次译为"乾祐宝钱"，并附钱图①。

（四）天庆宝钱

铜制，直径 2.4 厘米。真书，右旋读，小平钱。直译为"天庆宝钱"（图五、图六）。铸于夏桓宗李纯祐天庆年间（1194—1205 年），是清嘉庆年间凉州窖藏发现的数品"梵字钱"之一。其钱图，最早著录于李佐贤《古泉汇》"西夏梵书钱"。1914 年，罗福苌《西夏国书略说》首次译为"天庆宝钱"，并附钱图②。

图五　天庆宝钱 1

图六　天庆宝钱 2

二、汉文钱币

（一）元德通宝

铜制，直径 2.4 厘米。隶书，对读，小平钱（图七）。铸于夏崇宗李乾顺元德年间（1119—1126 年），清嘉庆年间，凉州西夏钱币窖藏出土，著录于《吉金所见录》，有隶、真两品③。

---

① 牛达生：《西夏钱币考略》，《宁夏大学学报》（社会科学版）1988 年第 2 期，第 66～72 页。
② 牛达生：《西夏钱币考略》，《宁夏大学学报》（社会科学版）1988 年第 2 期，第 66～72 页。
③ 牛达生：《西夏钱币考略》，《宁夏大学学报》（社会科学版）1988 年第 2 期，第 66～72 页。

（二）天 盛 元 宝

铜制，直径 2.3 厘米。真书，右旋读，小平钱（图八、图九）。铸于夏仁宗李仁孝天盛年间（1149—1169 年）。《宋史・夏国传下》关于天盛十年（1158 年）"始立通济监铸钱"[①] 的记载得到印证。最早著录于乾隆《钦定钱录》，是钱谱中第一个明文著录的西夏钱币，是西夏钱币中著录最早、出土最多、流布最广的西夏钱币，此钱的数量居天津博物馆藏西夏钱币之首，共有 9 枚。

图七　元德通宝

图八　天盛元宝 1

图九　天盛元宝 2

（三）乾 祐 元 宝

铜制，直径 2.4 厘米。真书，右旋读，小平钱（图十、图十一）。铸于夏仁宗李仁孝乾祐年间（1170—1193 年）。清嘉庆年间，刘青园在凉州发现的西夏钱币之一。最早著录于《吉金所见录》，并云与天盛钱"俱字体精妙，质地光明"[②]。

另据"币览春秋——馆藏历代钱币展"，天津博物馆还藏有 1 枚乾祐元宝铁钱。乾祐元宝铁钱最早著录于《吉金所见录》，并云"乾祐铜钱今不多见，而铁钱多而易得，

---

① （元）脱脱等：《宋史・夏国传下》卷四八六，中华书局点校本，1977 年，第 14025 页。

② 牛达生：《西夏钱币考略》，《宁夏大学学报》（社会科学版）1988 年第 2 期，第 66～72 页。

字文模范，与铜钱无二"。在内蒙古出土较多^①。

　　　　图十　乾祐元宝 1　　　　　　　　　图十一　乾祐元宝 2

（四）天 庆 元 宝

　　铜制，直径分别为 2.35、2.4 厘米，内长 0.5 厘米。真书，右旋读，小平钱（图十二、图十三）。铸于夏桓宗李纯祐天庆年间（1194—1205 年）。清嘉庆年间，在凉州两次出土，最早著录于《吉金所见录》。

　　　　图十二　天庆元宝 1　　　　　　　　图十三　天庆元宝 2

　　天津博物馆藏钱币中另有 5 枚辽天祚帝"天庆元宝"钱（图十四、图十五），西夏"天庆元宝"钱制作精细、轮廓规整、字体秀丽；而辽"天庆元宝"钱，字体大小不一，"天"字不正，"庆"字较大，轮廓不够规整，远不如西夏"天庆元宝"钱精好^②。

---

　　①　中国藏西夏文献编辑委员会编：《中国藏西夏文献 二十》，甘肃人民出版社、敦煌文艺出版社，2007 年，第 136～143 页。

　　②　吴峰云：《西夏钱币》，宁夏人民出版社，2003 年，第 38～39 页。

图十四　天庆元宝 3　　　　　　　　　　图十五　天庆元宝 4

（五）皇 建 元 宝

铜制，直径分别为 2.4、2.5、2.9 厘米。真书，右旋读，小平钱和折二钱（图十六、图十七）。铸于夏襄宗李安全皇建年间（1210—1211 年）。"元"字行书体，颇受宋"景德元宝"影响。轮郭规整，书体端庄，铸造精工①。

图十六　皇建元宝 1　　　　　　　　　　图十七　皇建元宝 2

目前史料记载和出土钱币中，折二钱只有元德重宝。天津博物馆藏"皇建元宝"钱，直径 2.9 厘米（图十八）的比较特殊，似为折二钱，如测量准确，将是西夏钱币的一个重大发现，期待将来有出土钱币可以验证。

---

① 牛达生：《西夏钱币考略》，《宁夏大学学报》（社会科学版）1988 年第 2 期，第 66～72 页。

图十八　皇建元宝 3

（六）光 定 元 宝

　　铜制，直径 2.3、2.5、2.6 厘米。真书，右旋读，小平钱（图十九、图二十）。铸于夏神宗李遵顼光定年间（1211—1223 年），是目前发现的西夏最晚的钱币。"元"字行书体，字如"皇建"，制作精好。

　　天津博物馆藏"光定元宝"有 1 枚错范钱（图二十一），甚为稀少，丰富了西夏钱币的种类。

图十九　光定元宝 1

图二十　光定元宝 2

图二十一　光定元宝 3

三、天津博物馆藏西夏钱币特点

（一）汉文钱居多，西夏文钱少

天津博物馆藏西夏汉文钱总共 6 种 27 枚，即元德通宝 1 枚，天盛元宝 9 枚，乾祐元宝 5 枚，天庆元宝 2 枚，皇建元宝 5 枚，光定元宝 5 枚。天津博物馆藏西夏文钱币总共 4 种 6 枚，即福圣宝钱 1 枚，大安宝钱 2 枚，乾祐宝钱 1 枚，天庆宝钱 2 枚。

西夏文钱币不仅种类少，发行量也少。西夏是一个党项族为主体的多民族共存的少数民族政权，除统治民族党项族以外，还有汉、回鹘、藏等民族，而且汉族人数居多，这使得西夏推广西夏文化、西夏货币的基础不利。西夏中后期统治者仰慕汉文化，兴办汉学，就导致西夏社会后期汉文钱币的大量发行。"元昊自制蕃书，命野利仁荣演绎之，成十二卷，字形体方整类八分，而画颇重复"[1]。西夏文字本身的笔画复杂也导致了其推广使用的困难。

（二）铜钱多，铁钱少

天津博物馆藏西夏铁钱仅有 1 枚，即乾祐元宝铁钱。西夏铁钱，早在清代就有发现，并在钱谱中有所反映。1809 年，《吉金所见录》第一次系统著录了西夏钱币，其中就有"天盛元宝""乾祐元宝"两种铁钱，这是文献中有关铁钱的最早记录。根据近些年的考古发掘可以知道，西夏只有"天盛元宝""乾祐元宝"两种铁钱，这说明在西夏历代皇帝中，只有仁宗李仁孝铸过铁钱。

西夏使用铁钱与宋朝不同，不是始终都在使用，而是只在仁宗仁孝及其以后。西夏崇宗乾顺和仁宗仁孝两朝，顺应历史潮流，提倡文治，发展生产，推行与民休养生息的政策，使社会经济与封建文化得到前所未有的发展，商品经济空前活跃，货币需求量大增，加之西夏缺铜，这是铁钱出现的重要原因[2]。

（三）铸造工艺水平高

天津博物馆藏西夏钱币除了有 1 枚"光定元宝"为错范钱和早期的"福圣宝钱"制作较为粗糙，其他的钱币都轮郭规整，字体庄重，铸造精美，可以与宋朝钱币相媲

---

① （元）脱脱等：《宋史·夏国传上》卷四八五，中华书局点校本，1977 年，第 13995 页。
② 牛达生：《浅论西夏铁钱及铁钱专用区的设置》，《中国钱币》2004 年第 4 期，第 12～16 页。

美。西夏钱币极少有北宋钱币流铜、错范、倒书、传形等弊病，或因设监过多，盗铸严重而产生的轻重不一、厚薄参差、版式众多的现象。西夏钱币虽然也有版式上的差异，但轻重、厚薄、外圆、内方，大体一致，汉文钱比西夏文钱更好①。

西夏当时的冶炼铸造技术是很高的。西夏制造甲胄用"冷锻"技艺，甲胄"坚滑光莹，非劲弩可入"②，西夏铸造的铁剑更是"天下第一，他处虽效之，终不及"，连北宋皇帝钦宗也"佩夏国宝剑"，著名文学家苏东坡也非常欣赏③。西夏有了当时最先进的鼓风设备——立式双扇木风箱，可以提高炉温，保持炉温稳定，保证冶炼的质量④。

四、西夏的钱币制度

西夏在发展过程中深受先进汉族文化的影响，其"设官之制，多与宋同。朝贺之仪，杂用唐宋，而乐之器与曲，则唐也"⑤。西夏钱币深受宋钱影响，采用中原地区流行的方孔圆钱，都是年号钱，钱文有通宝、元宝、重宝之称；材质有铜、铁之别；币值有小平、折二之差。重要的是，西夏把本民族文字应用到钱币上，不仅有汉文钱，又有西夏文钱，两种货币自成体系，汉文钱称"元宝""通宝""重宝"，西夏文钱称"宝钱"。

西夏、辽、金三个少数民族政权都曾创造了本民族文字，但在货币铸造上使用本民族文字的，只有西夏和辽。从钱币的种类和数量上，目前发现的西夏文钱币比契丹文钱币多。

西夏前期，为满足称帝建国的需要，彰显政权的独立性，自李元昊始，不但改革国内的各种制度，还创制蕃字推广使用，这一措施对西夏社会的"蕃化"影响极深，因此在李谅祚、李秉常时代的铸币中汉文钱很少。李谅祚之后，开始仰慕汉族文明，甚至废除"蕃礼"改用"汉礼"，并求取宋朝皇帝的诗文书法以及《九经》《唐史》《册府元龟》及朝贺仪⑥，又收罗投夏的汉族文人委以重任，"或言华阴人张元走夏州，为元昊谋臣"⑦。汉礼推行的结果，不但加速了党项族的汉化过程，而且对西夏社会产生了深远影响，至西夏仁宗时，党项族文化实质是以"汉学"为主，"蕃学"为辅了。这一时

---

① 牛达生：《西夏钱币研究》，宁夏人民出版社，2013年，第211页。
② （宋）李焘：《续资治通鉴长编》卷一三二，中华书局点校本，1985年，第3137页。
③ 吴天墀：《西夏史稿》，四川人民出版社，1983年，第177～178页。
④ 陈炳应：《关于西夏钱币的几个问题》，《中国钱币》1989年第3期，第18～23页。
⑤ （元）脱脱等：《宋史·夏国传下》卷四八六，中华书局点校本，1977年，第14028页。
⑥ （宋）李焘：《续资治通鉴长编》卷一九六，中华书局点校本，1985年，第4745页。
⑦ （元）脱脱等：《宋史·列传第五十七》卷二九八，中华书局点校本，1977年，第9919页。

期的西夏铸币，西夏文钱渐少，汉文钱渐多。到仁孝时，无论是从铸币数量还是从汉文钱数量看，都达到了高峰。这是汉学在西夏国内占据主导地位的结果。

西夏早期以蕃学为主，中期大量接受汉族文明，晚期以汉学为主。西夏钱币的沿革，正是西夏社会接受汉学程度深浅的一面反光镜[①]。西夏王朝铸造的西夏文钱币和汉文钱币，是西夏历史的见证，是西夏社会生活的真实再现，更是民族融合的重要物证。

作者简介：王震，天津美术馆，助理馆员，天津市河西区平江道 60 号，300201。

---

① 何林：《有关西夏钱币的几个问题》，《内蒙古金融研究》2002 年第 S1 期，第 268～270 页。

明代丝绸与漆器色彩分析

张 伟

（天津美术馆）

摘要：明朝开国君主朱元璋在建国之初选择了赤色为明代的主要服色，是由于明朝"以火德王，色尚赤"之故。在明代初期，几度改易皇室、大臣服制，以维护统治的尊卑次序。明代嘉靖、万历时期，世风竞奢，在社会上层阶级的引领下丝绸的制造日渐华丽，其色彩的搭配也出现一些变化。明代漆器制造水平较高，漆工黄大成所著《髹饰录》中，依据漆器的制造方法和工艺特点，把漆器的品种划分为 14 大类，101 种，工艺的进步使得明代的漆器呈现出色彩斑斓的面貌。通过对明代丝绸与漆器的色彩分析，以期为明代工艺美术风格面貌提供些许新的认识和参考。

关键词：明代工艺美术　色彩分析　丝绸　漆器

一、明代丝绸色彩

中国历代的统治者在开国后必先实施"改正朔""易服色"，期望以全新的形象宣告其新政权的建立。服饰颜色，历代异尚，夏尚黑，商尚白，周尚赤，秦尚黑，汉尚赤，唐服尚黄[①]。明朝开国君主朱元璋在建国之初，也不例外地要继承这样的传统，在洪武三年（1370 年），选择了"赤"色为明代的主要服色，其原因均是由于明朝"以火德王，色尚赤"之故。

洪武元年，在讨论官员的公服与朝服制度时，礼部有两点建议，一是散官任职务不同，服装色彩应有不同，二是明朝建国之初，官员服装色彩及所赐袍带沿袭唐朝礼制，以散官为准。洪武三年，礼部又提出，历代崇尚之色各有不同，明朝官员服装色彩应与周、汉、唐、宋四个朝代一样，以赤为主[②]。明代品官公服色彩规定公、侯、驸马、伯、一品至四品为绯袍，五品至七品为青袍，八品、九品为绿袍，未入流杂职官为檀、褐绿窄衫。

由于受到儒家传统思想的影响，明代丝绸用色上以正色为重，间色为次，朝廷服

---

① 赵丰：《中国丝绸通史》，苏州大学出版社，2005 年，第 447 页。

② 邵旻：《明代宫廷服装色彩研究》，东华大学出版社，2016 年，第 12 页。

饰以浓郁的高彩度色彩为主，色彩也因此产生尊卑等第的区分。在《明史·舆服志》中所规定的旌、旗、车、服等各项礼仪中，大红色成为主要的用色。明代皇帝的礼服等级最高，用于祭祀天地、宗庙、社稷、先农及登极、正旦、冬至、圣节、册拜等重大礼仪场合。明代皇帝礼服制定于洪武元年，在洪武十六年、二十四年、永乐三年又数次修订。嘉靖八年，明世宗对皇帝礼服做了较大修改，形成了明代礼服最终款式。文武官朝服以"赤罗衣，白纱中单，青饰领缘，赤罗裳，青缘，赤罗蔽膝，大带赤，白二色绢，革带，佩绶，白袜黑履"。这是重要祭祀庆典的正式服饰，因此每逢朝廷重要集会时，文武官穿着朝服，满朝一片通红。（图一；表1）

图一　《徐显卿宦迹图》（局部，北京故宫博物院藏）中的明代官员礼服图

表1　《徐显卿宦迹图》中官阶及公服色彩

官阶	色彩	形象
公、侯、驸马、伯、一品至四品	绯袍	
五品至七品	青袍	

续表

官阶	色彩	形象
八品、九品	绿袍	

除了以红色为主色外，又规定黄色为最高统治者皇帝的专用色，皇后或皇太子及至其他皇亲国戚等贵族，最高等级服饰的用色以大红和青色为主色（表 2）。

表 2　礼服各部件色彩整理表

		冕	衮	裳	中单	缘	蔽膝	袜	舄
皇帝	洪武元年	玄表朱里	玄	纁	素		红罗	朱	赤
	洪武十六年	玄表纁里	玄	黄	白	青	黄	黄	黄
	洪武二十六年	玄表朱里	玄	纁	素		红罗	朱	赤
	永乐三年	玄表朱里	玄	纁	素	玄	纁	赤	赤
	嘉靖八年	玄表朱里	玄	黄	素	青	黄	朱	赤
太子	洪武元年		玄	纁	白		纁	白	赤
	永乐三年	玄表朱里	玄	纁	素	纁	纁	赤	赤
官员			赤	赤	白	青	赤	白	黑

礼服是明代后妃的朝、祭之服，皇后在受册、谒庙、朝会等重大礼仪场合穿着礼服。洪武元年，朝廷参考前代制度拟定皇后冠服，以袆衣、九龙四凤冠等作为皇后礼服。永乐三年对冠服制度进行了修改（图二；表 3）。

图二　《孝定皇后与孝端显皇后画像》（台北故宫博物院藏）

表3　皇后礼服各部件色彩整理表

	祎衣	中单	缘	蔽膝	袜	舄
洪武元年	深青	素	朱	深青	青	青
永乐三年	深青	玉	红	深青	青	青

明代皇帝常服使用范围最广，如常朝视事、日讲、省牲、谒陵、献俘、大阅等场合均穿常服（图三）。洪武元年定皇帝常服用乌纱折角向上巾，盘领窄袖袍，束带间用金、玉、琥珀、透犀。永乐三年定："冠，以乌纱冒之，折角向上（今名翼善冠）；袍，黄色，盘领、窄袖，前后及两肩各金织盘龙一；带，用玉；靴，以皮为之。"皇太子、亲王、世子、郡王的常服形制与皇帝相同，但袍用红色。

明代皇后常服也称作"燕居冠服"，其功能仅次于礼服，用在各类礼仪场合中。如皇后册立之后，具礼服行谢恩礼毕，回宫更换燕居冠服，接受在内亲属和六尚女官、各监局内使的庆贺礼。皇后常服制度经过了多次修订，洪武元年，定皇后燕居服双凤翊龙冠、诸色团衫、金玉带等，洪武四年改为龙凤珠翠冠、真红大袖衣、霞

图三　《明太祖常服画像》（北京故宫博物院藏）

帔等。《明会典》永乐三年的制度中，皇后常服定为双凤翊龙冠、大衫、霞帔、鞠衣等（图四）。

此外，明代皇帝还有一些服装见于绘画之中，如《宣宗出猎图》《宣宗射猎图》《宣宗行乐图》等（图五—图七）。这些服装分为便服和戎装。便服是日常生活中所穿的休闲服饰，明代皇帝的便服就款式、形制而言，和一般士庶男子并没有太大区别，比较常见的便服式样有贴里、道袍、直身、氅衣、披风等。明代服饰制度并没有专门列出皇帝戎装，因此具体的种类、形制、色彩缺乏详细记载。

分析《明史·舆服志》中记载的服装制度与用色规定，再参考《天水冰山录》上丝绸条目上的色名，可归纳出明代宫廷中的流行用色主要为红色，其次为青、绿、蓝、紫等色系。金色是重要的装饰色，在丝绸织物上是用黄金制成的金线，十分珍贵，普遍受到上流阶层喜爱，为各种高级丝绸广泛使用的材料。

明代中期之后，随着丝绸染色技术的提高，丝绸色彩显著增多。明末的丝绸色彩至少有120余种，其中有70种色彩不曾见于以前的记载（表4）。陕西向皇宫进贡的银鼠皮，其皮张的染色，极具皇家特点，而色彩更是丰富多彩，分别有柘黄、玄色、真

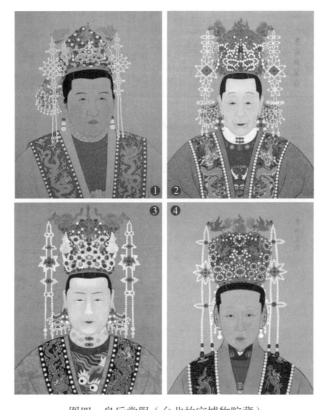

图四　皇后常服（台北故宫博物院藏）

1.孝慈高皇后（初期）；2.孝贞纯皇后（前期）；3.孝静毅皇后（中期）；4.孝纯皇后（后期）

图五　商喜《宣宗出猎图》《宣宗射猎图》（北京故宫博物院藏）中的皇帝戎装图

紫、大红、深青、福青、明黄、鹅黄、鹦哥绿、柳青、翠蓝、桃红、天青、明绿、出炉银等17种颜色。在红、白颜色之中，除了表中所列之外，明代还有许多新的名称，如纯白，称为"玉带白"；深红，称为"宫锦红"；淡红，称为"醉仙颜"。尤其值得注意的是，其中不少色彩，均是明末才得以出现。

图六　商喜《宣宗行乐图》（北京故宫博物院藏）、《宪宗调禽图》
（中国国家博物馆藏）中的皇帝便装图

图七　定陵出土贴里实物（定陵博物馆藏）

表 4　明末江南丝绸颜色比较[①]

色调	色彩
红	红、大红、二红、绛红、苏木红、灯红、东方晓、粉红、深桃红、浅桃红、出炉银红、金红、肉红、水红、银红、红闪色、藕色红、荔枝红、橘皮红
黄	黄、赭黄、金黄、鹅黄、姜黄、松花黄、象牙黄
青	天青、真青、石青、柳青、浅青、佛头青、竹根青、燕尾青、青莲色、葡萄青、蛋青
蓝	天蓝、翠蓝、石蓝、莎蓝、浅蓝

① 范金民、金文：《江南丝绸史研究》，农业出版社，1993 年，第 383 页。

续表

色调	色彩
绿	官绿、大绿、明绿、沙绿、油绿、黑绿、豆绿、柳绿、鹦哥绿、鸭头绿、大红官绿、水绿、沉绿、柏绿、蓝色绿
棕	丁香、茶褐色、铁色、鼠色、羊绒色、藕合色、莺背色、蜜褐色、米色、鹰色、莲子色、糙米色、古色、沈香色
白	月白、葱白、鱼肚白、水白色、玉色、月色、草白
黑	玄色、墨色、酱色、缁皂色、包头青
紫	真紫、紫、大紫、葡萄紫、红头紫、黑头紫、茄花色

二、明代丝绸局部采样：明度、饱和度、比例、节奏、色调分析

　　明代，高彩度的正色受到重视，鲜明浓郁的配色可以彰显不同纹样等级，达到服饰制度中别尊卑的目的。从观察实物来分析明代丝绸的色彩与配色，基本上可以因其功能来作分类。参加朝廷庄严隆重礼仪的人们所穿着丝绸服饰的配色，礼仪性是大于装饰性的，在考虑到礼仪所规定的各种图案布置之后，也要考虑色彩的搭配与比例问题。

　　用色上也多采用高彩度鲜明浓郁的颜色，辅以服装制度的规定，配色多彩华丽、色彩金碧辉煌，明快艳丽、丰富多彩是其配色的风格（图八、图九）。

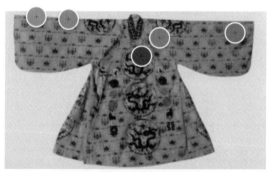

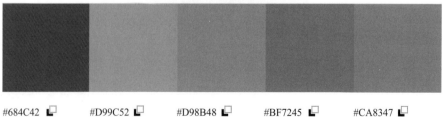

| #684C42 | #D99C52 | #D98B48 | #BF7245 | #CA8347 |

图八　明万历皇帝十二章衮服复制件色彩取样示意图

#5E928F #BE9679 #D98F4E #A34040 #B44844

图九　明万历皇帝孝靖皇后洒线绣百子戏方领对襟女夹衣色彩取样示意图

明代的织金丝绸，地子使用明度较高的色彩时，纹饰与地子明度反差较小，地子的面积大于纹饰面积，使地子的色彩更加华丽夺目。饱和度、明度较低的地子，地子与纹饰的面积较为均衡，纹饰在光线照射下闪闪发光，呈现出暗花织物的效果，这种效果是明代比较有特色的织品，纹饰的面积大于地子，丝绸色彩庄重、典雅（图十一—图十三）。

在一些色彩较多的丝绸之中，每部分的纹饰运用不同的色彩。高明度、高饱和度的地子，辅以不同明度的花纹，充分显示了色彩丰富华丽的特点，各个纹饰的面积相对均衡，用不同明度的纹饰来点缀。地子明度较低时，纹饰各部分的色彩运用中低明度，地子及各个纹饰面积相对均衡，色彩从统一中见变化（图十四—图十七）。

色彩明度

#DECAA7　#C81F0C

色彩比例

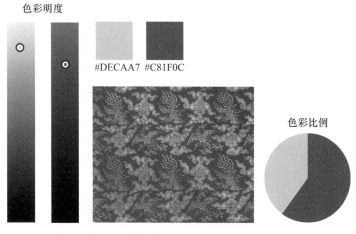

图十　明红地四合如意云凤纹织金缎色彩取样示意图

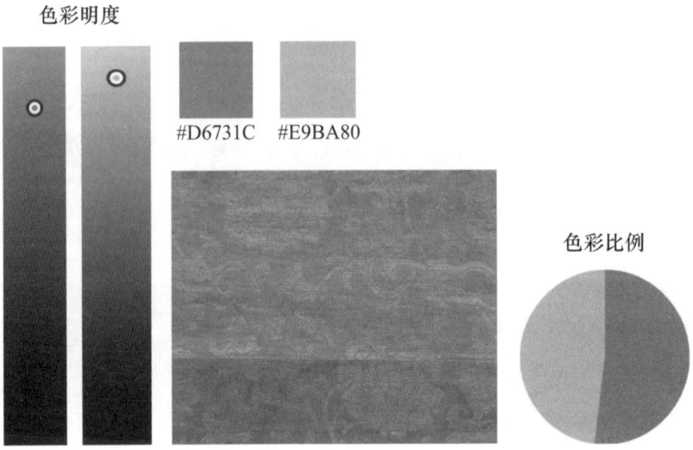

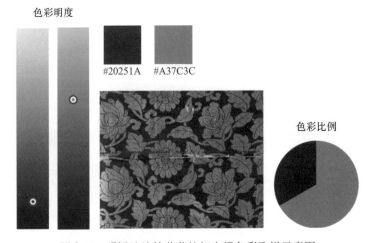

色彩明度

#D6731C　#E9BA80

色彩比例

图十一　明杏黄地八宝缠枝莲纹织金缎色彩取样示意图

色彩明度

#181519　#968765

色彩比例

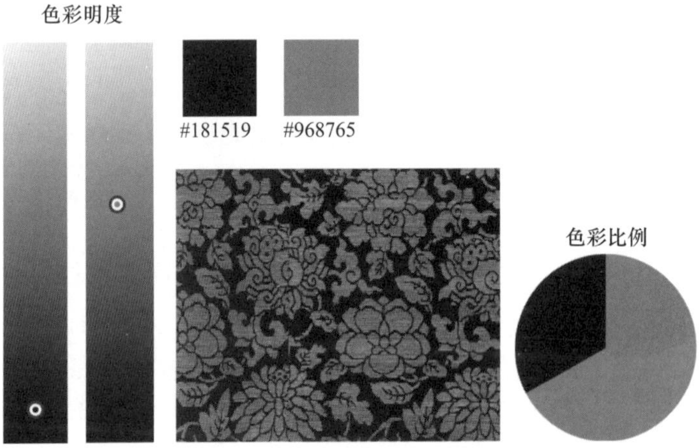

图十二　明青地折枝四季花卉纹织金缎色彩取样示意图

色彩明度

#20251A　#A37C3C

色彩比例

图十三　明绿地缠枝莲菊纹织金缎色彩取样示意图

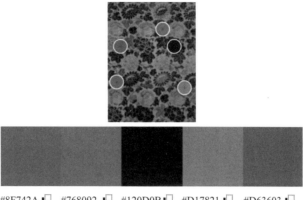

#8F742A ☐   #768092 ☐   #120D0B ☐   #D17821 ☐   #D63603 ☐

图十四　明黄地团龙凤缠枝花纹妆花缎色彩取样示意图 1

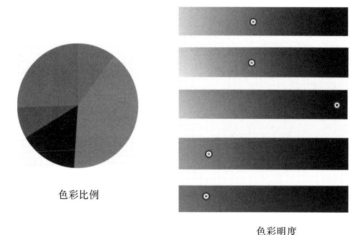

色彩比例

色彩明度

图十五　明黄地团龙凤缠枝花纹妆花缎色彩取样示意图 2

　　还有一类丝绸继承宋代的色彩风格，显然受到文人风气影响，丝绸色彩典雅、精致，使用中等明度的地子与纹样，色彩运用上较少使用高明度、低明度的色彩，既有地子明度大于纹饰的，又有纹饰明度大于地子的，面积相对均衡，以达到自然和谐的配色（图十八、图十九）。

　　宣扬宗教功能的丝绸，如经皮，采用高彩度的浓郁隆重的色彩，以彰显宗教的庄严肃穆，其间穿插深色，加大整体配色的明度反差，让人肃然起敬。

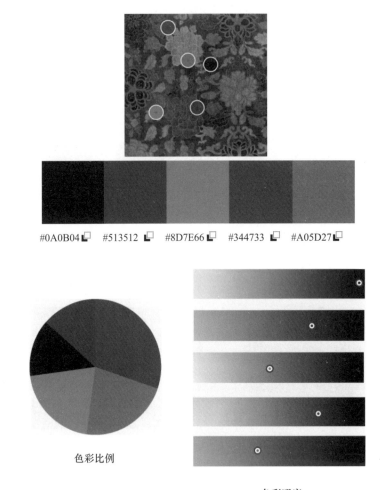

#0A0B04   #513512   #8D7E66   #344733   #A05D27

色彩比例

色彩明度

图十六　明墨绿地折枝花卉纹妆花缎色彩取样示意图

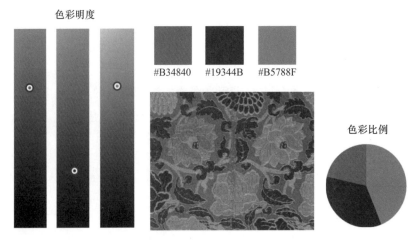

色彩明度

#B34840   #19344B   #B5788F

色彩比例

图十七　明缠枝花一年景妆花缎色彩取样示意图

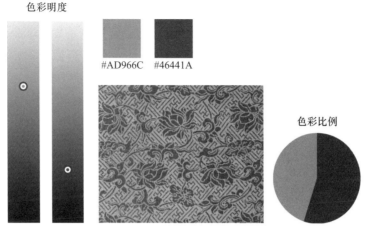

色彩明度

#AD966C　#46441A

色彩比例

图十八　明白地曲水缠枝莲纹双层织物色彩取样示意图

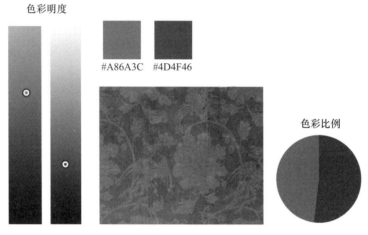

色彩明度

#A86A3C　#4D4F46

色彩比例

图十九　明缠枝花卉纹二色罗色彩取样示意图

三、明代漆器色彩

　　明代漆器品种之众多、造型之丰富、装饰之繁复均为前代不能比拟，明末人评价漆器说，"千文万华，纷然不可胜识"，绝不夸张 ①。隆庆年间，著名漆工黄大成所著《髹饰录》中，依据漆器的制造方法和工艺特点，把漆器的品种划分为 14 大类，101 种，并系统地总结出制造过程中应注意的事项。在众多的漆器品种里，成就高、影响大的是雕漆、雕填、螺钿、描金和百宝嵌，工艺的进步使得明代的漆器呈现出色彩斑

---

　　① 　尚刚：《中国工艺美术史新编》，高等教育出版社，2015 年，第 332～335 页。

斓的面貌。

《髹饰录》中论述了漆器的"质色"，王世襄先生解释质是漆器本身，亦即地子的意思。所以"质色"就是质地的颜色。这一门类中的器物是通体光素一色，别无其他的文饰[①]（表5）。在《髹饰录》所述的雕镂门一项，更是品种繁多，色彩丰富，仅以剔绿举例，其下就有纯绿剔绿、黄地剔绿、黄锦地剔绿、朱地剔绿、朱锦地剔绿。

表 5　质色门各种漆器名称表 [②]

黑髹（乌漆、玄漆、黑漆）	揩光黑漆 退光黑漆	
朱髹（朱红漆、丹漆、朱漆）	银朱朱漆	揩光银朱朱漆 退光银朱朱漆
	丹砂朱漆	揩光丹砂朱漆 退光丹砂朱漆
	矾红漆	揩光矾红漆 退光矾红漆
黄髹（金漆、黄漆）	鸡冠雄黄黄漆	揩光鸡冠雄黄黄漆 退光鸡冠雄黄黄漆
	姜黄黄漆	揩光姜黄黄漆 退光姜黄黄漆
绿髹（绿沉漆、绿漆）	绿漆	揩光绿漆 退光绿漆
	合粉绿漆	揩光合粉绿漆 退光合粉绿漆
紫髹（紫漆、赤黑漆）	雀头色紫漆	
	栗壳色紫漆	
	铜紫色紫漆	
	骍毛色紫漆	
	殷红色紫漆	
	土朱漆	
褐髹	紫褐漆	揩光紫褐漆 退光紫褐漆
	黑褐漆	揩光黑褐漆 退光黑褐漆
	茶褐漆	揩光茶褐漆 退光茶褐漆

① 王世襄：《髹饰录解说》，生活·读书·新知三联书店，2013 年，第 44 页。

② 王世襄：《髹饰录解说》，生活·读书·新知三联书店，2013 年，第 154 页。

续表

	荔枝色褐漆	揩光荔枝色褐漆 退光荔枝色褐漆
褐髹	枯瓠褐漆	揩光枯瓠褐漆 退光枯瓠褐漆
	秋叶褐漆	揩光秋叶褐漆 退光秋叶褐漆
油饰（各色不备列）		
	贴金漆	黄糙贴金漆 黑糙贴金漆
金髹（浑金漆、贴金漆）	泥金漆	黄糙泥金漆 黑糙泥金漆
	贴银漆	黄糙贴银漆 黑糙贴银漆

四、明代漆器局部采样：明度、饱和度、比例、节奏、色调分析

　　雕漆工艺的进步使得明代的漆器色彩更加丰富，从实物分析明代漆器色彩主要以红色、黄色、褐色为主色调，其他色相如绿色、金色、黑色等大多作为装饰，中低明度，中低纯度。明朝人重"以朱为正色"；暗红褐色的色彩使人感到神秘古雅；黄、褐的古朴色泽上加以金色点缀，彰显漆器的神采奕奕（图二十一—图二十六）。

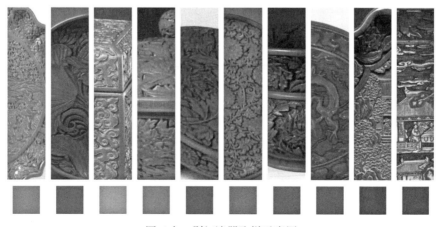

图二十　剔红漆器取样示意图

图二十一　剔犀漆器取样示意图

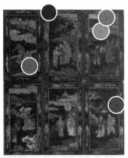

#A61C28 🖻　　　#0F1226 🖻　　　#BF6836 🖻　　　#8C442A 🖻　　　#443721 🖻

图二十二　明款彩人物诗句小桌屏色彩取样示意图

#A62934 🖻　　　#321A1E 🖻　　　#7F402F 🖻　　　#A72222 🖻　　　#A62121 🖻

图二十三　明剔彩菊花小圆盒色彩取样示意图

#591D2D   #0B1426   #A65132   #593528   #574D3E

图二十四　明百宝嵌梅花圆盒色彩取样示意图

#070518   #95282B   #69705C   #937B58   #A67F5D

图二十五　明黑漆嵌螺钿观莲图菊瓣式盘色彩取样示意图

#A6122D   #F2D06B   #F29849   #A64833   #6C141F

图二十六　明红漆描金山水长方盒色彩取样示意图

作者简介：张伟，天津美术馆，馆员，天津市河西区平江道60号，300201。

周臣《九老图》所绘内容的再辨识

张 夏

（天津博物馆）

摘要：周臣《九老图》所绘内容一向被认为是白居易等人于唐会昌五年（845年）雅集时的场景。但结合文献记载并在此基础上细细审读画面，却不难发现种种不合之处。通过重新辨识，可知此画所绘或许只是后代文人对白居易等人的仿效活动。这幅画作不是历史画，而更接近于风俗画。准确起见，似乎"九老图"比"香山九老图"更适合作为此画之题。

关键词：周臣　九老图　白居易

周臣《九老图》（目前一般被称为《香山九老图》）现藏天津博物馆，是周臣的代表性画作之一（图一）。关于此图所绘内容，一向被认为是唐朝大诗人白居易等九位老人（即"香山九老"）的雅集场景。但结合古代文献中留存的有关香山九老的记载并在此基础上细细审读画面，不难发现种种不合之处。本文试图重新辨识这幅画作的内容，并对其内涵提出自己的粗浅看法，以就正于方家。

一、文 物 概 况

天津博物馆藏《九老图》纵177、横106厘米，绢本设色。画面右下署"东邨周臣"，钤白文长方印"舜卿"、朱文长方印"东邨"（原款署中的"邨"为"村"的异体字，下文统一作"村"）。

画面整体可分为两个部分。上半部分主要为山、水、树木，下半部分主要为山、水、草、木中穿插的人物活动。全画人物共11人，其中9位文人，2位侍童。11人共分为4组。第1组共2人，在树下崖边观水。第2组共2人，在山间平道上漫谈。第3组共5人，其中有4位文人，1位侍童：位于中间的文人正在调琴，其他3位文人闲听，侍童捧书在后。第4组共2人，其中1位文人，1位侍童：侍童扶着文人从山道上缓缓下山，同时观赏沿途山景。此画布局饱满、结构精整，人物神态各异、生动自然。山石用披麻皴，但较为整饬。

图一　《香山九老图》（天津博物馆藏）

此画的绘者为周臣（约1450—1535），字舜卿，号东村，姑苏人。他擅长山水、人物，主宗南宋"院体"，但也汲取文人画之法，呈现出自身的面貌。周臣在当时的画坛地位不俗，之后均被列为"明四家"的唐寅（1470—1523）、仇英（约1500—1552）都曾从周臣学画。周臣山水画布局缜密平稳，风格既周密雄劲又清旷秀美；人物画造型洗练准确，用线劲健流润，神态真实生动。这些特点在这幅《九老图》中都有淋漓尽致的体现。

二、"香山九老"

"香山九老"本或仅有"七老"。那波本《白氏文集》卷七十一（宋绍兴本、马元调本三十七卷）有白居易"七老诗"并后序（图二），全录如下。

胡、吉、郑、刘、卢、张等六贤皆多年寿，予亦次焉。偶于弊居合，成尚齿之会。七老相顾，既醉甚欢。静而思之，此会稀有，因成七言六韵以纪之，传好事者

七人五百七十岁，拖紫纡朱垂白须。手里无金莫嗟叹，樽中有酒且欢娱。诗吟两句神还王，酒饮三杯气尚粗。崷峨狂歌教婢拍，婆娑醉舞遣孙扶。天年高过二疏传，人数多于四皓图。除却三山五天竺，人间此会更应无。

前怀州司马安定胡杲年八十九。

卫尉卿致仕冯翊吉皎年八十六。

前右龙武军长史荥阳郑据年八十四。

前慈州刺史广平刘真年八十二。

前侍御史内供奉官范阳卢贞年八十二（一作"八十一"）。

前永州刺史清河张浑年七十四。

刑部尚书致仕太原白居易年七十四。

已上七人合五百七十岁，会昌五年三月二十一日于白家履道宅同宴，宴罢赋诗。时秘书监狄兼谟、河南尹卢贞以年未七十，虽与会而不及列。

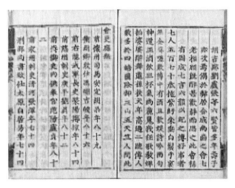

图二　那波本《白氏文集》卷七十一书影

由以上文本可知，白居易等人于会昌五年（845年）的雅集共到场九人，但七十岁以上、可称"老"者的只有七人。因此此会又被称为"七老会"。会上所赋的诗也可称为"七老会诗"。

之后，"七老"逐渐传为"九老"。至少到宋初，就已经有和"九老"相对应的流行图像了。"九老"之画和《白氏文集》中所叙"七老"之事的矛盾也逐渐为人关注。到了计有功《唐诗纪事》中，终于形成了对"九老"由来的完整记录。此书卷四十九收录《九老会诗》七首（即白居易和其余六人的诗），并添补了一段后记，摘录如下。

其年夏又有二老，年貌绝伦，同归故乡，亦来斯会，续命书姓名年齿，写其形貌，附于图右，与前七老题为九老图，仍以一绝赠之。云："雪作须眉云作衣，辽东华表暮双归。当时一鹤犹希有，何况今逢两令威。……洛中遗老李元爽，年一百三十六，禅僧如满归洛，年九十五。"

这段增补的后记（包括其中的那首绝句）有明显的伪托痕迹，可能不是出自白居

易之手，所述也未必符合史实。但是自《唐诗纪事》之后，后人相关著述多沿用其说。这段添补的后记（包括其中的那首绝句）最终也作为白居易作品被收入文集中，成为经典文本①。

三、不 合 种 种

结合文献中关于"香山九老"的记载和周臣所绘《九老图》的画面，不难发现一些不能吻合的地方。兹简单罗列尤为突出者如下。

1. 年龄不合

如果认同"七老说"，则据白居易诗"七人五百七十岁"及后序，老人们的平均年龄约为 81 岁；中位数和平均数差不多，为 82 岁。老人中年龄最小的是白居易，时年 74 岁；年龄最大的是胡杲，时年 89 岁。

如果沿用流行的"九老说"，则剩余二老，一位 95 岁，一位 136 岁。老人们的平均年龄一下子被拉高到了 89 岁，中位数 84 岁。

正如许多学者指出的那样，如按"九老说"，则洛中遗老李元爽 136 岁的年龄未免有点令人难以置信，已经到了稗官野史、小说家言的程度。这也正是计有功《唐诗纪事》中添补文字或出于伪托的"破绽"之一。但无论如何，当年白居易聚会的"七老"或"九老"平均年龄是非常高的。白居易原诗有"拖紫纡朱垂白须"，计有功《唐诗纪事》中添补文字中也有"雪作须眉云作衣"，可见老人们的形象，理应是须发如雪的。其他属于老人的特征，如皱纹、驼背等，按说也应该在画面上有所反映。特别是行走的状态，即使不借助拐杖，至少也要迟缓一些，似乎不宜展现得太过从容。

而我们仔细观察周臣的《九老图》，则会发现画中"老人"并不那么"老"。画中"九老"无一例外都是黑须、黑眉，脸上看不出皱纹，且基本不驼背。特别是在山间平道上漫谈的两人，步履轻盈，富有动感，甚至给人一种健步如飞的感觉。由此基本可以断定，和白居易等人相比，这"九老"的平均年龄或许要低很多。

白居易对于"老"的概念把控是非常严格的。他在诗的后序中说"时秘书监狄兼谟、河南尹卢贞以年未七十，虽与会而不及列"，显然是以达到七十岁作为"老"的硬性指标，而"七老会"的称呼也正是基于这一指标。如果由白居易本人来裁判，恐怕周臣《九老图》中的九人都难以称为"老"。

①　查屏球：《流行文化对经典文本变异的影响——论白居易"七老会诗"与"九老图"〈九老图诗〉的源流关系》，《华南师范大学学报》（社会科学版）2018 年第 2 期，第 41~48 页。

2. 身份不合

据白居易的诗和后序，参加"七老会"的人物均为退休官员，他们的穿着还是非常庄严的，也即诗中的"拖紫纡朱垂白须"。"拖紫纡朱"意思类同于通常说的"被朱佩紫"，也即挂紫绶、穿红袍。这是身份地位的象征，也是退休高级官员所享受的特殊待遇。而观察周臣《九老图》中人物的穿着，"九老"均未穿红袍，也都没有挂紫绶，而是身着文人平常闲居所穿的长衫。从衣着上看，与其说是功成名就后退休的官员，还不如说是赋闲而无官员身份的文士。

而如果沿用流行的"九老说"，则九人中必有一位禅僧。而细察周臣《九老图》中的九人，没有一位有僧人的特征。

3. 活动不合

据白居易的诗和后序，此会的主要活动是喝酒、写诗。诗题中的"既醉甚欢""因成七言六韵以纪之"，诗正文中的"手里无金莫嗟叹，樽中有酒且欢娱""诗吟两句神还王（旺），酒饮三杯气尚粗"反复强调了这两项内容。而遍观周臣《九老图》，第一找不到酒壶酒杯，第二找不到笔墨纸砚。文献中白纸黑字、明明白白的两项重要活动，在画作中没有任何体现。

诗中提及的一些附带的活动，比如"嵬峨狂歌""婆娑醉舞"，在周臣《九老图》中，同样没有呈现。只有文人抚琴的场景，因同属音乐而能和诗中的歌舞勉强建立一点联想，但也仅止于此了。

4. 配角不合

据白居易的诗和后序，除了或"老"或不算老的九位主要人物之外，现场还有至少两位配角。一位是"婢"，负责在老人"狂歌"时打拍子的；另一位是"孙"，是在老人"醉舞"后搀扶的。

而正如前文已经提及的那样，"狂歌""醉舞"的内容并未呈现，按说这两位配角也就失去了原有的任务，也不必出现了。事实上，在周臣的《九老图》中，的确没有婢女这样的女性角色出场，但却又有侍童扶着文人从山道上缓缓下山的场景：此处侍童解读为"孙"，文人解读为"醉"似乎也无不可。如果此说成立，则在配角的不合之中，又有暗合的成分在。但这种暗合是来自遥远的祖本还是普通的巧合，却是无法判断的了。

5. 地点不合

白居易等人雅集的地点是非常明确的，也就是白居易在洛阳城履道坊的住所，也就是宅院之中。而周臣《九老图》所描绘的活动地点则是在山间，画面上几乎没有人造建筑。

这一点虽然看似微妙，却相当重要。现存的宋画中题为"九老图"的，其中人物多活动于宅院之中，对人造建筑的描画也非常细致，接近后来所说的"界画"。套用流行的语汇，似乎在宋人的观念中，九老之会一直是一场"轰趴"（home party），而不是一场郊游。因此，周臣所描绘的山林之雅集是否能同白居易所述的宅院之雅集对应上，需要打一个大大的问号。

从常理推断，老人体力较弱，似乎宅院的活动比外出游山玩水更为舒适安全。但如前文所述，周臣《九老图》中的"老"却都正好并不太老。由此不免进一步让人怀疑，《九老图》中的这些充分享受山野之趣而"老"们真的能和白居易等在家中聚会的真正老人完全对应上吗？

四、重 新 辨 识

既然有如此明显的不合之处，那么重新辨识周臣此作的内容就显得非常必要了。

需要指明的是，周臣的这幅画作原本没有画题，只有作者的名款。"香山九老图"这个题目似乎是后人所起，并沿用至今。至于周臣创作此画之时心中是否有白居易等人，或者说周臣此画祖本（如果有的话）的创作者创稿时心中是否有白居易等人，其实并无决定性的证据。而仅由画面判断，周臣绘制此画中的人物之时，心中是否存一个"老"字，都是要打一个问号的。

虽然周臣的这幅画作同白居易等人那次雅集的具体情况多有不合，但仍有一些不容忽略的关联性。首先，从活动性质上说，都是文人雅集。其次，从参加人数上说，都是九人。再次，此作所绘之"山"，未必不是从"香山九老"之"山"衍生而来。最后，周臣此作被定名为"香山九老图"后，此画题被长期沿用，多少从接受史的层面说明了此作并未远离同题材太远。

要想对此画同白居易等人的雅集的合与不合之处进行相对合理的解释，似乎有必要梳理一下白居易"七老会"（或"九老会"）对后世的重大影响。《小学绀珠》卷六载宋有"至道九老""元丰十老""至和五老"等，据洪迈《容斋四笔》、沈括《梦溪笔谈》、周密《齐东野语》、方回《瀛奎律髓》等书参证，可知均是受到白居易的影响。有观点认为，"怡老会"就是在白居易"七老会"（或"九老会"）影响下而孕育出来的文人社团，在明代甚至成为一个重要的社团类型[①]。白氏洛阳"九老"作为诗歌意象也频繁出现在宋以后诗作中[②]。值得一提的是，这种影响并不仅限于中国国内，还很早就传播到了韩国和日本，"尚齿会""七老会""九老会"在当地也非常流行。

综合上述，或许周臣所描绘的仅是受到白居易等人那次雅集影响而形成的一个文人团体的一次活动。这次活动或许就是为了致敬白居易等人，甚至能算是一种"角色扮演"（cosplay）。这个文人团体人数正好有九人，其名称里或许就包含"九老"这样的意象。社团成员们当然还不算老，结这样的社团，或许也有期盼他们自己也能和白居易等人一样长寿的意思。如果此说成立，则周臣的这幅画作不妨称为《九老图》。而它的性质也并非历史画，而应是风俗画了。

五、结　　论

综合上文，可以得出以下结论：周臣《九老图》所绘内容或许并非白居易等人于唐会昌五年雅集时的场景，而是后代文人的仿效活动。这幅画作不是历史画，而更接近于风俗画。准确起见，似乎"九老图"比"香山九老图"更适合作为此画之题。

六、余　　论

本文所论仅限于天津博物馆藏周臣的《香山九老图》。但在本文写作过程中，也认真参阅了北京故宫博物院藏的宋人《会昌九老图》卷、辽宁省博物馆藏的传为宋李公麟所作的《商山四皓图、会昌九老图》合卷、台北故宫博物院藏的《香山九老图》团扇和传为宋刘松年所作的《九老图》卷、美国弗利尔美术馆藏的传为宋马兴祖所作的《香山九老图》卷等画作。细审之下，发现本文所列的一些不合之处，在这些早期画作中或多或少也存在着。

因此，或许本文的结论可以得到一定程度的推广。"九老图"作为一种绘画的题材，可能从宋代开始就更接近于风俗画而非历史画了。通过这一图像所传达的，某种程度上的确是对历史上一次重要文人雅集的追忆，但又何尝不是对现实生活的呈现和

---

① 姚利芬：《拂衣起谢人间事——白居易与香山九老会》，《文史春秋》2013年第3期，第57～60页。

② 卢燕新：《白居易与洛阳"七老会"及"九老会"考论》，《河南大学学报》（社会科学版）2012年第1期，第107～112页。

对理想生活的向往呢？由此来看，对于这些画作来说，"九老图"可能同样比"香山九老图""会昌九老图"等名称更为全面、准确。

作者简介：张夏，天津博物馆，馆员，天津市河西区平江道 62 号，300201。

浅谈天津博物馆收藏的几方猛安、谋克铜印

孟　婷

（天津博物馆）

摘要：猛安谋克是金代女真社会的最基本组织。它产生于女真原始社会的末期，在女真族原住地实行，由最初的围猎编制进而发展为军事组织，最后变革为地方的行政组织，具有行政、生产与军事合一的特点。以军事需要发展为军事组织，但其成员平时在部落内仍从事狩猎、捕鱼劳动，只是一遇战争，青壮年才应召去打仗，并自备武器、军马和粮草，联盟根据各部部长（孛堇）率领出征人数多寡，分别称之为猛安或谋克。天津博物馆藏有七方传世的金代猛安、谋克铜印，除了偶尔出土外，这在全国范围内博物馆的收藏中也是较为少见的，并且有几方还带有女真文边款，是研究金代兵制、社会政治组织等各方面重要的历史证物。

关键词：天津博物馆　金代　猛安　谋克　玺印

　　金（1115—1234 年）是中国历史上由女真族首领完颜阿骨打（汉名完颜旻）建立的统治中国北方和东北地区的封建王朝，西与西夏、蒙古等接壤，南与南宋对峙，共传十帝，享国 119 年。

　　在女真族的政权中有一项特有的基层军事政治制度，即猛安谋克制度，主要实行在女真族缘起之地，并在其征服其他民族的过程中此制度在有限的范围内有所实行。猛安谋克是金代女真族的军事和社会组织单位，有时作为女真人户的代称。旧说猛安为部落单位，谋克为氏族单位，按女真语义，"猛安"即"明安"，汉译萌眼，本意为"千"，初为千夫长即千户长；"谋克"即"穆昆"，汉译毛毛可、毛克，本意为"族"，族长在女真诸部由血缘组织向地域组织转化后，又有乡里、邑长之意，再引申为百夫长、百户长。而《金史·兵志》记载女真初起时"其部长曰孛堇，行兵则称曰猛安、谋克，从其多寡以为号。猛安者，千夫长也；谋克者，百夫长也"。猛安谋克是原始社会后期由于女真人的征掠、围猎的需要而设的军事首领，随后发展为固定的军事组织。猛安谋克平时耕种生产，战时应召参战，并且大批猛安谋克户因征服战争迁居中原各地后，便成为军事、行政、生产三位一体的组织。

猛安与谋克组织并非同时出现，谋克大约在 11 世纪初金昭祖石鲁或景祖乌古乃时已经产生，当时生女真诸部间战争时有发生，各地区的部落联盟亦普遍存在，大部落联盟正在形成。但见史载，晚在世祖完颜劾里钵与桓赧、散达兄弟战争的记事中，世祖命肃宗颇刺淑率兵去征讨，一败再败，世祖乃"使欢都、冶诃以本部七谋克助之"。猛安组织的出现，大约在 11 世纪末至 12 世纪初，即穆宗盈歌末年至阿骨打起兵反辽这一段时间。从猛安出现的时间推测，谋克组织出现时是以血缘关系为纽带的，而猛安组织开始出现时尽管尚受血缘关系的影响，但它一定是一种以地域为特征的组织。作为军事组织的猛安谋克，猛安之上置军帅，军帅之上设万户，万户之上有都统；谋克之内设蒲辇（一作蒲里衍或佛宁，女真语，50 户之意）。金建立的前一年（1114 年），金太祖完颜阿骨打始定制以三百户为一谋克，十谋克为一猛安。

金初，女真统治者曾一度把收降的契丹、渤海和汉人编制为猛安、谋克。天会二年（1124 年），攻占平州之后，改变制度，诸部降人置长吏，从汉官之号。大概在天会十一年左右，与废齐国的同时，金统治者创行屯田军，将在东北地区的女真猛安谋克徙入内地。它们自成组织，筑寨于村落之间，不属州县，计其户口，授以官田。这种屯田猛安谋克人户实际上是以女真人充任的世袭职业军户。猛安谋克户，有权从国家分得一份土地，由自己的家庭成员耕种，其义务是必须向国家承担一定的兵役、徭役和赋税。猛安谋克人户平时在训练之余，从事农业生产，有战事时则丁壮接受征发，自置鞍马器械出征，其家口仍留家生产。

猛安谋克曾一度有过等级之分。金熙宗皇统五年（1145 年），分猛安谋克为上、中、下三等，宗室为上，余次之。但到海陵王天德二年（1150 年）时被废除。金世宗完颜雍时续有迁徙，广泛地分布在中都附近及河北、山东等地。由于宋金大规模战争结束后，谋克内部户数增加，金世宗于大定十五年（1175 年）下诏再定猛安谋克户：每谋克不超过 300 户，7—10 谋克为一猛安。按照《金史·食货志》记载大定二十三年统计的金代女真族共有猛安 202 个，谋克 1878 个，平均每猛安虽未超过 10 谋克，但每谋克则有 320 余户。

天津博物馆藏有七方传世的金代猛安、谋克铜印，这在全国范围内的收藏中也是较为丰富的，并且有几方还带有女真文边款，现将馆藏的猛安谋克铜印做一下简要论述。

一、猛　安　印

1. 金"恤品必剌猛安之印"铜印

印体高 6.9 厘米，长、宽各 7.6 厘米。金代官印。印背铸三台鼻钮，钮顶凿一

"上"字以决正倒，印体右侧镌楷书"丙申年十二月日造"，左侧镌楷书"恤品必剌千户印"，印体下侧刻一押字（图一）。方形印面，有宽边，印文为阳文九叠篆"恤品必剌猛安之印"八字（图二）。

图一　金恤品必剌猛安之印 -1　　　　　图二　金恤品必剌猛安之印 -2

从此印较大的三台鼻钮来看，似辽代印式，但印面的九叠篆为金代式样与辽代印面区别较大，考丙申年应为金太祖收国二年（1116 年），是金建国的第二年，故此印应是金初与辽的战事中沿袭辽制的印式。

"恤品"应为河名，"必剌"意为"江"或"河"。"恤品"河又作"速频"河，位于黑龙江省东南部，黑龙江省嘉荫县曾出土一方"恤品河窝母艾谋克印"，可以证明恤品河的位置。唐称"率宾水"，今称绥芬河，绥芬为"率宾""恤品""速频"的音转，满语意为"锥子"，因蜿蜒穿行于老爷岭的丛山密林之间，颇似锥子而得名，是连接我国黑龙江省和俄罗斯的一条重要河流。"千户印"可与《金史·兵志》中记载的猛安为千户长的史料相互印证。

2. 金正隆元年"熟伽泊猛安印"铜印

印体高 5 厘米，长、宽各 6.5 厘米。金代官印。长方形柄钮，钮顶凿一"上"字以决正倒，钮右凿楷书"正隆元年十月"，钮左凿楷书"内少府监造"（图三）。方形印面，有宽边，印文为阳文九叠篆"熟伽泊猛安印"六字（图四）。

《满洲金石志外编》和《东北古印钩沉》都有著录"熟伽泊猛安印"，"熟伽泊"即熟结泺，《金史·五行志》和《太祖纪》均有记载，"泊"即"泺"，《玉篇》："陂泺也，一曰大池，山东名泺，幽州名淀，俗作泊。"为湖泊之意，此湖在今黑龙江省五常市境内。熟伽泊猛安属上京路会宁府。金代的猛安、谋克初以部落、氏族命名，其后多以山川湖泊等命名。

金代官印一般由尚书礼部铸造颁发，少府监"掌邦国百工营造之事"，其下有尚方署，掌造金银器物。官印多由金、银、铜为之，故少府监有铸造官印之事。传世的金代官印，有一部分是少府监制造的。正隆元年即 1156 年，金海陵王完颜亮为金第四位皇帝，他依据汉制进行改革，加强中央集权，迁都中都（即今北京），整顿吏治，颁布新官制，并规定了官印的尺寸，金代官制及完善的官印制度自此建立。

图三　熟伽泊猛安印 -1

图四　熟伽泊猛安印 -2

二、谋克印

1. 金天统三年"合扎谋克之印"铜印

印体高 5.4 厘米，长、宽各 7.1 厘米。金代官印。长方形柄钮，钮上两角呈八字形，钮顶凿一楷书"上"字（图五）。方形印面，有宽边，铸阳文九叠篆"合扎谋克之印"六字（图六）。右侧面錾楷书"合扎毛克印"，左侧面錾楷书"天统三年四月日造"。

图五　合扎谋克之印 -1

图六　合扎谋克之印 -2

边款"天统三年四月"，查金朝无此年号，殆为"皇统"之误，皇统三年即 1143 年，为金熙宗完颜亶的一个年号。

"合扎"即亲军，"合扎谋克"即亲军谋克，享有一定的特权，金建国初期，皇帝禁军称为合扎谋克。据《金史》记载："禁军之制，本于合扎谋克。"贞元元年（1153 年）海陵王迁都中都（即北京）后，侍卫亲军只限于太祖、宗幹、宗翰所属之军，称作合扎猛安，驻守于京城，其任务是"蕃卫京国""以备宿卫"，即保卫皇帝的安全，不离皇帝左右，故又称作护驾军、从驾军，"合扎谋克"应是其下属，海陵王时期从合扎谋克发展成制度严整的禁军。

2. 金大定九年"粘古剌谋克印"铜印

印体通高6厘米，长、宽各6厘米。金代官印。直钮，方形印面（图七），铸阳文九叠篆书"粘古剌谋克印"六字（图八）。印背錾款"大定九年十月，少府监造"，印上侧錾"粘古剌谋克印"，左侧錾"係因民安查哥猛安下"，皆楷书款。

图七　粘古剌谋克印 -1　　　　　　　图八　粘古剌谋克印 -2

"粘古剌""因民安查哥"是女真文的汉译名称，意义不明，属金统治地区的地名，"剌"应与水有关，此谋克可能屯驻在江河沿岸。"係"又作"系"，表示附缀、附属之意，在铜印边款上，表示是上级猛安的下属，"粘古剌谋克"即"因民安查哥猛安"的下属。

大定九年即1169年，为金世宗完颜雍的年号。金世宗时，谋克似已成了一种常设的军事组织，作为军事首领的谋克还常由部长或族长一人担任，大定年间的谋克印留存也就最多，并且还偶有出土，1976年黑龙江省依兰县就曾出土过一方金大定十年"哥扎宋哥屯谋克印"铜印。

3. 金大定十六年"河头胡论河谋克印"铜印

印体通高5厘米，长、宽各5.9厘米。金代官印。长方形柱钮，钮右錾"大定十六年四月"，钮左錾"礼部造"（图九）。方形印面，印文为阳文九叠篆书"河头胡论河谋克印"八字（图十），印之上左侧面錾"河头胡论河谋克印"，右侧面錾"纳璘河术阿速猛安下"。上述印款均为汉文楷书体，唯印左侧面錾女真文一行，意为"河头胡论河谋克"，金代存世的带女真文边款的官印极为少见。

图九　河头胡论河谋克印 -1　　　　　图十　河头胡论河谋克印 -2

大定十六年即 1176 年，是金世宗完颜雍的年号。"胡论河"即今拉林河北源之一霍伦河，发源于长白山余脉，流经吉林省舒兰市，最后汇入第二松花江。"胡论"是女真语的汉语音译。"纳璘河术阿速猛安"是此谋克的上级单位。"礼部造"表明此时官印的铸造机构已经确定为尚书礼部，属于少府监管辖。此印的谋克也是耕种训练在河流沿岸，其上级同理。此印的边款除汉文外，女真文边款也是极为少见的，根据边款所示的地名，可证此谋克应是屯驻于女真族原驻地，这为研究金代兵制、政治军事组织等各方面提供了重要的历史证物。

4. 金大定十八年"和拙海栾谋克之印"铜印

印体高 6 厘米，长、宽各 6.1 厘米。金代官印。矩形直钮，钮顶铸一"上"字以决正倒（图十一）。印背钮右凿"大定十八年八月"，钮左凿"礼部造"。上侧面凿"和拙海栾谋克"，皆汉文楷书阴刻款，印体左侧面凿女真文款一行，译文为"和拙海栾毛毛可"。方形印面，印文为宽边阳文九叠篆书"和拙海栾谋克之印"八字（图十二）。此印是金代兵民合一的政权机构"谋克"的印鉴。

图十一　和拙海栾谋克之印 -1　　　　　图十二　和拙海栾谋克之印 -2

大定十八年即 1178 年，是金世宗完颜雍的年号。"和拙"即"合扎"，是女真语"亲军"的意思。"海栾"是驻地，即今图们江支流海兰河，位于吉林省延边朝鲜族自治州境内。此谋克是驻扎在江河沿岸的女真亲军，其少见的女真文边款表明此谋克应是屯驻在女真族原住地。带有女真文边款的金代官印数量极少，史料价值很高。这枚铜印是研究我国金代兵制、政治组织等方面不可多得的历史证物。

5. 金大定二十一年"窟忒忽达葛谋克印"铜印

印体通高 4.4 厘米，长、宽各 6.1 厘米。金代官印。长方形柄钮，方形印面（图十三），印文为阳文九叠篆书"窟忒忽达葛谋克印"八字（图十四），背款凿楷书"大定二十一年二月，尚书礼部造"。

图十三　窟忒忽达葛谋克印 -1　　　　　　　图十四　窟忒忽达葛谋克印 -2

大定二十一年即 1181 年，为金世宗完颜雍的年号。该印的主人殆被宋人俘获，将此印用利器削残多处，在印的上侧面隐约凿有"窟忒忽达葛谋克印"楷款痕迹。"窟忒忽达葛"皆为女真文的汉字音译，《金史·海陵诸子传》记载："讹里也，咸平路窟吐忽河人，袭其父忽土猛安。""忒"与"吐"音近，应是同义异书，"窟忒忽"即"窟吐忽"。"达葛"又作"达阿"，有学者认为其与蒙古语的"达巴"即山岭相当，应译为"岭"。金代的猛安谋克经常以山河湖泊等地名命名，此谋克印应是以山岭为名的谋克印之一，隶属于咸平路忽土猛安，经考证咸平路在今吉林省中南部和辽宁省东北部之间。

金代的猛安、谋克印出土不多，仅有少量谋克印出土，见于著录的也只有十余方。从天津博物馆收藏的这七方猛安、谋克印和其他现存的猛安、谋克印所凿刻的年代来看，主要集中于金熙宗、金海陵王和金世宗时期，这表明此时期正是这种兵民合一制度的盛行时期。

按照金代官制：猛安为从四品，掌修理军务，训练武艺，劝课农桑，并同诸防御州的防御使一样，负有"防捍不虞，御制盗贼"的任务；谋克为从五品，掌抚辑军户，训练武艺，并负有除不管理常平仓之外县令所有的职权。作为地方行政单位，猛安相当于防御州，高于刺史州；谋克相当于县，但地位高于县，因为一般县令为从七品，赤县令才从六品，而谋克皆为从五品，与诸刺史州刺史同级。作为一种官职与爵衔，猛安与谋克均可世袭，或兄终弟及，或父死子继，甚至在其父出仕或任别职时也可承袭。猛安谋克的职责，初只管训练士兵，指挥作战。后来，猛安还负责"劝课农桑，余同防御"，谋克掌捉辑军户，"惟不管常平仓，余同县令"。可见，猛安谋克担负着率兵打仗和掌管生产、征收赋税等多种职能。猛安谋克制度是女真人特有的兵民合一的基层权力架构，其所留存的官印也为研究金代军事和社会组织结构提供了不可多得的历史依据。

参 考 文 献

［1］（元）脱脱：《金史》，中华书局，1975 年。

［2］ 景爱：《金代官印集》，文物出版社，1991 年。

［3］ 高文德主编：《中国少数民族史大辞典》，吉林教育出版社，1995 年，第 632 页。

作者简介：孟婷，天津博物馆，馆员，天津市河西区平江道 62 号，300201。

天津博物馆藏晋察冀边区银行纸币研究

尹 航

（天津博物馆）

摘要： 晋察冀抗日根据地建立后，为解决边区经济问题，设立晋察冀边区银行，发行纸币。本文结合天津博物馆藏品，论述晋察冀边区银行纸币的发行情况及历史意义。

关键词： 晋察冀边区 银行 纸币

1937 年 7 月卢沟桥事变爆发后，日军逐渐控制了华北地区。遵照中共中央决定，八路军 115 师开赴华北前线，在山西、河北、察哈尔三省交界开创了第一个敌后抗日根据地——晋察冀抗日根据地。1938 年初，晋察冀边区军政民代表大会在阜平召开，决定成立晋察冀边区行政委员会。1938 年底，中共中央晋察冀分局成立，管辖晋东北、冀西、察南和冀中共 70 余县，人口约 1200 万，到抗日战争胜利时人口达到 2500 多万。晋察冀抗日根据地在抗战中战绩显赫，被誉为"敌后模范的抗日根据地及统一战线的模范区"。

一、晋察冀边区银行的建立及货币政策

日军控制华北地区后，实行"以战养战"，对侵略地区进行经济掠夺。为开展对敌金融斗争，1938 年初晋察冀边区军政民第一次代表大会通过《边区为统制与建设经济得设立银行、发行钞票》的决议案，决定设立银行，借此改变边区货币流通混乱局面，保证经济发展，解决边区财政、军费等问题。1938 年 3 月 20 日，晋察冀边区银行正式成立，由于处在战争期间，总行地址并不固定，关学文出任第一任经理，副经理为胡作宾，1944 年财政处长张苏兼任经理。银行成立之初，仅有 20 余名工作人员。边区银行的主要工作是负责推行边区货币金融政策，包括发行边币、稳定金融物价、代理金库、承募公债、打击伪钞与收兑白银、发展边区农工商业，并经营一般银行业务。为保证边币合理有序发行、提升边币的信用、加快边币的流通和使用，晋察冀边区政府明确了边币发行的基本政策：一是边币独占发行，是市场唯一的通行货币，禁止法币、伪钞、杂钞等在市场流通，持有法币、杂钞必须在交易前到兑换机关兑成边币使用；

二是有正当理由，需携带法币或杂钞出境者，可以到边区银行兑换法币、杂钞；三是允许合理贮藏法币，但不得投入流通，避免被敌伪吸收；四是借助法币逐步巩固边币的信用和地位，通过联合法币实现打击杂钞和伪钞的目的，规定边币以法币为基础，边币与法币的兑换比率为1：1，其他各钞兑换比率则按照市价进行；五是严禁私运法币、现银出境；六是禁止伪钞入境或流通。

二、晋察冀边区银行纸币的发行

1935年底，国民党推动完成法币改革，但全国市场依然流通着纷繁杂乱的货币，各种政权和军事势力各自为政，金融市场混乱，货币种类复杂且不能跨区域流通，严重阻碍边区经济发展。当时流通在边区的主要货币有河北省钞、山西省钞和中国银行、中央银行、交通银行、中国农民银行的钞票，还有北平、天津两地和地方上的各种杂钞。晋察冀边区银行发行纸币初期，与上述各种货币同时在市场流通，边币无论是从信用力、市场流通等方面都比法币、杂钞要弱。为迅速巩固边币的地位，边区政府采取了几项有力措施：① 1938年5月，边区政府明令禁止河北省银行五元伪钞（日军利用河北省银行钞版印刷）流通，同时打击河北省铜元票，并使河北省银行钞贬值，8月河北省银行钞全部打击出境；② 1939年底至1940年初，肃清各种土票；③ 1940年初，肃清山西省钞；④ 1940年2月，宣布停止国民党四大银行纸币流通[1]。边币威信提高后，富有者开始以它作为储藏手段，流通面也更加扩大，还能在敌占区的老百姓中秘密使用[2]。到1940年末，边币在晋察冀边区流通占有量达到80%，基本占到了边区流通市场的绝对优势。从1938年起至1945年止，晋察冀边币发行量总额5000余亿元[3]，有力地支援了抗日战争和边区经济发展。

边币的发行权属于边区行政委员会。印刷总局将印好的纸币交给边区银行总行。边区行政委员会根据边区银行总行提供的货币金融资料就边币的发行、面额、数量和地区作出指示；边区银行总行根据指示付给军政费用或进行市场投放。边区银行总行和印刷总局均无权擅自动用边币。

晋察冀边区还采取多元化的货币发行办法，除晋察冀边区银行发行了冀中分行纸币及冀热辽纸币外，冀中各县自发发行了"农村合作社流通券"，例如"冀中第五行政

---

① 中国人民银行金融研究所、财政部财政科学研究所编：《中国革命根据地货币》（上册），文物出版社，1982年，第226页。

② 魏宏运：《论晋察冀抗日根据地货币的统一》，《近代史研究》1987年第2期，第27~42页。

③ 《中国钱币大辞典编纂委员会》编：《中国钱币大辞典·革命根据地编》，中华书局，2001年，第218页。

区银钱局票""晋察冀第七行政区合作社流通券"等。1948 年 5 月 9 日，晋察冀与晋冀鲁豫两个解放区合并，7 月 22 日，晋察冀边区银行与冀南银行合并为华北银行。但华北银行成立后并没有发行新纸币，而是继续沿用晋察冀边区银行和冀南银行发行的纸币。定冀南银行纸币为本位币，晋察冀边区银行币与冀南银行币的比价为 10∶1。1948 年 12 月，以华北银行、西北农民银行和山东北海银行为基础成立中国人民银行，发行人民币，以人民币（旧币）1 元比边币 1000 元的比率收兑。

晋察冀边区银行共发行 15 种面值 57 种版别纸币。1938 年发行纸币 5 种，面值分别为 1 角、2 角、5 角、1 元、5 元；1939 年发行纸币 4 种，面值分别为 20 枚、1 元、2 元、5 元；1940 年发行纸币 2 种，面值分别为 2 角、10 元；1941 年发行纸币 1 种，面值为 50 元；1943 年发行纸币 2 种，面值分别为 10 元、50 元；1944 年发行纸币 5 种，面值分别为 50 元、100 元、500 元、1000 元、5000 元；1945 年发行纸币 20 种，其中 5 元 2 种、10 元 6 种、50 元 4 种、100 元 6 种、200 元 1 种、500 元 1 种；1946 年发行纸币 12 种，其中 10 元 1 种、100 元 2 种、200 元 2 种、500 元 5 种、1000 元 2 种；1947 年发行纸币 6 种，其中 1000 元 2 种、2000 元 1 种、5000 元 3 种[①]。

三、天津博物馆藏晋察冀边区纸币

1937 年底，赵毅林、李德义设计出第一张 1 元面值的纸币，红色底纹，图案为小黑马耕地，经聂荣臻批准，自 1938 年 1 月开始印刷。印出的第一批钞票，裁切后送到阜平县的银行，经过加印"经理章""签字"，并打号码、检查、包封等工序，最后完成。为了防伪，在随后印制的 5 元面值纸币后加盖骑缝章。晋察冀边区银行成立初期，设备简陋，仅有手打号码机和十余台小石印机，采用模造纸。1945 年日本投降后，晋察冀边区印刷局接收了日伪印刷厂，技术实力增强，使用了胶印机，在制版上使用了锌皮、铜皮版，印出的产品较以前的石印质量更精细。

天津博物馆藏晋察冀边区银行纸币共 32 种版别（含票样），见下表（表 1）。

表 1　天津博物馆藏晋察冀边区纸币统计表

年份	面值	正面刷色	图案	备注
1938	1 角	棕	亭	直票
1938	5 角	紫棕	塔	直票
1939	2 元	紫	山麓、面额、水景	
1940	2 角	棕	村街景	直票
1940	10 元	红棕	面额、天坛	

---

① 孙培宽：《晋察冀边区银行及其发行的纸币》，《收藏》2015 年第 17 期，第 152～156 页。

续表

年份	面值	正面刷色	图案	备注
1943	10 元	红	放羊	
1944	100 元	绿棕	面额、插秧	
1944	500 元	棕	牛耕地	
1945	5 元	绿	面额、塔、面额	票样
1945	10 元	红棕	面额、长城	
1945	10 元	棕	锄地	直票
1945	100 元	黄棕	长城、面额	
1945	100 元	黄棕	耕地、面额、马车	
1945	100 元	灰棕	面额、牛耕地	
1945	100 元	红棕	面额、割麦	冀中分行
1945	200 元	灰棕	面额、马犁地	
1945	500 元	红棕	塔	
1946	100 元	红	山阁、面额	
1946	200 元	红棕	面额、打井水	
1946	500 元	黄棕	面额	
1946	500 元	棕	放牛	
1946	500 元	浅棕	赶骡、面额、马耕	
1946	500 元	棕	面额、收获	
1946	500 元	棕	农作、面额、农作	票样
1946	1000 元	灰黑	马群	
1946	1000 元	黄棕	面额、清河桥	
1947	1000 元	灰紫	面额、水车	冀热辽
1947	1000 元	灰棕	面额、亭	
1947	2000 元	灰绿	群山桥、面额	冀热辽
1947	5000 元	棕	桥、面额	冀热辽
1947	5000 元	红棕	山前耕地	
1947	5000 元	紫	面额、帆船	

　　出上表可以看出，天津博物馆收藏的晋察冀边区纸币，时间跨度大，面额种类多，版别占到总数的一半以上，最早年份为 1938 年，除了流通纸币还有票样。另藏有晋察冀边区第七行政区合作社流通券未纳入上述统计。但馆藏也许诸多不足，如缺少 1938 年第一批 1 元和第二批 5 元面值纸币等初期品种；整体品相一般，好品相的较少等。

　　1938 年 1 角纸币（图一），竖版，尺寸为 101 毫米 ×56 毫米，正面上端为"晋察冀边区银行"字样，上半部分为亭图案，下方为"壹角"面值，下端有"积成拾角兑付国币壹圆"字样，底边有"中华民国廿七年印"年份。1938 年 5 角纸币（图二），正面图案为塔，尺寸 120 毫米 ×63 毫米，其余币面布局基本与 1 角纸币相同。1940 年 2

角纸币（图三），尺寸 105 毫米 ×60 毫米，正面图案为村落，其余币面布局基本与上述两枚相同。由于物价上涨，货币发行面值增大，这些小面值纸币较早退出流通。

　　面值以元为单位的唯一竖版纸币是 1945 年 10 元纸币（图四），正面图案为锄地，尺寸 104 毫米 ×58 毫米，较为稀少。

图一　1938 年发行的 1 角纸币

图二　1938 年发行的 5 角纸币

图三　1940 年发行的 2 角纸币

图四　1945 年发行的 10 元纸币

晋察冀边区银行冀中分行于 1938 年 5 月 9 日在河北省安平县成立，当时并未印制纸币。1942 年 5 月初日军对冀中地区进行大扫荡，分行工作暂停。1945 年 5 月重建，6 月建立印刷所，开始印制纸币，1945 年后没有印制新纸币。冀中分行 1945 年共印刷纸币 9 种，面值分别为 10 元、50 元、100 元、200 元，其中只有一种 100 元面值纸币印有"冀中分行"字样（图五）。

图五　1945 年发行的 100 元纸币

为了支持冀热辽新收复区人民群众生产、生活需要和军费开支，晋察冀边区政府于 1944 年决定由晋察冀边区印刷局在河北省玉田县筹建冀东印钞厂，1945 年 6 月开始印刷冀热辽版纸币。1945 年发行 5 元 1 种、10 元 4 种、50 元 1 种，1946 年发行 4 种，1947 年发行 3 种（图六—图八）。

图六　1947 年发行的 1000 元纸币

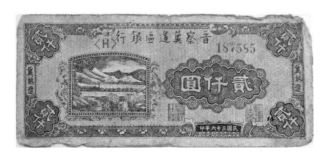

图七　1947 年发行的 2000 元纸币

图八　1947 年发行的 5000 元纸币

　　晋察冀边区银行纸币的主图设计大多比较简单，但图案种类较多，有自然风光、名胜古迹、劳动场景等。这些纸币的图案构成富有鲜明的政治色彩，起到了政治宣传的作用，同时反映了边区人民生产生活。纸币的色彩清秀淡雅、简洁大方，多以棕红色为主，配以黄、绿、蓝、紫等，明快的色彩与庄严的图案交相呼应。纸币的尺寸规格不尽相同。由于边区物资匮乏，技术设备简陋，因此纸币的印制只能因地制宜和因陋就简。纸币的印刷工具有石印机、木版或铜版印机，有时用蜡纸油印，后来有了胶印机。没有钞票纸，就用土纸、竹纸、毛边纸等来代替。限于当时所能获得油墨种类，造成纸币正反两面颜色不同，甚至套色印刷。

四、结　语

　　1941 年彭真在《关于晋察冀边区党的工作和具体政策报告》中总结晋察冀边区纸币发行经验：①在发行时，首先要充分作政治准备，先在党、政权及军队内部，然后在群众中作充分的政治解释和动员，形成拥护新币的热潮；②边币最初经过了一个短时期的信用纸币的阶段；③要陆续地慢慢地发，不能一下把市场胀饱；④钞票分布的情形，（在空间上）必须保持适当的平衡；⑤大小票之间，应配备得当；⑥发行额不能超过市场的需要；⑦必须有健全的银行组织并且普遍发展各种合作社，构成完备的金融网[①]。

　　晋察冀边区银行纸币为边区的财政、军政，以及广大人民群众生产、生活提供了重要保障，为抗日战争和解放战争的胜利作出了重要贡献，其发行经验为我国第一套人民币的发行提供了很好的借鉴，在我国货币发展史上留下了光辉的一页。在战争时期，根据地条件十分艰苦，印刷设备简陋，所以纸币印刷质量较差，而且流通地区主要在农村，因此整体保存条件较差，品相好的尤为稀少。如今这些纸币已经成为珍贵

---

　　① 中国人民银行金融研究所、财政部财政科学研究所编：《中国革命根据地货币》（下册），文物出版社，1982 年，第 41～42 页。

的红色文物，历史价值、收藏价值都很高，是了解边区的重要实物资料。但目前国内大型国有博物馆对货币尤其是纸币的重视程度还远远不够，大量珍稀货币在民间保存，民间收藏的珍稀红色货币应是今后国有博物馆征集文物的重点。

作者简介：尹航，天津博物馆，馆员，天津市河西区平江道 62 号，300201。

浅析宋代与清代的审美比较研究

——以瓷器及书法为例

陈韵竹

（天津博物馆）

摘要：本文通过选取宋代与清代两个时期最具代表性的瓷器及书法作品，深入分析两个时期艺术的审美风格偏好。在当下中国审美走向全世界的大趋势下，能够提炼出传统文化中更具指导意义的本质法则，从传统文化中汲取新的灵感。

关键词：融合　萃取　审美本质

一、宋徽宗与清乾隆时期瓷器的审美比较

我国是世界上最早发明瓷器的国家，东汉开始就出现了真正的瓷器。而瓷器史中的宋和清两代可以说是"集大成"的两座高峰，下面将选取北宋汝官窑和清乾隆作为代表，从宋徽宗和清乾隆两代帝王对于瓷器的审美偏好中，我们可以清晰看到两个时代的审美演变规律。

1. 北宋汝窑

汝窑发展至北宋，烧造技术被宫廷垄断，一下子跃居成为北宋的五大官窑之首。明代王世懋的《窥天外乘》中记有："宋时窑器以汝州为第一，而京师自置官窑次之。"北宋汝窑代表了宫廷审美的最高标准，那就是稀缺性，绝世无双。

首先，汝窑存世稀少，至今不足百件。

2015年9月30日至2016年8月31日，故宫博物院延禧宫西配殿展出"清淡含蓄——故宫博物院汝窑瓷器展"，该展览统计了世界各地博物馆及私人收藏的传世汝窑瓷器共计92件。汝窑其实从唐代就开始烧造了，但是到了宋代因为宋徽宗喜爱而达到了巅峰，短短几十年跃升为宋代五大名窑之首。可惜它的烧造时间过短再加之后世的损毁遗失，传到今日也就变得世所罕见了。

其次，汝窑的工艺稀缺，以玛瑙入釉。

汝窑另一个稀有之处还在于它的釉里面有类似玛瑙的成分存在[①]。玛瑙的性质和石英类似，质地比较坚硬，主要成分为二氧化硅，并含有少量的氧化铁和微量的锰、铜、铝、镁等元素及化合物，这些微量元素可以降低瓷器表面的玻化程度，使得釉质温润光洁，汁水莹厚如堆脂，似玉非玉而胜似玉。

但是其烧制过程极其复杂。汝窑的釉需要将多种矿物质碾碎或煅烧磨碎，再加上青石、松石灰和水按比例调配而成。其对烧制环境有着极其严苛的要求，烧成温度如果过高，会严重流釉；窑位、气候、温度的差异也会导致色泽的不同。

最后，汝窑的颜色独特，乃天青之色。

"色即是空，经过唐代各种感官强烈的刺激，五代以后，中国人的生命逐渐从激流回荡静定为澄名的潭水。"[②]

瓷器工艺发展到宋代转而开始追求一种洁净而高华的气质。以汝窑的天青色为例，相传宋徽宗梦醒后写了一首雨后诗，其中有一句叫"雨过天青云破处，这般颜色做将来"。《释名》中曾提到："青，生也。象物生时色也。"青色在传统观念中象征着万物复苏，生生不息，因而颇受宋代皇室青睐。

这种颜色应用到瓷器上也是极难把控，在一千多年前没有温度计和化学颜料的宋代，工匠对于火候和时间的细微处理都需要极度敏锐。也难怪到了南宋，文人都发出了"近尤难得"的哀叹了。

2. 清乾隆款玉壶春瓶

陶瓷技术经历了 2000 年的沉淀和积累，发展到清代在技术工艺和审美传达两方面又达到了一个新的高峰。下面以乾隆款珐琅彩芍药雉鸡玉壶春瓶为例，阐释专属于清代瓷器的审美特征。

首先，烧造独创，中西结合。

珐琅瓷器最早出现在康熙年间，盛行于雍正、乾隆年间，是将西画中的画珐琅技法引用到瓷胎上，以硼酸作为助熔剂，以砷作为乳浊剂，其釉料呈玻璃质感。这种珐琅彩绘巧妙地将国外的制作工艺和传统的绘画技法相结合，专门为清代宫廷御用。

其次，胎制精湛，精益求精。

乾隆皇帝对制作工艺有着极其严苛的把控，整个烧造过程同样追求完美。

---

① 周辉的《清波杂志》曰："汝窑宫中禁烧，内有玛瑙末为釉，唯供御拣退，方许出卖，近尤难得。"（宋）周辉：《清波杂志》第五卷，《笔记小说大观》（二），江苏广陵古籍刻印社，1983 年，第 333 页。

② 蒋勋：《美的沉思》，湖南美术出版社，2014 年，第 199 页。

前期要先在景德镇的御窑厂烧出几百件白瓷薄胎的瓶体，从中挑选几件造型完美、釉色洁白的素瓷胎送入宫中，经造办处设计图案纹饰后，呈贡御览并亲定纹饰，再交由宫廷画师加彩后入宫中的低温炉二次烧成。最后皇帝从中选出一件或两件精品，剩余的要全部砸毁，而这件玉壶春瓶在当时就是由乾隆皇帝挑选出来的唯一的一件精品，可谓是天下无双，仅此一件。

最后，意境绝妙，诗书入瓷。

这件珐琅彩瓷除了有画工精细的芍药雉鸡之外，侧面还有一句出自明朝黎民表《苏子川宅观芍药得枝字》的题诗："青扶承露蕊，红妥出阑枝。"引首朱文"春和"印，句尾白文"翠铺"朱文"霞映"二方印，瓶底赭彩四字方款"乾隆年制"，是一件融合了诗、书、画、印的彩瓷艺术珍品。

北宋汝官窑和清代御制珐琅彩瓷的共同特点是独特性和稀缺性，但也表现出两代帝王的不同审美偏好。乾隆皇帝注重融合，善于做加法，将中与西融合，古与今融合，不同艺术形式融合。宋代瓷器则走了一条"见素抱朴"之路，正如苏东坡形容文章之道："大凡为文，当使气象峥嵘，五彩绚烂，渐老渐熟，乃造平淡。"这种清新淡雅的审美境界绝非空无一物，而是寓丰富的情理、含蓄的法度于其中，似淡而实美。

二、清代与北宋时期书法的审美比较

1. 简约意象中的宋四家

宋代艺术同样呈现了一种"简约而不简单"之美，它不是纯粹意义上的做减法，把元素变得精简单一化，而是在做除法，删繁就简，不缺失也不过分，追求一种纯粹，突出想要的特点却也要恰到好处。这就最考验功夫和经验。

反观宋代的书法也是一样，入门看上去简单直观可是后期要深入却一点也不简单。比如苏轼的书写特点是字形偏扁，用墨厚实，黄庭坚说像"石压蛤蟆"，特别形象。如果只停留在这种视觉上的浅层理解，则很难把握住苏体行书的精髓。其实苏轼一生并没有在书法上下苦功，却能成为宋四家之首，靠的就是他深厚的文学功底和人格才情，想要品出苏轼的魂，字外之功永远是跨不过的坎，只有拿捏住了那种"腹有诗书气自华"的气质，才能真正透过他的文字读出苏轼的那份坦荡和自信。

宋四家并没有走集先贤之大成进而炫技的路子，宋人追求的什么？就是尚意。这个尚意不是完全脱离法，苏轼说过一句"我书意造本无法"被很多人误以为可以完全脱离古法，这样一搞就极容易变得世俗。从苏轼的学书史中可以看到他从小就写王羲之，还研究过杨凝式、颜真卿的书法，历史上的书法名家他无一不精，但是从他的书法中你很难一下子就看出前人的痕迹，他说的"无法"到底指的是什么呢？是指要师古而不泥古，师心而不师迹，这是一种在刻意练习之后自然生发的恰到好处的一种自如的无我状态。

在这股"尚意"风潮下，宋四家之中的其他三位也在书法上走出了专属他们自己的路子。

米芾极擅长写长线，他自称为"刷字"，看上去任性肆意，但是细看米芾的笔法字法章法都极其灵活，而且在速度中蕴含着发力的变化。这些都得益于他的绘画功底，他独创"米家山水"，从山水画法中悟出用笔的精要。绘画中的皴擦点染被引申为书法中的"八面出锋"，他用墨的多变性也得益于山水的笔墨关系。米芾正因在山水上的深厚功底，与传统意义上侧重于书写的书家有着完全不同的习惯，这才造就了他用笔的灵活性，因此书风率意灵活。蔡襄是里面官最大的，做到了礼部侍郎，所以他的书法自然流露出一种不激不厉而风规自远的中和贵气。黄庭坚行书上相对比较逊色，因为与苏轼相比内涵不足，与米芾相比技法不够灵活，与蔡襄相比他的见识和格局一般，然而他也能另辟蹊径在其他三人都欠缺的草书上下功夫，成为历史上继"颠张醉素"之后的又一座丰碑，他一生都在追求脱"俗"，避开程式化，极具劲健和豪放的个性。

2. 兼容精神中的赵之谦与何绍基

清代书法被推上一个新的高度——碑帖融合，也可以说这是自唐宋以来历史上的又一座高峰了，其中典型的代表人物就是赵之谦。

他在书法史上是个难得一见的奇才，他只搞了十年篆刻，就在盛年时"金盆洗手"，但是他的篆刻技术对后人都有着深远的影响，地位至今很难超越。

"封刀"之后，他走了一条"印外求印"的道路，乘着清代"尊碑抑帖"的时风，将篆刻与行书结合起来，他的手札作品既有碑刻的体势，又保持了行书贵"行"的节奏和韵律，以笔代刀，刚柔并济，不仅做到了融合还实现了真正意义上碑帖贯通。

同样何绍基也是个融会贯通的高手，作为清代崇碑的典范，他经年累月在汉隶《张迁碑》以及大量的魏碑上下苦功夫，在"尊碑抑帖"的大环境下，不盲目跟风，揣时度力，结合前人对帖学的理解深入考究，有所取舍，一方面以唐代书法作为桥梁直取魏晋之气，另一方面摒弃晚明及明末清初帖学过于甜熟的陋习。由此可见，何绍基在书法上的突出才能离不开他的思辨能力，他的哲学功底同样超过了清代其他的书法名家。

他的行书成就之高，在历史上也是不多见的。比如他的小字行书既有晋人风韵，又具唐人沉实之气，还兼容了篆隶及魏碑的劲健、高古之内涵。碑刻中的金石气和帖学中的书写性，他都能信手拈来，并且让两者统一协调起来。他的大字行书对联也是不可多得的精品，将碑刻笔意融入对联创作中，使得字形高古，颇具视觉冲击力，成为后世取法的主要来源。何绍基最擅长的就是碑帖融合，他的书风和谐动人，章法、墨法更是独具匠心、别出心裁。

不管是做加法注重融合的清代艺术还是做除法善于进行提炼萃取的宋代艺术，最终的目的都是想要在继承上有创新和发展。没有孰优孰劣之别，两者在历史的演进中一直不停交替进行着。

三、中国传统艺术审美的本质核心

不管是融合还是萃取，都遵循着中国传统审美的一个本质法则，简单来说就是阴阳调和，具体解释就是让相反对立的元素得以调和。

当我们纵览中国书法史时，会发现一个规律，就是艺术发展到末路时通常都是因为把某一角度作为唯一的衡量标准，这种失衡状态下就必须融入相反对立的新元素，然后便会越来越熟练地提炼萃取出新的经验，当这种经验纯度过高时，又造成了新的失衡，所以继续引入新的对立元素。

比如从书法角度看，唐代提出了"尚法"，到了末期法度越来越刻板固化，这才开启了宋代"尚意"的时风，但是"尚意"过了头，就有点走向随性而无法无天，发展到元代又开始复兴魏晋古法，取其姿态，明代算是进一步在实践"尚态"，最后到了清代发现帖学的内核基本上走了一个轮回，就转向了碑刻，开启"尊碑抑帖"之路。

法、意、态、碑刻这些都是相反对立的元素，各个时期的巅峰之作往往是这些元素相互之间融合提炼，协调发展的。真正高级的审美不会是偏执的，永远是掺杂着两种或两种以上的对立元素，经历矛盾对抗最后得以共存的一种状态，这就是中庸之道。只有这样的作品才会越看越有味道，越研究越有新的突破，越深入越能挖掘出更多的内涵。

作者简介： 陈韵竹，天津博物馆，助理馆员，天津市河西区平江道 62 号，300201。

岁朝图里话年俗
——以馆藏周道行《岁朝图》与张藻《岁晚宴乐图》为例

刘姝伊

（天津博物馆）

摘要：岁朝即为一年之始，是中国最重要的节日——春节，对于中华民族有着特殊的意义。由此应时应景所作的岁朝图有着千年的历史，画家通过画笔不仅记录了当时的欢庆之景，还托物寄情将对未来的美好期许融入作品中，通过对这类题材作品的深入研究有助于我们进一步了解中国绘画走向商品化的历程，以及开展中国古代民俗文化的研究。

关键词：岁朝 民俗文化 年俗 天津博物馆

岁朝，也谓三朝，即"岁之朝，月之朝，日之朝"（《尚书大传》），又有元旦、新正、元日、正日、上日等称谓，汉《太初历》始正式确定以农历正月初一作为岁首，即春节。岁朝年俗由早期先秦时期与农业相关的祭祀活动发展而来，并伴随着朝代的更迭不断继承和发展，其中为了烘托节日欢乐喜庆氛围并以具有吉祥寓意事物入画的岁朝图应运而生，作品应时应景，主旨明确，内涵丰富，深得广大民众的喜爱。

岁朝图各朝各代皆有绘制，伴随着中国传统民俗文化的发展一直延续至今，流传作品极多，最早可追溯至宋代赵昌的《岁朝图》，多是花卉为主妍丽工整的院体画，至元明时转向诗、书、画相结合的写意文人画，格调高雅，意韵深厚。随着明末清初商品经济的发展及市民文化的兴起，绘画逐渐向行利相兼、雅俗共赏的方向发展，岁朝图也趋向世俗化，内容从单一的花卉题材扩展至人物、花鸟、山水各科皆有涉及。岁朝图的创作在清代达到了顶峰，这与统治阶级的推崇不无关系，据《石渠宝笈》记载仅宫中所藏乾隆御笔《岁朝图》就多达34幅，在这样的文化氛围下扬州画派、海派等大批画家也纷纷投入到岁朝图的创作中，受众由宫廷贵族到普通百姓范围更加广泛，这些作品形式多样、绘制精良，丰富了人民文化生活的同时也给年节增添了色彩。

根据绘画内容岁朝图大致可分为：描绘欢庆场景的山水画，以神祇驱邪赐福为内容的人物画，以及具有吉祥寓意雅俗共赏的花鸟画。其中以李士达、袁尚统、盛茂烨、周道行、周文靖、张凤仪、张藻等为代表的一批画家，侧重于创作以描绘节日欢庆场景为主要内容的纪实性岁朝图，在反映了当时风土民情的同时也为我们如今研究年俗文化提供了资料。

一、作 品 分 析

明代周道行《岁朝图》轴，天津博物馆藏，纸本设色，钤乾隆、嘉庆、宣统三玺，并为《石渠宝笈三编》著录（图一）。《历代画史汇传》载：周道行（1573—1620），"吴县（今江苏苏州）人，以绘事知名，山水人物，布景似张宏"。此图描绘了山村欢度除夕的热闹场景，以高远构图将屋舍楼阁置于画面的中心，门前布以小桥流水，屋舍两侧树木牙槎，其后置古柏虬曲葱郁，湖石玲珑，远山如黛巍峨耸立。绘画风格摹宋法，又受吴门影响颇深，将界画与写意山水结合，于工细中不失小写意，笔致细腻而率性。树木以重墨勾染，层层枝干交叠，虚实相应，用笔爽利。山石仿王蒙法作牛

图一　周道行《岁朝图》天津博物馆藏

毛皴，又以重墨点苔。人物刻画尤为细腻，仿李士达法，人物开脸作皮球脸，造型有趣，诙谐生动。画作中的点睛之笔即是这些人物的不同活动，通过他们将山村的宁静一一打破，呈现年节的喜庆氛围。

屋前小桥上可见老者拄杖蹒跚而来，后有侍童手捧木匣，这里描绘的正是过年拜年的习俗。汉《四民月令》即有关于拜年的记载，由关系亲疏可分为投帖与亲往两种。发展至明清时拜年极为盛行，明代陆容《菽园杂记》载元日"上自朝官，下至庶人，往来交错道路者连日"，清代顾禄《清嘉录》也有"男女以次拜家长毕，主者率卑幼出谒邻族戚友，或止遣子弟代贺。……薄暮至人家者，谓之'拜夜节'"的记载。由此拜年作为节日联系彼此情感的重要手段一直延续至今。

"爆竹声中一岁除"（王安石《元日》诗）。年节燃放爆竹有辟山臊恶鬼之说（《荆楚岁时记》），画中就可见在门前及院内皆有孩童在嬉闹放炮，是岁朝图中典型的图式之一。东方朔《神异经》有："西方深山中，有人长尺余，犯人则病寒热，名曰'山臊'。人以竹着火，熚烞有声，而山臊惊惮。"节时燃放爆竹在寓意祛病驱邪基础上同时烘托了年节喜庆热闹的氛围。

屋内老者们围炉而坐，饮酒作诗，相谈甚欢。围炉中烧大块煤坯，谓之"欢喜团"，是以炭屑合成圆而扁状的巨煤墼，取之埋炉，置于室中，自岁朝至元宵止，谓欢喜过年（吴谷人祭酒《新年杂咏》）。年节自是少不了酒，而炉中此时也正温着酒，两老者正酣饮。古时年节多饮椒柏酒、屠苏酒，南朝庾信《正旦蒙赵王赉酒诗》："正旦辟恶酒，新年长命杯。柏叶随铭至，椒花逐颂来。"表达了作者受赵王赐酒的喜悦，同时点明新年饮酒"辟恶酒"而饮取意美好的椒柏酒。椒柏酒为椒花、柏叶泡制而成，有祛病强身的药效，进而有"愿持柏叶寿，长奉万年欢"，祈盼长寿康健之意。同样以多种药材泡制的屠苏酒也因与椒柏酒同样的作用和寓意被人们喜爱。饮食上除酒的习俗外多食五辛盘，谓"以辟厉气"（孙思邈《食忌》），助发五藏气。五辛指五种具有辛味的菜，明代《本草纲目》有："元旦立春，以葱、蒜、韭、蓼蒿、芥辛嫩之菜杂和食之，取迎新之意，谓之五辛盘"。

除了主屋众人尽欢，旁侧屋舍还有孩童敲锣打鼓、手舞足蹈，而阁楼上老者凭窗眺望、静默沉思，可谓动静相宜，别有意趣。对于除夕夜早在晋周处《风土记》中就有：除夕之夜，各相与赠送，称为"馈岁"；酒食相邀，称为"别岁"；长幼聚饮，祝颂完备，称为"分岁"；大家终夜不眠，以待天明，称为"守岁"。而画中人物的活动也大致与此相合，甚至直至如今也大致如是。画面右侧御笔题诗一首："围炉献岁聚春斋，椒盏辛盘一室皆。更有佳朋过略彴，任教稚子闹庭阶。柳黄梅白侵寻冶，画意诗情次第排。所喜能传夫子志，老安友信少斯怀。"左侧画家题以李士达之诗："今朝元日试题诗，又簇辛盘举一卮。杨柳弄黄梅破白，一年欢赏动头时。"诗画相合，点明主旨。

　　另一幅馆藏清代张藻《岁晚宴乐图》轴则从另一视角描绘了除夕之夜（图二）。张藻，清代诗人、画家，工山水、人物，作品同样沿袭了明代李士达的绘画图式。《岁晚宴乐图》轴，纸本设色，作于乾隆丁未（1787 年），描绘了山村欢度除夕的热闹景象。画面采用了鸟瞰的视角，以河流将画面分割成两部分，水波平缓，石桥连接两岸，屋舍楼阁排列有序，烟云缭绕中古柏葱郁，远山绵延起伏，一派怡然的田园风光。作品用笔工写结合，屋舍楼阁以界画作，比例合宜，尺度严谨，山石层层叠叠，披麻皴与色染并用，攒点细密，赋色秀润，树木仿宋法，布以疤洞，仓辣虬曲。

图二　清　张藻《岁晚宴乐图》天津博物馆藏

　　画中各色人物刻画生动传神，通过他们画家向我们诠释了更多更丰富的具有浓郁中国传统特色的年俗活动。画面右下角可见门前二童正燃放爆竹，旁侧柏枝、南天竹及冬青置于阶下，并缀以元宝、铜钱，取意富贵长寿。在屋舍后方同样可见一人扛着梅枝或火棘枝归家，而旁侧屋舍内桌案之上摆放着一插有梅枝的花瓶，这些都是年节常见的具有吉祥寓意的装饰。此外还有水仙、柿子、佛手、香橼、万年青等，将它们单独或组合在一起置于器皿中作为岁朝清供赏玩，寓意美好又格调高雅。

绕过院前的孩童视线进入屋内可见女子于供案前作着祭拜祖先的准备，清顾禄《清嘉录》载："元旦为岁朝，比户悬神轴于堂中，陈设几案，具香蜡，以祈一岁之安。"《月令事宜》也载："除夕祭飨，即悬真于家庭，供奉以拜节。"供桌上"具香蜡、茶果、粉丸、糍糕"。祭拜时整肃衣冠，由家主率妻孥次序拜之，体现了中华民族重孝道感恩追始的优秀传统。

左侧画面以屋舍作为中心，人物的活动更加丰富，屋前热闹而繁忙，有购置了春联、鱼等年物步履匆匆归家心切的村民，有幼童搀扶着蹒跚的老者前来拜年，还有抬着酒缸、扛着物什的，拿着扫帚清扫的，更是着重描绘了门前一人秉烛，一人踩凳张贴门神画的场景。这些人的不同活动生动形象地反映了年俗中一些必不可少的环节：拜年、打扫、采买、贴年画等。画中最为醒目的用色即各家门上贴的红色春联和福字，现如今我们依旧保留了在春节贴门神、春联、年画等的传统，这一习俗延续至今已有几千年的历史，由秦汉时期的挂桃符发展演变而来，王安石《元日》有："千门万户曈曈日，总把新桃换旧符。"《皇朝岁时杂记》载："桃符之制，以薄木版长二三尺，大四五寸，上画神像、狻猊、白泽之属，下书左郁垒，右神荼。或写春词，或书祝祷之语，岁旦则更之。"为辟邪纳福之意。

元旦时各地会有一些禁忌和习俗，其中就包括"俗忌扫地、乞火、汲水并针剪。又禁倾秽、溉粪"（《清嘉录》）。此外元日男女需着新衣洁履，而画中除夕夜仍忙着打扫的仆从、阁楼里梳妆打扮的女子与此正相映照。

旁侧屋内描绘了一家人围坐饮酒之景，小辈正举杯敬向长辈，晋董勋《答问礼俗说》云："正月饮酒先小者，以小者得岁，先酒贺之。老者失岁，故后与酒。"从中可体悟到中华民族对于长幼有序、敬老爱幼礼教传统的注重。纵观整幅图画家通过巧妙地构图将这些年节活动串联在一起，使得绘画充满了故事性，并由衷地表达了画家对国泰民安、生活富足的美好祈盼。

二、结　语

周道行和张藻的两幅作品都以描绘山村岁朝欢庆为主题，但二者的面貌却又具有明显的区别。从周道行作品中人物穿着及活动可知这些老者应是士人身份，他们围炉展卷、提笔作画乃至凭窗远眺皆是文雅之举，同时画面刻意地避开了年节中常出现的装饰性物品（如：春联、年画、门神等）甚至于未使用艳丽的红色，却以围炉守夜、孩童放炮等活动来点名时间，以庭前院后错置的梅花、松柏、寿石等暗含幸福长寿的

天津博物馆论丛（2022）

美好祝愿，可见作品高雅的格调与文人画之深厚底蕴。而张藻的画作则以普通村民为描绘对象，旨在反映清代的年俗文化，内容丰富而具有生活气息，平淡天真。两幅作品皆构思巧妙，绘制精美，从不同的侧面诠释了不同人群在岁朝之时的欢度场景，互为补充，在比较全面地反映了明清时期逐渐完备的年俗文化内涵的同时，都向我们传递出祈愿太平盛世、阖家团圆的美好愿望。

在作品的品鉴过程中我们更加深刻地感受到了传统年俗文化的源远流长、博大精深，伴随着社会进步与发展这些年节民俗流传至今有些依旧在沿用，有些不符合时代的落后习俗则被新的习俗所取代，同时又有新的内容不断充实进来。在现今的社会背景下，倡导年俗文化既是维系血脉亲情联结情感的需要，也是对中国优秀传统文化的传承与弘扬。

作者简介：刘姝伊，天津博物馆，馆员，天津市河西区平江道 62 号，300201。

天津博物馆藏陈师曾《桂花载酒图》研究

卢永琇

（天津美术馆）

摘要：文物承载的信息帮助我们重返某一历史场域，文物是历史的重要物证。本文通过对天津博物馆藏陈师曾《桂花载酒图》的研究，试图厘清该藏品的流转递藏，还原再现一百年前北京画坛的一场文人雅集，并对该图涉及的陈师曾、齐白石、熊佛西、邵章、汤定之、姚华等艺界翘楚的关系进行了梳理，用以丰富 20 世纪中国美术史资料。

关键词：陈师曾　齐白石　熊佛西　20 世纪中国画坛

2022 年 5 月 18 日—9 月 18 日，天津美术馆举办了“湖上风来开素卷——《湖社月刊》中传统派画家的艺术生活”展览，展品中天津博物馆藏陈师曾《桂花载酒图》是一件特别值得关注的作品。它曾被画坛传颂赞誉，又消失藏匿，过程充满传奇；它还是研究民国时期艺术家之间交往友谊的重要物证，是中国近代美术史的真实史料。作品关联的齐白石是妇孺皆知的艺术家，陈师曾、姚华、邵章、汤定之等人也是近代书画界中的翘楚。这些艺术大家的作品在天津各文化机构中收藏众多，研究这些藏品，挖掘其蕴含的文化信息，是文博工作者的责任。

一、陈师曾《桂花载酒图》现状

陈师曾《桂花载酒图》（图一），纸本，纵 163 厘米，横 66 厘米。画面桂花枝茂叶盛，酒坛硕大敦实可爱，赋色陈浓清艳，钩点皴染落落大方，写意奔放颇具感染力。该图款、印及题跋信息如下。

左下款：今日桂花同载酒，终不似，少年游。师曾写于安阳石室。钤印：陈衡恪、陈师曾。

右上印：写剧楼[①]。

[①]　齐白石刻，此印亦载于戴山青编《齐白石篆刻作品集》，广西美术出版社，2000 年，第 107 页。

图一　陈师曾《桂花载酒图》天津博物馆藏

右下姚茫父（姚华）两次跋文如下。

其一：辛酉中秋，味根园榜既成，余谳客其间，师曾手此画至，以为贺。所题桂花载酒云者，盖即景语也。余且揖邵伯絅索楹语，伯絅因诵曼生旧句，并云曾为人书之置酒楼中，为俗子所涂，言次愤然。师曾亟叹其切，因谓益再书之。满座怂恿，杂以言笑，已而伯絅书联至，遂同张客座。甫二年，师曾遽归道山。回首前尘，祇增腹痛，遂召主者将以来，记其略，更题二十八字，俾考师曾轶事者，有所资焉。

粟粟秋香笔底风，最难客满更樽空。无声诗思安阳画，身后碧纱郑重笼。

癸亥八月十一日。莲华盦书。茫茫父。

钤印：姚华。

其二：自味根园别营新宇，师曾画相随转徙。因重付装池既竟，复赋二十八字。

如梦前身话味根，黄垆人过许招魂。玉醅金粟年年事，又到秋风香满园。

图咏成，主者请名新宇，即截诗尾三字界之。于是，师曾没又周一期矣。并记甲子重阳后二日。茫。

钤印：姚华。

诗塘自右及左齐白石、邵章、汤定之题诗如下。

齐白石题诗：人人夸誉妙徐黄，画出花枝满纸香。造物有才天欲忌，翻教老泪哭槐堂。安阳石室人何在，题句姚华去不还。我辈莫愁须饮酒，死生常事且开颜。佛西先生属题。齐璜。辛未。

钤印：甑屋、老白。

邵章题跋：大烹豆腐瓜茄菜，高会荆妻儿女孙。联语。昔日味根方骁俗，后来香满顿称尊。荒寒莲刹题辞古，寂历槐堂画稿存。桂子秋深佳酿熟，校文赌醉羡乡温。佛西先生諟正。辛未九秋伯褧邵章。

钤印：章。

汤定之题跋：安阳室与莲华寺，尊酒芳时处处同。屈指故交零落尽，独余老泪洒西风。佛西先生命题，辛未秋汤涤。

钤印：汤定之又字乐孙。

二、《桂花载酒图》的过往

根据姚茫父的跋文，我们了解到当年姚茫父开设饭馆，曾组织过一次书画界朋友的聚会，陈师曾创作了《桂花载酒图》到场祝贺。

辛酉年（1921年）中秋时节，味根园建成开业，茫父在这里宴请朋友相聚叙谈。陈师曾手持画作到场庆贺，画中桂花载酒正是应了这天的景致。席间茫父拜求邵章撰写楹联。邵章气愤地讲到：之前曾书写陈曼生的词句，悬挂在酒楼后又被店家涂抹掉。陈师曾听了邵章写的词句感叹很贴切，请求邵章再次书写。满屋在座之人边开玩笑边极力怂恿。一会儿邵章书写好了对联，与陈师曾的画一同向在座各位展示。才过了两年（癸亥岁，即1923年），陈师曾去世。回想往事，睹画思人，腹内徒增感伤。于是招呼画的主人把这件作品带来，记述当年情景，并题七绝一首："粟粟秋香笔底风，最难客满更樽空。无声诗思安阳画，身后碧纱郑重笼。"一方面是为了纪念好友陈师曾，另一方面也是希望自己的题记能为后人研考陈师曾的事略保留下资料。

1924年重阳节后的第二天姚茫父又记述：味根园改换新址，陈师曾这张画也从旧址被带至新所，因为完成了再次的托裱装潢，所以他又写了一首七绝："如梦前身话味根，黄垆人过许招魂。玉醅金粟年年事，又到秋风香满园。"题跋而后，截取了诗尾"香满园"三字以为新所之名。这时距陈师曾离世又过了一年。

味根园是民国时期北京著名的南味饭馆。1918年左右，北京珠市口兴建起新世界游艺场和城南游艺园，规模有四五层楼高，逐渐成为民国时北京集饮食、娱乐于一体的大型休闲场所，是当时的地标性建筑。这里既有京剧、曲艺、话剧等演出，也有台球厅、旱冰、保龄球等游艺，更有咖啡、西餐等时尚美食，还有"味根园"这样的南味餐厅，吸引着文人雅客。1928年国民政府南迁，北京经济不景气，新世界游艺场与城南游艺园也相继停业。姚茫父的记述，正是将味根园变迁时间准确地记录了下来，这不仅是民国时期北京画坛艺术家交往的资料，也是为民国北京民俗保留下的一份资料。

姚茫父是贵州人，民国时居北平，诗书画皆精，在当时的文人圈内负有盛名。他喜交友善待客，多位名人曾记述在姚茫父的饭馆接受过他的款待。他的好友梁启超曾创作《寿姚茫父五十》，诗中有"相携香满园"一句。姚茫父也作《乙丑四月，五十初度，依韵答饮冰兼呈同座诸公》诗唱和，成为文坛佳话，传颂一时。这也说明姚茫父五十寿诞曾在香满园招待包括梁启超在内的众多亲友。天津博物馆藏陈师曾《桂花载

天津博物馆论丛（2022）

酒图》上姚茫父的题跋记述"味根园"改址换名为"香满园"在 1924 年。姚茫父五十"初度"与梁启超"相携香满园"的诗词唱和是在之后的 1925 年。这些文人雅集被文物与史料相互证，帮助当代人了解近百年前事件的过程，还原历史的真实和语境，这正是博物馆藏品的价值所在。

著名作家李白凤 1947 年 6 月 14 日在《申报》发表《忆姚茫父先生》一文，叙述了源自剧作家熊佛西讲述的故事：

> 在黔阳春开张的那天，北京城里可谓轰动一时，王梦白那些老画家都各自带着非常名贵的佳作做为贺礼，人差不多都到齐了，只差一位陈师曾先生，众人都非常纳闷。按照姚茫父和陈师曾先生的私交，他今天不应该不到，而且大家都猜得到，陈师曾一定会带一幅名贵的礼物的，所以主人不知客人都非常的惦记。
>
> 后来，果然陈师曾先生来了，不出众人所料的，他带来一轴精心绘制的巨幅，大家拥簇着主人和陈师曾先生，拉开中堂一看，原来是一幅陈师曾的名作，六尺的画面上，画着一个大酒瓮，上面斜垂着一枝丹桂，好像被酒气薰醉了的桂花，都落入酒瓮一样……
>
> 这样一幅名画，自然使得众人心折，尤其高兴的是主人姚茫父先生，他兴冲冲地请当时在座的人在这张画上题咏，并且悬挂在厅堂正中。这种对于陈师曾的尊敬态度，想到文人相轻的文坛风气，不禁令人感慨系之了。
>
> 过了两年，黔阳春因为不善于经营的缘故，经理就偷偷地跑掉了。而这位经理对于一切银钱财物都没有动，只偷走陈师曾先生的这幅中堂。那时陈师曾先生已经做了古人，在姚茫父先生心里，自然觉得非常难过的。他就悬了四百块钱的赏格，终于将这幅画寻了回来。
>
> 看到这幅画重归物主，同时又增加了一种睹物思人的感情，姚茫父先生就在画边上，把这一段失而复得的经过，原原本本地写在上面。这样，黔阳春又再度复业，当然这张画仍旧挂在原来的老地方。
>
> 真是无巧不成书，黔阳春不幸二次清理，奇怪的是经理先生仍然照例地把那幅画偷了去，这可把姚茫父先生急坏了。我们想一想，在那种心情之下，对于他精神上的打击，将百倍于黔阳春的关门呢！
>
> 后来，这幅画到姚茫父先生物化之后，才露了面，可惜在这次战争中，就再也没有听到关于它的下落的消息。

李白凤（1914—1978），中国书法家、篆刻家、作家、教授。北京市人。年轻时以诗歌在施蛰存主编的上海《现代》杂志出名。抗日战争爆发后，创作的诗歌、话剧、散文产生了广泛的影响，成为抗战主流文学里的新星。同时他致力于篆刻、书法研究。

发表这篇文章时，他在上海财政局当小职员为生，业余写诗歌小说。李白凤的父亲是医生与姚茫父为友。李白凤在桂林创作话剧时与熊佛西为友，故而有了《忆姚茫父先生》一文。

从这段文字中可知姚茫父题跋的陈师曾绘巨幅桂花、酒瓮图，在姚茫父去世后流到了熊佛西手中，之后踪迹在画坛消失。

三、陈师曾《桂花载酒图》中的齐白石与熊佛西

据了解，齐白石与中国近代戏剧家熊佛西的关系，美术界鲜有人论及。

熊佛西（1900—1965）是中国近代著名戏剧教育家、剧作家。原名福禧，谱名金润，字化侬，笔名戏子，室名写剧楼，自属写剧楼主[①]，有时署名向君，江西省丰城市人，是中国话剧的拓荒者和奠基人之一。早年赴美留学 1926 年回国，先后任北京国立艺术专科学校戏剧系主任等。1932 年后任中华平民教育促进会戏剧委员会主任。曾在河北定县从事农民戏剧研究与实验，轰动全国。1949 年以后，历任上海戏剧专科学校校长、上海戏剧学院院长、上海市文联副主席等。著有《佛西论剧》《佛西戏剧》等。熊佛西 1926 年回国后在北平艺专等处任教，至 1931 年七七事变后离开北平到河北定县从事农民戏剧研究与实验，这期间与齐白石、汤定之等人结下深厚友谊。

齐白石（1864—1957）经过五进五出，在 1919 年从湖南定居京城，在琉璃厂等处挂单，1926 年作品经过陈师曾推介参加"第二次日中绘画展览会"热销后，润格逐渐增多，又被邀请担任北平艺专国画教授，逐渐与京城的文化名人往来频繁，结识了熊佛西。

熊佛西曾自述因为与齐白石、汤定之、姚茫父等"大师常接触，对国画的兴趣日益浓厚。他们常以作品见赠，于是开始收藏"[②] 多年后熊佛西对此仍念念不忘，在 1942 年和 1946 年两次发表文章[③]，纪念他与齐白石的交往。到 1931 年七七事变时熊佛西收

---

① 陈玉堂：《中国近现代人物名号大辞典》，浙江古籍出版社，1993 年，第 947 页。

② 熊佛西《习画记》："直至民国十五年从美国回来，任教于北平艺术专门学校，才有机会接触中国画。萧俊贤，萧谦中，汤定之，齐白石，王梦白，陈半丁，姚茫父诸先生，都在艺专国画系任教。与这些大师常接触，对国画的兴趣日益浓厚。他们常以作品见赠，于是开始收藏，截止七七事变，已有三千余帧。"见徐建融、刘毅强主编《海派书画文献汇编》，上海辞书出版社，2013 年，第397 页。

③ 1942 年 12 月 16 日，重庆《读书通讯》第 56 期第 12 页"学人特写"，刊载熊佛西：《怀白石老人》。1946 年 12 月 7 日，《评论报》第 5 期第 16—17 页，刊载熊佛西《白石老人齐璜》。两篇有部分重叠。

藏齐白石等人的国画作品已有三千件，其中也应该包括了1931年秋天入藏的陈师曾《桂花载酒图》。

熊佛西说"近百年来之中国画家，我最佩服二人：一为早年逝世的陈师曾先生，一为现困居于北平之八旬老人白石山翁"。他还说"老人不但为今日之国画圣手，且精于篆刻，晚年并常以写诗自娱，其篆刻以刀法取胜"①。熊佛西收藏陈师曾绘制的这件《桂花载酒图》后，钤上齐白石为他篆刻的"写剧楼"印鉴，再加上齐白石的题诗可谓是珠联璧合。熊佛西的做法也正是他这种认识的表达。

在熊佛西邀约齐白石等人在陈师曾作品上撰写题跋之前的1931年1月30日（十二月二十三日），齐白石为熊佛西绘制了《写剧图》，上有款题：写剧图。辛未冬小年为佛西先生制。齐璜。这也说明齐白石以熊佛西"写剧楼"为题，曾进行过多次创作。

四、陈师曾《桂花载酒图》中相知相交的艺术家们

熊佛西邀约在陈师曾《桂花载酒图》撰写题跋的有三个人：齐白石、邵章、汤定之。其中齐白石、汤定之是他的同事好友，另一位邵章是1921年味根园雅集的亲历者。这些题跋为我们保留下齐白石、陈师曾、邵章、姚华、熊佛西等人交谊的记录，也是熊佛西与这几个人忘年交的例证。

陈师曾（1876—1923）与齐白石的关系历来被人们津津乐道，有学者也进行过新的考证研究②。陈师曾在齐白石绘画道路上的推动作用众所周知。陈师曾指出齐白石不甚精湛的地方，并建议齐白石自创风格，不必求媚世俗。齐白石说他们的会面"晤谈之下，即成莫逆"，并赞誉陈师曾"能画大写意花卉，笔致矫健，气魄雄伟，在京里很负盛名"③。1921年陈师曾题齐白石画四种（草虫、蛾、蝉、蜂），对齐白石的绘画起到向社会推介的作用。1922年秋，陈师曾在北平组织策划纪念苏东坡诞辰885周年的活动"罗园雅集"，众多画坛名家弹琴赋诗，合作绘画花卉卷，陈师曾邀请崭露头角的齐白石与画坛名宿汤定之、姚茫父等共同出席。1923年陈师曾忽然去世，齐白石心怀感念，常对人说"穷苦的日子里，朋辈对我帮助最大、对我友情最深挚的莫过于陈师曾，他是第一个劝我改造画风和帮助我开画展的人"④。

---

① 熊佛西：《忆白石老人》，《山水人物印象记》，海豚出版社，2011年，第69页。

② 张涛：《两字槐堂如写上 无群鉴赏买相争——齐白石、陈师曾关系新考》，《齐白石研究》（第五辑），广西美术出版社，2017年。

③ 北京画院编：《白石老人自述》，广西美术出版社，2014年，第107页。

④ 齐良迟：《白石老人艺术生涯片断》，《白石老人自述》，岳麓书社，1986年，第161—168页。

陈师曾与姚茫父①皆驰名于 20 世纪 20 年代的北京画坛。他们继承传统，秉承文人画流脉，不但勤于绘画创作还自有著述。又因为他们同年出生，又都曾留学日本，思想与行为更容易引起共鸣。他们常一起讨论绘画、互题诗画、合作书画或共同参与雅集等活动，交往频繁，友谊深厚。例如 1915 年陈师曾为姚茫父 40 岁生日写山水扇面。1916 年姚茫父为陈师曾作《朽画赋》。1920 年陈师曾与姚茫父合作折扇《故宫秋色》图。1922 年 4 月姚茫父题陈师曾《牵牛花图》等。天津博物馆藏陈师曾《桂花载酒图》上姚茫父的题跋也是他们友谊的见证。

陈师曾与汤定之②皆出身书香门第，也是画中知音。1915 年他们共同参加创立的宣南画社是早期中国画社团代表。1916 年他们与金拱北等人成立西山画会。1918 年开始他们又共同推进北京大学画法研究会的发展。同年 4 月陈师曾被聘为北平美术专科学校中国画教授，汤定之也是该校中国画教授，相交更深。陈师曾与汤定之共同为第一回中日联合绘画展览会的发起者③，汤定之以《山馆吟秋图》参加由陈师曾组织的1922 年在东京举办的第二回日中联合绘画展览④。

陈师曾与熊佛西同为江西人，陈师曾年长 24 岁并于 1923 年去世，其时熊佛西尚在国外留学，他们之间很难有交集。熊佛西 1926 年回国在北平艺专戏剧系任教授之后，逐渐喜爱中国画，陈师曾是熊佛西最佩服的两位画家之一。熊佛西无缘与陈师曾相识，只能用收藏其作品的方式表达自己的认同。

熊佛西与汤定之（1878—1948）同为北平艺专的教授。熊佛西佩服汤定之的绘画与人品，称"我们很说得来，过从颇密，相知也比较深""尤其与汤定之先生，无日不晤面"⑤。并赞赏汤定之"保存一贯中国画家'清高'的作风""是标准的中国画大师"⑥。熊佛西撰写有"书画家汤定之"发表，赞赏其山水以水墨为本变化无穷，其松梅冷艳挺拔。熊佛西在七七事变之后离开北平，与汤定之联系减少，对于汤的绘画内容的变化也了解不多。他认为汤定之绘画善山水，为应酬时也只画松梅。其实不然，天津博

---

① 姚华，字茫父。光绪三十年进士，授工部主事。曾赴日本游学。辛亥后居京师莲花寺，从事金石文字考证，兼于书画。

② 汤定之（1878—1948），现代书画家。名涤，字定之，号乐孙。江苏武进（今常州）人。为清末著名画家汤贻芬曾孙。工书法，善隶书。在北京任书画导师多年，晚年居上海。

③ 吕晓：《齐白石与四回中日联合绘画展览会再研究》，《齐白石研究》（第九辑），广西师范大学出版社，2021 年，第 21 页。

④ 吕晓：《齐白石与四回中日联合绘画展览会再研究》，《齐白石研究》（第九辑），广西师范大学出版社，2021 年，第 8 页。

⑤ 吕晓：《齐白石与四回中日联合绘画展览会再研究》，《齐白石研究》（第九辑），广西师范大学出版社，2021 年，第 3 页。

⑥ 熊佛西：《书画家汤定之》，《山水人物印象记》，海豚出版社，2011 年，第 75 页。

物馆藏有 1944 年汤定之绘制的松、竹、兰、梅四件套和成扇松鹰，表明汤定之在 40 年代绘画内容比熊佛西说得更丰富。

熊佛西邀约邵章①（1872—1953）在陈师曾《桂花载酒图》上撰写题跋，不仅因为邵章是当时北京城内著名的书法大家。还因为邵章是该画初次面世时那场活动的参加者，更有邵章与姚茫父私交甚笃的考虑。邵章年龄与姚茫父相近，两人皆为前清进士，又是书画同道，个人交往超过常人。姚茫父去世时邵章为其撰写《姚君碑》表达他们之间深厚的情谊②。选择邵章说明熊佛西比较了解北京书画界人物之间的亲疏关系。

齐白石到北京的时候，姚茫父已是北京画坛极具影响力的人物。齐白石与姚茫父的交往，始于齐白石 1917 年第二次到北京之后。这时期齐白石除结识陈师曾外，还认识了江苏泰州凌植支（文渊）、广州顺德罗瘿公、敷庵兄弟，江苏丹徒汪霭士（吉麟），江苏丰城王梦白（云），浙江绍兴陈半丁（年），贵州息烽姚茫父（华）等人③。这一年齐白石绘制了《秋馆论诗图》，描绘自己在北京法源寺与陈师曾、姚华、凌直支、萧龙友、夏寿田、郭人漳、杨潜庵等雅集谈诗的情景。后来齐白石与姚茫父同为北平艺专的教授，往来更为密切。他们还同为梅兰芳的绘画老师，也曾共同接待大文学家泰戈尔访问北京。

姚茫父是 1921 年味根园聚会的亲历者。他在陈师曾《桂花载酒图》轴上的两次题记，清晰记录了民国时一次文人雅集的珍贵场景，也记录下姚茫父与陈师曾间深厚的个人友谊。陈师曾、姚茫父交好画坛皆知，姚茫父曾为陈师曾荷花、墨竹、山水、牵牛花等多幅作品撰写跋文，也曾共同绘画赋诗。据记载陈师曾去世前与姚茫父、王梦白到戏曲家李释戡家中雅集，共同绘制了《戏猴图》。原相约同赋诗，因陈师曾忽然去世而未果。1925 年陈师曾儿子找到姚茫父补写了"题梦百画猴"。"题梦百画猴"记录下几个人亲密合作的情景④，与姚茫父题陈师曾《桂花载酒图》异曲同工。

结　　语

通过研究陈师曾《桂花载酒图》我们有以下几点新认识。

1. 陈师曾《桂花载酒图》完成于 1921 年，是陈师曾为姚茫父经营的饭店开张而特

---

① 邵章（1872—1953），字伯炯，一作伯褧，号倬盦。浙江仁和（今杭州）人。邵懿辰长孙。光绪二十八年（1902 年）中进士，被选派日本法政大学速成科学习，回国授翰林院编修，历任浙江官立两级师范学堂监督、奉天提学使等职。1949 年后，历任北京政府约法议会议员等职。

② 邵章：《姚君碑》，《贵阳文史资料选辑》（第 18 辑），贵州人民出版社，1986 年，第 202 页。

③ 北京画院编：《白石老人自述》，广西美术出版社，2014 年，第 108 页。

④ 邓见宽编：《姚茫父画论》，贵州人民出版社，1996 年，第 268 页。

意创作的，也是一场文人雅集的重要物证。它曾悬挂于店堂之中，轰动画坛，后遭遇两次盗窃，1923 年和 1924 年姚茫父两次添加跋文，又几经辗转被熊佛西收藏。1931年秋，熊佛西请齐白石、邵章、汤定之在作品上撰写题跋。抗战后熊佛西离开北京，此作品不知所在，成为画坛之谜。

2. 经本人调查，陈师曾《桂花载酒图》于"文化大革命"后期被天津外贸工艺品进出口公司收购，经天津文物管理处检扣后价拨天津市文化局，1982 年调拨入藏天津市历史博物馆。2004 年机构合并入藏天津博物馆。

3.《桂花载酒图》作者和题跋者，皆为民国时北平著名的画家，也是互为好友的同道知音，在 20 世纪 20 年代，他们经常在一起吟诗作画，提出自己的绘画主张，在中西文化的思想碰撞中，在画坛改革与保守相博弈的时代潮流中，推动民国时期中国画的传承与发展（图二）。收藏者熊佛西邀约齐白石、汤定之、邵章撰写题跋是在 1931年的秋天。这一年熊西佛 31 岁，齐白石 67 岁，邵章 59 岁，汤定之 53 岁，该画的作者陈师曾和记录当年之事的姚茫父已经亡故。此时齐白石变法成功，作品在京城润格不菲，邵章以诗书名震京华，汤定之也因画技精湛久负盛名。这样几位五六十岁的画坛翘楚，与意气蓬发、三十出头的熊佛西志趣相投，应邀在画作上吟诗颂跋，共同回忆曾经的聚首，感慨才华横溢的陈师曾英年早逝，留下民国画坛一段相知相交的故事，也为我们研究民国时期艺术家之间的关系，保留下珍贵的资料。

图二　1917 年春，陈师曾、姚华等人于北京莲花寺雅集并合影

陈师曾《桂花载酒图》，作为直接物证，见证了百年前北京画坛瞬间的历史现场和历史事件，这正是博物馆里藏品意义所在。研究这些藏品挖掘其携带的各类历史信息，重返历史现场，重建历史情景，"让文物活起来"是每一名文博人都应主动承担的责任与使命。

作者简介：卢永琇，天津美术馆，研究馆员，天津市河西区平江道 60 号，300201。

二、博物馆学研究

浅谈手语在博物馆讲解服务中的应用

李文静　马　川

（天津博物馆）

摘要：博物馆是能够深入了解我们源远流长、灿若星辰的中华文明史的最佳场所。听障人士走进博物馆，既能了解中国千万年文化的传承，又能体会中国优秀传统文化的博大精深。为使听障人士能无障碍参观博物馆，平等参与社会生活，天津博物馆于2022年开展博物馆文博手语研究项目，成为全国首家完成全部讲解词录制了手语讲解服务的博物馆。项目主要内容包括研究文博词汇的手语打法、培训手语讲解推广员、制作示范性手语讲解视频三个部分。本文以此项目为例，浅谈手语在博物馆讲解服务中的应用。

关键词：手语推广　手语讲解　手语课程　手语应用

中华优秀传统文化是我们最深厚的文化软实力，也是中国特色社会主义根植的沃土。博物馆是能够深入了解我们源远流长、灿若星辰的中华文明史的最佳场所。自博物馆免费开放的政策实施后，吸引了众多观众前来参观，在社会上引起巨大反响，也为博物馆行业带来巨大的社会效益。这对于博物馆而言，既是机遇，也是挑战。作为一个开放性公益性的公共场所，面向的观众人群是广泛的、全社会的，每一位走进博物馆的观众，都应该并有权获得良好的参观体验。

听障人士走进博物馆，既能了解中国千年文物的传承，又能体会中国传统文化的博大精深。博物馆需要提供给他们的，不仅是精美的展览、丰富的馆藏资源，更重要的是给他们提供一个无障碍的参观环境，公平接受高质量教育，平等参与社会生活。

一、手语讲解在博物馆系统中推广的必要性

我国是世界上听力障碍人口最多的国家。根据全国第二次残疾人抽样调查数据，全国残疾人总数8502万人，其中有超过2000万名残疾人为听力障碍人士。听障人士由于各种原因导致双耳不同程度的永久性听力障碍，听不到或听不清周围环境声及言语声。他们要获取信息的主要途径是通过视觉形式和书面语言的阅读，而要融入社会，

参与社会活动，手语是必不可少的沟通、交流方式。1958 年我国开始组织编辑《聋人手语草图》，后易名为《中国手语》，并在全国推行。半个世纪以来，我国加快了手语规范化的工作进度。中国残疾人联合会、教育部、国家语言文字工作委员会成立了国家手语和盲文研究中心。有关部门联合印发了一系列文件，制定了推广国家通用手语的规划。2021 年，中国残联、中央宣传部、教育部、国家语委、科技部、工业和信息化部、文化和旅游部、国家广播电视总局联合制定《第二期国家手语和盲文规范化行动计划（2021-2025 年）》，就加快推进手语规范化、标准化、信息化建设做出了相关指导性意见，加大了国家通用手语的推广力度。

《中华人民共和国残疾人保障法》第四十一条规定："国家保障残疾人享有平等参与文化生活的权利。各级人民政府和有关部门鼓励、帮助残疾人参加各种文化、体育、娱乐活动，积极创造条件，丰富残疾人精神文化生活。"

博物馆是保藏并展出有关历史、文化、科技等方面的文物资料或标本的一种文化机构，其涵盖的内容包括历史、人文、自然、科学、考古等诸多专业领域。博物馆讲解是博物馆宣传教育的重要方式之一，也是博物馆教育职能的核心内容之一。

随着博物馆行业的蓬勃发展，以及人们日益增长的精神文化需求，人们在参观博物馆时已极少是走马观花的简单浏览，对于展出内容的讲解需求变得越来越多了。甚至可以说，讲解是观众在博物馆参观过程中最希望获得的服务。通过讲解我们可以将策展思想传递给观众，可以让观众有效地、充分地了解展品，可以搭建起博物馆与观众之间沟通的桥梁。如今，博物馆讲解面向健听人的有声语言工作已成体系并相对完善，但在听障人士的世界里，目前国内能够提供手语讲解服务的博物馆却非常稀少。

随着听障人士群体教育程度和生活水平的提高，来博物馆参观的听障人士越来越多，需要博物馆提供手语讲解或服务的情况也愈加广泛。教育程度高的听障人士，也渴望能接受中国优秀传统文化的陶冶，感受历史的心跳，触摸文化的脉搏。

然而，没有手语讲解，听障人士在博物馆的参观是比较困难的。首先，博物馆对于展览的策划布展、对藏品的陈列展示是以展品加文字介绍的方式为主，辅以少量数字化多媒体的介绍，内容相对比较专业，文博专业词汇在日常生活中出现的频率低，给听障人士的阅读理解造成困难。其次，阅读是一个复杂的过程，是需要经过视觉的加工变化传输大脑而进行再理解，由于听障人士的语序习惯与健听人不同，在阅读过程中可能受到口语经验的影响，导致他们的阅读机制与健听者是不同的。手语讲解和服务的存在，是听障观众在博物馆获得体验感，以及提升博物馆服务水平的一项重要指标。

二、手语在博物馆讲解服务中的应用

2018 年 5 月，天津博物馆被天津市残疾人联合会和天津市聋人协会选为天津市"助聋行动"窗口服务单位（图一）。2021 年，天津博物馆制作了与普通话讲解同等数量的手语讲解视频，实现了全馆手语服务的全覆盖，成为全国首家完成全部讲解词录制了手语讲解服务的博物馆。

图一 2018 年 11 月，天津博物馆的讲解员们在市残联的舞台上用手语做展示汇报演出

2022 年，为深入贯彻全国语言文字会议精神和《国家语言文字事业"十四五"发展规划》，加大国家通用手语规范使用和推广力度，天津市残疾人联合会与天津市文物博物馆学会共同开展了为期半年的《天津市博物馆文博手语研究培训项目》。该项目聘请了 5 名手语专家，天津市聋人协会主席陈华铭，金沙遗址博物馆手语讲解员史宇明，天津市聋人学校教师王健、刘丽波，天津理工大学聋人工学院副教授史玉翠（其中前三位为聋人），由天津博物馆研究整理创新常用文博专业词汇的手语打法 200 个，并录制词汇打法视频。组织天津市 13 家博物馆的 20 名工作在博物馆一线的讲解员及服务人员，开展 12 期文博系统手语专业课程培训班，组成手语讲解推广人员，并为参培博物馆制作示范性手语讲解视频，总计 300 分钟。这些讲解视频现已上传至各馆的语音导览系统、官方微信、官方微博等线上平台，让听障人士无论线上还是线下都可以实现无障碍参观。

如今，随着互联网的高速发展，讲解已经不再单纯地指实地参观提供的导览服务，线上平台也成为博物馆宣传教育的主阵地。手语讲解线上线下相融合，既有利于听障人士"沉浸式"观看博物馆的展览，更能有效解决他们"出行难"的问题，让他们足不出户即可享受中国优秀传统文化的视觉盛宴。同时，这也能对文博专用手语词汇的推广起到强有力的推动作用。

三、手语在博物馆讲解服务应用中的要求

1. 手语表达专业、规范

　　天津博物馆从 2018 年起就多次组织宣传教育部的一线讲解员及服务人员开展手语课程的学习（图二、图三）。手语表达结合了手形、动作、位置和方向四个要素。手语的语序语法跟健听人有声语言的语法习惯是不一样的，手语的打法要符合听障人士的思维习惯，这是健听人在学习手语时最大的难点。它就像一门"外语"，是一种独立且完整的语言。学习手语的打法要从最基础的元音辅音字母入手，到简单的日常用语和服务用语，进行系统学习。手语的打法各地域间也存在差异，就如同各地的方言。博物馆的讲解服务人员有声语言要使用标准普通话，同样，手语也要学习标准打法，力求符合国家通用手语规范，助力国家通用手语的推广和普及。

　　随着国家语言政策的宣传推广，越来越多的听障人士和学者认识到，手语规范化符合国家的语言政策，有利于提高手语的社会沟通交流效率，有利于手语信息化和听障人士平等参与社会生活。在 2019 年出版的《国家通用手语词典》中，国家对通用手语

图二　2018 年天津博物馆宣教部一线员工上手语课时的情景

图三　2018年天津博物馆员工董一晶（听障人士）给宣教部一线员工上手语课时的情景

给出了规范的手势打法。在国家手语规范化政策和规划的推动下，天津博物馆精益求精，不仅对馆内语音导览增加了手语视频讲解服务，同时，也积极地参与到文博专业词汇的手语打法研究中。我们应该在国家语言政策的框架下坚定不移地进行手语规范化推广工作。

2. 手语打法要熟练

健听人的日常语速一般在每分钟 220 字左右，手语表达慢于健听人，通常每分钟约做 50 个动作，这需要勤加练习方能"熟能生巧"，才可达到与听障人士的顺畅交流。精简不必要的手势，抓住核心意思或每句话的关键词用手语表达出来，符合听障人士的手语语法习惯，达到便于听障人士理解展品内容的效果。

3. 耐心倾听，热心帮助，责任至上

博物馆对于前来参观的观众而言是一个全然陌生的环境。由于听力语言障碍，他们无法通过有声语言与健听人沟通交流，因此，他们在博物馆参观过程中往往会遇到一些难以处理的问题，比如参观路线是什么？想看的展览在哪？卫生间在哪，等等。他们非常需要懂手语的热心人帮助他们，博物馆的一线工作人员有责任帮他们解决问题。

我们首先要做的是给他们足够的耐心，认真地看他们打出的手语，耐心地与他们沟通，准确了解他们所打出的手势动作所表达的意思，并耐心帮其解决问题。而不要因为与他们语言不通，草草应付，甚至直接拒绝了事。

为信息弱势群体的听障人士提供语言服务是国际通行做法，也是保障他们语言文字权益，促进其融入社会的重要举措。随着听障人士受教育水平的提升，他们的语言意识将不断提高，手语服务需求也将迅速增加。未来，社会力量会更多参与到手语服务中，提供线上及线下手语讲解和服务的博物馆也会不断增加。期望在未来我国博物馆可以实现听障人士无障碍环境全覆盖。

参 考 文 献

［1］ 陶唐飞、刘天宇：《基于手语表达内容与表达特征的手语识别技术综述》，《电子与信息学报》2022 年 11 月 8 日。

［2］ 魏丹：《关于我国手语语言地位规划问题的思考》，《北京联合大学学报》2022 年第 4 期。

［3］ 张帆：《国内手语本体研究进展述要》，《海南师范大学学报》（社会科学版）2019 年第 5 期。

［4］ 顾定倩：《加快手语、盲文规范化进程构建无障碍沟通环境》，《语言文字应用》2013 年第 1 期。

［5］ 黄伟：《手语发展 60 年》，《语言文字应用》2009 年第 3 期。

作者简介：李文静，天津博物馆，馆员，天津市河西区平江道 62 号，300201；

　　　　　　马川，天津博物馆，助理馆员，天津市河西区平江道 62 号，300201。

浅谈手语视频拍摄中的灯光布置与照相机的参数设置

马　川　董一晶

（天津博物馆）

摘要：手语视频拍摄是笔者第一次接触到的摄影棚短片拍摄工作。通过几个月的拍摄，学习到了绿幕拍摄中需要掌握的一些基础知识，以及在将来类似工作中需要了解的注意点。

关键词：手语视频　人工布光　短片拍摄　参数设置

在 2021 年拍摄了我馆现有展览的手语讲解视频之后，2022 年笔者参与了我馆协助天津市残疾人协会主导的为天津市博物馆讲解词配手语视频的"天津市博物馆文博手语研究培训"项目，其中主要负责手语视频的拍摄工作。现在就这段工作中的一些经验以及发现的不足进行一下简单的总结。

一、视频拍摄中的灯光布置

为了应对本次手语视频拍摄的需要，在前厅原有录音室的基础上进行了翻新，并购置了绿幕和四盏灯光照明。

在摄影摄像中，照明往往具有三方面意义：一是以提高被照物的亮度，改善黑暗拍摄环境、提高画质为目标的，也是最基本的；二是塑造被摄体的明暗，打造画面的立体感；三是通过不同的灯光运用方式对被摄体进行艺术性描绘，表现特定的艺术效果。特别是为了后期制作的方便快捷，需要尽可能地减少拍摄主体本身的散射和绿幕背景上的阴影。特别是在为绿幕打光时，需要确保绿幕受光均匀，不会产生亮斑。下图（图一）为摄影摄像时比较常使用的灯光布置。

主光（正面光）是与摄像头同一方向映射外貌和形态的光线，承担起主要照明的作用，能够让拍摄主体清晰易见，但拍摄主体为人物时脸上会出现阴影，欠缺立体层次感。辅光（侧面光）是从拍摄主体左右侧面照射，增加立体感，起到突出侧面轮廓的作用，但光线太亮会使面部过度曝光和部分过暗的图像。轮廓光是从拍摄主体后面

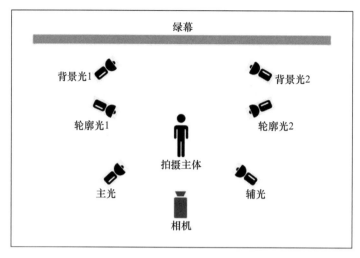

图一　摄影摄像时常使用的灯光布置示意图

照射过来的光线，使拍摄主体轮廓分明，画面气氛加强，获得具有戏剧性的效果，但光线过亮会造成拍摄主体身后佛光普照的现象，使画面主题部分过暗，使用不当易引起反作用。背景光又称为环境光，是照亮拍摄主体背景，使其各点亮度都尽可能统一的光线，它有均匀拍摄背景及拍摄主体的光线效果的作用，布置背景光（环境光）时，灯光应采取低光亮多光源的方法，避免喧宾夺主。

为准备此次拍摄，我馆事先购置了四盏爱图仕（Aputure）光风暴系列（Light Storm）灯光照明设备，并为主光配置了一个带格栅的柔光箱，为两个辅光配置了普通柔光箱和球形柔光箱各一只。由于只有四盏灯光照明，所以这次手语视频拍摄时，灯光布置采取了一主光灯、二辅光灯和一背景光灯的前三灯后一灯的灯光布置格局（图二）。

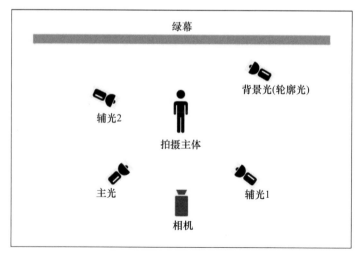

图二　此次拍摄使用的灯光布置示意图

可以看到，由于灯光数量所限，所以各个照明的位置与六盏灯光的布局略有不同，一主光灯和两辅光灯均设置在了相机与拍摄主体之间，而拍摄主体与绿幕之间设置了一盏背景灯光（轮廓光）。这种布局中，前三盏灯采用大平光均匀照射拍摄主体，后面一盏灯则从拍摄主体的左侧或右侧或打向绿幕做背景光、或打向拍摄主体做轮廓光。如果是做背景灯光，由于灯光是处于拍摄主体的一侧，背景是由一侧到另一侧的渐变，一般情况下是要强调或突出被摄者某一边的轮廓形态就把背景灯放在那一侧，这样的布光使画面具有丰富的明暗变化。如果后一盏灯光是轮廓光，则可以更好地突出拍摄主体的整体轮廓形态。

通过本次拍摄过程，感受到这种前三灯后一灯的灯光布置在一定程度上还是不能完全满足手语视频拍摄的需要。受拍摄场地面积和灯光数量、亮度等条件的限制，拍摄主体（手语讲解员）的面部亮度略显暗沉，补光不够均匀；整体轮廓层次不够清晰，可能对后期剪辑抠图带来不便，若能在现有基础上增加一轮廓光或一顶灯，则能够更立体地反映拍摄主体的面部，或者获得更加层次鲜明的整体轮廓形态。

二、视频拍摄中的照相机设置

此次拍摄手语视频中使用的摄像设备，是我馆现有的佳能（Canon）5D Mark IV 照相机，该相机于 2016 年 9 月上市，属高端单反相机。佳能 5D Mark IV 照相机采用了全像素双核 CMOS 图像感应器，通过新精细化制程的导入，实现了约 3040 万的高像素与高画质。同时，相机配备了多个影像处理单元，提升了处理能力，可以进行精细的实时影像处理。该相机还导入新的图像处理概念"全像素双核 RAW"可在图像数据中记录纵深信息，支持后期图像的多维度处理，为影像表现带来新的可能性[1]。

佳能 5D Mark IV 照相机的短片拍摄功能也十分强大，可以适应高清（1280×720p）、全高清（1920×1080p）、影院级 4K 超清（4096×2160p）三种不同画质的短片拍摄。拍摄全高清短片时最高帧频可达约 60/50fps，高清短片时支持约 120/100fps 的高帧频。还支持 HDR 短片和延时短片拍摄，大幅拓展了短片拍摄的表现力[2]。

视频拍摄时需要对照相机的视频分辨率、视频制式、码率、对焦等一系列参数进行设置，这些设置需要根据拍摄的需要进行调整，接下来笔者就这次手语视频拍摄时的情况具体介绍。

---

[1] 内容来源为佳能官方网站 EOS 5D Mark IV 产品介绍，https://www.canon.com.cn/product/5dmk4/。
[2] 内容来源为佳能官方网站 EOS 5D Mark IV 产品介绍，https://www.canon.com.cn/product/5dmk4/。

（一）设置视频制式

国际通用视频制式分为以欧洲为代表的 PAL 制式和以美国为代表的 NTSC 制式。佳能 5D Mark IV 照相机可以选择拍摄两种制式的视频内容，我国采用的是 PAL 制式，所以在录制手语视频中，为了便于后期剪辑需要采用 PAL 制式进行录制。

（二）设置视频分辨率

佳能 5D Mark IV 照相机最高可以拍摄 4K 超高清分辨率视频，但是视频画质分辨率越高，视频文件的数据体量也就越大，5D Mark IV 照相机拍摄 4K 超高清分辨率短片最长录制时间 7 分 59 秒，文件大小约为每分钟 3.5GB。因此，根据后期制作时所需文件要求，在录制手语视频中，采用全高清（Full HD）1920×1080p 画质分辨率，短片最长录制时间为 29 分 59 秒，文件大小约为每分钟 1.2GB。

（三）设置视频帧速率

视频是由每秒若干幅画面组成，每秒钟播放多少幅画面就是帧速率，以 fps 表示。帧速率越高视频画面的流畅度越好。5D Mark IV 相机 PAL 视频制式对应的帧速率为 25fps 和 50fps 两种，本次视频录制由于采用了 PAL 制式，因此为了方便后期剪辑，保证视频中手语动作的流畅性，将帧速率设置为 50fps。

（四）设置视频码率和视频格式

码率直接决定了录制好的视频后期处理调色时的宽容度，5D Mark IV 相机有两种码率，即高码率帧内压缩编码 ALL-I 和较低码率帧内压缩编码 IPB，为方便录制好的视频的后期加工，应选择高码率编码即 ALL-I。5D Mark IV 相机可以录制 mov、mp4 和 avc 三种视频录制格式，虽然 mp4 格式通用性较好，但 mov 格式后期可调整度更大。

（五）设置视频的对焦与感光度

5D Mark IV 相机具备了全像素双核自动对焦能力，这使视频拍摄自动对焦、跟焦成为可用性很强的功能。在手语视频拍摄中，手语老师的站立位置以及人工布光在确定之后就不会发生变化，所以拍摄时选择 5D Mark IV 相机的自动对焦功能，相应 ISO 感光度也设置为自动，一般来说，自动对焦状态下 ISO 范围在 100 至 25600。

（六）设置视频拍摄的快门速度

环境不同，光线不同，曝光的参数也会差别很大，但是在使用 5D Mark IV 相机进行视频拍摄时，最好将快门速度设定为帧速率的倒数，即本次视频拍摄的帧速率设定为 50fps，所以快门速度通常设定为 1/50 秒，速度过快会使视频画面有跳动感，而过慢可能导致动作有拖影。

（七）设置视频色温

解释色温前需要先说明一个概念：白平衡。白平衡是描述红、绿、蓝三基色混合生成后白色精确度的一项指标。简单说就是让白色看起来是白色。为了让白色看起来更接近于白色，就需要对色温进行调整。色温的单位是开尔文，表示为 k。光线越暖→色温越低→偏红；光线越冷→色温越高→偏蓝，即色温由低到高的颜色为红色→橙色→黄色→白色→蓝色。就本次视频拍摄而言，由于现有照明设备条件限制，设置照相机自动进行白平衡造成手语老师着装、面部颜色发生色差，所以需要对白平衡进行校正，进行手动设置数值进行补偿。

本次手语视频拍摄任务是天津市残疾人协会联合天津博物馆开展文博手语培训的一个组成部分。本次拍摄也是笔者第一次从始至终独立操作进行的一次视频拍摄，使笔者受益良多，也发现了许许多多的问题，更为今后此类工作奠定了丰富的知识基础。

作者简介：马川，天津博物馆，助理馆员，天津市河西区平江道 62 号，300201；

　　　　　　董一晶，天津博物馆，助理馆员，天津市河西区平江道 62 号，300201。

博物馆展陈设计中的叙事性表达

郭术山

摘要：博物馆藏品是人类历史文化记忆的瑰宝，是传承和弘扬中国优秀传统文化的有效途径。展陈设计作为博物馆与观众之间的枢纽，对于文化内涵的输出起着关键性作用，叙事性设计手法作为一种艺术表现形式在近年博物馆、展览馆、纪念馆等展览设计领域颇受关注。博物馆叙事性艺术设计内容丰富，并包含有诸多的特性：历史与故事性、异识与共识性、社会与政治性、文化与艺术性、叙情与叙理性等，这些特性共同组合成博物馆叙事性艺术设计的丰富内涵。博物馆叙事性设计需要进行多学科的融合，在充分了解展览主题的基础上，以创新性、多元化、叙事性的空间形式阐述展览主题，彰显展览策划意义，提升博物馆的社会价值，增强观众的观展体验。

关键词：博物馆　展陈设计　艺术表现　叙事性　叙情与叙理

随着社会整体全面发展，博物馆角色愈加多样化，不单纯是文物的收藏保管机构，同时还是大众进行文化学习交流、休闲互动的中心，博物馆通过展览展示与社教功能已逐渐融入大众生活之中，社会关注度日益增加。叙事性、沉浸化的展览方式可以使民众更好了解文物的文脉内涵与背后的故事，叙事性表达方式突破了仅展示"物"的局限性，填补了传统展示空间缺乏故事性表达的空白，使展览更具延续性，扩展了空间的多样化。

一、博物馆管理模式化转变对于叙事性艺术设计的促进意义

在布拉格举行的第 26 届国际博协（ICOM）大会框架下，正式通过并公布适用于全球博物馆行业的新定义："博物馆是为社会服务的非营利性常设机构，它研究、收藏、保护、阐释和展示物质与非物质遗产。向公众开放，具有可及性和包容性，博物馆促进多样性和可持续性。博物馆以符合道德且专业的方式进行运营和交流，并在社区的参与下，为教育、欣赏、深思和知识共享提供多种体验。"总结来说：收藏、研

究、展示和教育四大功能，这四个部分并不是各自独立的学科，而是相辅相成，互为所用。

博物馆在展陈设计方面应与时俱进，对厚重的历史文化进行解码，以公众需求和体验为核心，通过叙事性、沉浸式文化体验将馆内展陈活化起来，构建与观众互动交流的展览空间和平等对话的文化传播窗口。一方面各博物馆、纪念馆应植根于各独有的历史文化 IP，融合博物馆、纪念馆的文化特点，结合概念设计、内容制作和各种数字科技，例如触控交互、体感交互、3D Mapping、动态投影、VR/AR/MR、全息成像、多通道投影拼接融合技术等，搭建数字场景激活历史，通过视、听、嗅、味、触五感叠加的展览的叙事特征，使展陈的历史文化、人物故事活脱、生动地展示给观众，和观众产生互动，实现博物馆、纪念馆文化内核的有效输出；另一方面搭建叙事性体验场景，设置互动性活动，如让观众扮演博物馆、纪念馆中所涉及的人物角色，帮助游客切实了解历史人物所处的历史背景与故事，使游客成为展览的参与者而不仅仅是观看者。运用叙事性艺术设计方式诠释展览内容，消解历史背景与时代断裂的错落感，从而获取知识并从中获得乐趣，助力博物馆事业的蓬勃、可持续性发展。

随着国家宝藏等各种鉴宝类节目的播出，空前激发了社会整体对于文物魅力的向往，越来越多的观众走进博物馆，热衷于各种展览义化，积极参与博物馆各种活动。传统的单一化展陈设计形式已经很难满足社会文化环境的全面发展与公众观展数量的骤增需求。博物馆叙事性艺术设计范畴不断外延化，结合展示思维、空间运用、艺术表现、观众心理等多方面综合因素，结合博物馆学、历史学、考古学、设计学、心理学等多种学科，利用多层次、多学科互相交织的特点展开博物馆叙事性设计的研究，让观众在文学、历史和视觉美之间随时转换，增强了展览叙事性特征。博物馆叙事性设计要对展览形式进行全面掌控，一个好的叙事性空间需要内容与形式的高度结合，没有文化底蕴的形式设计终究会造成没有灵魂的展览，要从展览准备阶段就需充分了解展览的文化内涵，采用创新性、多元化、叙事性的设计手法来诠释展览主题，引起大众的关注。

二、叙事性艺术设计

（一）叙事文学性

顾名思义，叙事是运用易懂的语言来讲述事情的发展过程，是人类的一种表达与沟通形式，同时也是解读和重构人文世界的一种有效途径。从思想渊源看，叙事学（Narratology）理论起源于 20 世纪 20 年代的俄国形式主义及弗拉基米尔·普洛普所开创的结构主义叙事先河。俄国形式主义者什克洛夫斯基、艾亨鲍姆等人发现了"故事"

和"情节"之间的差异。"故事"是指作品的叙述按实际时间顺序的所有事件，"情节"侧重于事件在作品中出现的实际情况，这些直接影响了叙事学对叙事作品结构层次的划分。对于叙事学最直接的影响还是来自于弗拉基米尔·普洛普的《民间故事形态学》中对俄国民间故事形态的研究，这本书被认为是叙事学的发轫之作。叙事性艺术设计的运用不仅可以丰富博物馆展示空间，还会依靠视、听、感、触等多种综合方式的搭配来使文物或照片在逻辑上更加清晰，更能引起观众的共鸣。博物馆叙事性设计内容丰富，并包含有诸多的特性：历史与故事性、异识与共识性、社会与政治性、文化与艺术性、叙情与叙理性等，这些特性共同组合成博物馆叙事性艺术设计的丰富内涵。

（二）叙情与叙理

情者，喜怒哀乐忧思惧好恶爱憎欲也。情是对人或事物关心和牵挂的一种状态，是人对事件的交流、讲述所引发的感触。《说文解字》中"理，治玉也。从玉，里声"。"理"为加工玉石，即把玉从璞石里剖分出来，顺着内在的纹路剖析雕琢，代表事物本身的客观规律。"即物穷理"是中国宋明理学中的认识论观点，指探究事物内在的规律。

叙情与叙理是博物馆叙事性艺术设计的基本表现形式，在叙事空间内按照一定的展示规律引起观众的情感共鸣，恰到好处地讲述展览主题内容。博物馆、纪念馆陈列的文物、展品本身就具有历史性、故事性、场域性、时代性、社会性，陈列叙事注重情、理交融，满足叙事学的条件，与叙事学理论研究一脉相承，是非常完美的叙事性设计。

博物馆中的叙事场景结合了展品、内容事件、形式设计于一体。博物馆叙事性艺术设计与文学作品、历史电影都有很大相似之处，同样是运用各自的艺术效果表现紧张、有起伏的情节，塑造重大历史事件以及历史重要人物。相比之下，叙事性场景在表现重大历史事件方面比电影或文学作品更加有其独特的优势，在精心设计的叙事性空间中，能够使重大历史事件中的某一个精彩的情节凝固在某一刻，或许能够成为标志性的典型的艺术作品，丰富博物馆展览陈列形式。

（三）叙事性实践

叙事场景的设计制作也是对以往发生的历史事件、历史环境的再现，这个再现不是简单地重复过去，而是通过艺术地提炼进行空间叙事化再现。天津博物馆常设展"中华百年看天津"即为一例。从鸦片战争到中华人民共和国成立这段历史是最让中国人情绪激动、刻骨铭心的。屈辱、苦难、奋斗、牺牲，百年中的每一天都讲述着悲壮的故事，它是天然的爱国主义教科书，是每个中国人自勉的警钟和奋发图强的动力。"中华百年看天津"则表现了这一百年间天津人民在屈辱中奋起抗争，一代又一代的仁人志士在津沽大地进行了千辛万苦的探索和不屈不挠的斗争。此展览大纲策划成七个单元，分别采用叙事性设计形式来讲述近百年来天津这座城市的风雨沉浮。序厅设计作为点睛之笔对整个展览叙事起到主导作用，能够让观众一眼了解到展览的叙事主题，进入展厅便能看到近十米高的"船锚"雕塑矗立于面前，与汹涌海浪冲击礁石的背景完美呼应，实与虚、动与静的结合瞬间渲染出叙事氛围，把观众思维引领到近百年天津巨变的峥嵘岁月之中。

展厅内部最具有叙事性特色的景观设计当属"第二次大沽口炮台之战"这一情节，这场战斗中守军共击沉英国军舰4艘，打伤侵略军448人，此战是近代中国人民在反侵略战争中取得的第一次大捷。叙事设计中近景是战斗中的人物雕塑与大炮，以及满地的炮弹、简陋的堡垒，远景采用全息投影技术模拟海上作战场景，场景中并有配合战斗的硝烟、激烈炮声甚至有火药的气味，此场景利用声、光、电、影的交叉配合营造当时战役的惨烈，同时也表现出先烈们为了抵抗外族入侵坚韧不屈的精神。这是一种综合多重展陈方式的认知视角，是现代叙事设计虚拟性、互动性、趣味性、动态性的集中表现。

三、博物馆叙事性设计的意义

传统博物馆展陈方式主要是以展品、文字、图片等基础方式进行信息输出，随着整体审美意识的提升，单一的展陈方式已经不能满足广大观众对于博物馆展陈空间的体验需求。叙事性设计手法在博物馆展览空间中作为主要载体，可以通过叙情与叙理等叙事要素对展示空间进行结构化、故事性编排，在满足展览空间"功能性"的基础上，充分体现文物内涵的"表达性"传播。在博物馆展示空间的布局中，通过叙事性的设计要素与表达手法，把观众的观展思路恰如其分地带入到预设安排好的故事情境之中，使观众在空间中感知叙事情节，接收空间所传达的信息，激起观众的情感共鸣和参与兴趣。

博物馆展示空间叙事性增强公众对空间情景的体验，是展览传递叙事主题与展开情节的过程，叙事主题将展品、情节、时间、人物等要素融合在同一空间之内，叙事即表现展览内容情节。展览空间是把展品故事立体化地展现，通过营造历史事件的氛围，增加故事的真实感，有效推动展线的延续；运用时间维度再次进行层次划分，明确定位突出展览的中心主旨，从多维角度对展览大纲的故事情节进行编排与演绎，注重细节的刻画又不失空间的层次感，使整个空间更具统一性、故事性、沉浸感。叙事性设计在博物馆展陈空间中越来越受到重视与应用，故事情节的设定可以增加观众的亲身体验感，使观众留下深刻的印象，同时能更加真实有效地展现文物背后的文化内涵与历史故事情景，阐释博物馆展示的意义，增强空间的沉浸感，激发观众的观展热情，为博物馆空间设计研究提供了多元化的延展性。

四、结　　论

随着各级层面积极推进文化交流融合，博物馆事业的蓬勃发展，叙事性艺术表达方式在融入新型学科理念的基础上更具有延展性，其研究前景宽广、意义深远。博物馆叙事性艺术设计增强了观众的参与感、体验感，观众通过观展融入到每一段历史之中，整体设计利用多种新型科技、设计手法和视觉角度变化营造全方位体验空间。运用叙事性设计方法进行陈列布展，让观众透过文物和展品，了解其背后的历史背景、经济状况和文化内涵，帮助观众理解文物和展品的历史意义、文化价值。

作者简介：郭术山，天津博物馆，文博馆员，天津市河西区平江道 62 号，300201。

文博手语研究推广初探
——以天津市文博手语研究培训项目为例

王　浩　李文静

（天津博物馆）

摘要： 党的二十大报告中明确指出，要加大国家通用语言文字推广力度，为做好国家通用手语推广工作提供了根本遵循。通用手语是国家通用语言文字的重要组成部分，2021 年，中国残联等八部门联合印发《第二期国家手语和盲文规范化行动计划（2021-2025 年）》，对"十四五"期间通用手语和通用盲文推广工作提出了明确要求。为扎实推动国家通用手语推广工作，由市残联、市教委、市语委举办，天津市文物博物馆学会和市聋协承办，成立天津市博物馆文博手语研究推广基地，邀请国内外手语专家参与，以文博系统为依托，开展手语讲解人才培养、文博手语词汇开发、文博导览手语视频制作，探索国家通用手语推广新路径。

关键词： 博物馆　手语　讲解　导览　培训

一、引　　言

参观博物馆能让观众从中学习到中华传统文化，提升文化自信，但展柜中的文物与观众之间存在的不仅仅是一层玻璃，还有一道无形的文化壁垒。观众面对文物的时候只能看到一块手掌大小的展牌和寥寥几十个字的介绍，对于文物中蕴含的丰富文化属性无从了解，只有通过专业的讲解服务才能打破文物与观众之间的文化壁垒，让观众"看懂"文物。但又如何打破聋人与文物之间的文化壁垒呢？很多人认为只要有配上字幕的讲解视频就可以了，其实这正是壁垒无法打破的原因，因为大部分人都忽略了聋人的母语不是汉语而是肢体语言，也就是手语，聋人学习汉语的难度甚至高于健听人学习外语的难度。全国有 1500 万聋人，只有为聋人提供手语讲解服务才能真正打破聋人与文物之间的文化壁垒，让聋人同样拥有学习中华传统文化的权利，提高文化自信。

二、国内文博手语发展的现状

　　天津博物馆调研了国内文博行业手语发展的现状，目前国内开展手语讲解的场馆寥寥无几，提供手语讲解员服务的更少，大部分都是以手语讲解视频的方式提供服务①，而且视频数量有限，无法形成手语服务覆盖全馆的效果。在这种情况下听障者参观博物馆只能走马观花，无法深度了解文物欣赏文物就没有持续参观博物馆的兴趣。究其原因还是文博行业的手语服务太过薄弱，没有形成手语服务大范围的覆盖让听障者达成博物馆必然提供手语服务能够无障碍参观的共识。其次是国家推行的通用手语在讲解文物时会有很多词汇不包含其中，比如：簋、钵、觚、磬等。而且讲解中还会涉及大量的诗词铭文等，导致手语翻译难度巨大。天津博物馆于 2021 年制作了与普通话讲解同等数量的手语讲解视频，实现全馆手语服务的全覆盖，在天津当地的聋人协会取得了很大的反响。但全天津有 70 多家博物馆，仅有天津博物馆一家提供手语服务还是无法形成集群效应引发听障者参观博物馆的兴趣。

三、天津市开展文博手语研究培训工作

　　2022 年天津市残疾人联合会决定在天津市文博行业推广国家通用手语，与天津市文物博物馆学会共同建设了"天津市博物馆文博手语研究培训基地"，并开展了"天津市博物馆文博手语研究培训项目"。聘请了 5 名手语专家，天津市聋人协会主席陈华铭。金沙遗址博物馆手语讲解员史宇明，天津市聋人学校教师王健、刘丽波，天津理工大学聋人工学院副教授史玉翠（其中前三位为聋人）。13 家博物馆共 21 名手语讲解员参加培训，并为每家参培博物馆都制作了 20 余分钟的手语讲解视频。在此过程中，以这些博物馆的讲解词为蓝本，筛选出了 200 个文博行业常用的词语并进行了手语打法研究。

　　该项目是首次在天津市文博行业推广国家通用手语，参加培训的讲解员纷纷表示以前有聋人来参观都只能组团来，由手语翻译人员给聋人现场翻译讲解词，讲解员连最简单的手语都看不懂，有问题只能写字沟通。接受了这次培训之后有了一定的手语基础就可以方便地接待聋人观众了。天津博物馆在过去接待聋人团体的参观过程中，发现手语的受众十分有限，因为手语的高度只能在胸前，只有前两排的聋人能观看到。

---

　　①　陈华蕾：《探讨多元化导赏服务体系的构建——以重庆中国三峡博物馆服务体系为例》，《文物鉴定与鉴赏》2022 年第 16 期，第 84～87 页。

在建设了天博导览小程序并发布了手语讲解视频后，聋人可以自助观看手语①。使聋人不必拘泥于组团参观并聘请讲解员，而且自助观看手语导览视频不会引起别人的关注，聋人可以更加舒适地参观博物馆。为参培博物馆制作的手语讲解视频可以起到示范引领的作用，各博物馆可以在官网、微信公众号和微博等平台上展示手语讲解视频，让聋人知晓本馆已经开展了手语讲解服务。当参与进来的博物馆越来越多，开展手语讲解服务和制作的手语讲解视频越来越多的时候，天津文博行业的手语服务就会在聋人群体里形成集群效应，形成博物馆都有手语讲解服务可以方便无障碍地参观博物馆的普遍认识。文博词汇的手语打法研究是手语讲解中无法回避的问题，本次聘请的手语专家以聋人专家为主，从聋人的思维方式出发创造新词汇的打法，能更有利于聋人的理解，便于在聋人群体里推广②。

四、文博手语研究工作总结的几点经验

1. 明确使用人群和词汇来源

　　文博手语与其他行业手语的主要区别在于它在日常生活中的不常用性。每家省级博物馆的文物都以十万计，故宫博物院的文物数量甚至都达到了 180 余万件（套）。这么多文物中包含的文博专业词汇量将是巨大的，这些词汇中还包含很多生僻字，本身的使用频率就很低。如果听障者是文博行业的从业者，他们的文字功底足以支撑工作的开展。所以我们定义文博手语的使用人群为普通听障者观众，文博手语的词汇来源也应该是使用广泛的讲解词，目的是让广大听障者"看懂"文物，到博物馆来参观学习中华文明的伟大成就。

2. 交叉学科较多，需要定义文博词典的范围

　　文物博物馆包含的范围太广，比如普通人理解文物就是陶瓷、青铜、玉器、字画等，但以天津博物馆为例就包含了 35 个种类的文物。即使如此多的种类也不可能包含所有的文物，比如天津自然博物馆就是生物类，天津市体育博物馆就是体育类，天津美术馆就是艺术类等。要进行文博字典的研究首先要确定涵盖的范围，才能在范围内

---

①　陈荣、梁美荣、郑旭东，等：《新兴信息技术在优化残障人士博物馆参观体验中创新应用的趋势》，《现代远程教育研究》2016 年第 6 期，第 56~64 页。

②　倪兰、和子晴：《上海手语翻译服务需求与现状调查》，《中国翻译》2022 年第 4 期，第113~119 页。

的文物中提取常用文博词汇进行研究。

3. 需要探索元数据的组织形式以提取文博词汇

不同于其他行业词典词汇含义的一目了然，文博词汇因为生僻字较多，很多字词单独提取出来根本不知道什么意思，比如：夔龙纹、窃曲纹、八宝纹等。而且由于全国博物馆定名方式的不统一，还存在大量含义相同的名词，比如缠枝纹与缠枝莲纹，壁瓶、轿瓶与挂瓶等。如果一个文博词汇没有分类、没有含义解释，没有图片说明，手语专家将不知道从何着手研究手语打法，需要探索出一种合理的元数据组织方式将每个词语的含义解释清楚。这个过程需要文博行业的专家参与提取整理文博词汇，在此基础上才能由手语专家进行手语打法的研究①。

4. 需要多个学科专家的参与

需要文博领域的专家参与，由于全国文博行业的专有名词定义没有统一标准，存在大量同义词汇，比如缠枝纹、缠枝莲纹、龙纹、夔龙纹等。将词汇提取出来，标注出所有同义词并完成释义、配图等工作。

需要语言学方面的专家参与，提取词汇的准确性和释义描述的准确性都需要专家审定。

需要手语专家的参与，研究手语打法少不了聋人手语专家的参与，他们对手语的理解更接近手语的本质。

五、推广国家通用手语的几点经验

1. 选择窗口行业进行推广

文博行业近年来在全国热度居高不下，文物热、博物馆热吸引了大量观众到馆参观。在文博行业推广手语是他们的现实需求，本次招收的学员学习热情都非常高，甚至还有博物馆的志愿者打电话来咨询如何学习文博手语。窗口行业的单位对手语有需求只是缺少学习的途径，手语培训的开展就给了他们学习的机会。建议选择文博、旅游、交通、医疗等窗口行业开展手语培训，能服务更多的聋人，在短时间内就获得大

---

① 张俊娥、王亚林：《博物馆元数据标准构建研究：以盖蒂研究所元数据标准为例》，《大学图书馆学报》2018 年第 6 期，第 55～63 页。

量的关注有利于推广国家通用手语。

2. 手语培训的授课专家要以聋人为主

手语是聋人的母语必须以聋人手语专家为主来组织手语培训。以 2022 年在天津市文博行业开展手语研究培训工作为例，聘请聋人为主的手语老师，但也要有少量的听人手语老师参加，前期手语基础课程主要以讲授拼音数字和单字词为主可由听人手语老师进行授课，效果较好。中后期课程连词成句，涉及聋人的语序和语法习惯，由聋人手语老师进行授课，听人手语老师随堂辅助能取得较好的效果。课程的安排也要充分听取聋人老师的意见。

3. 培训应该有连贯性

听人学习手语存在很大的难度，毕竟是一门全新的语言，而且聋人的语序和语法习惯与听人完全不同，仅仅靠一期培训课就想让听人灵活使用手语是不现实的。培训应该持续开展，多安排对话练习才能取得效果。

4. 创造行业内的学习手语使用手语的氛围

学习手语最大的难题是缺少使用的环境，长期不用就会遗忘。与手语培训同时进行的是对外的宣传，要让聋人群体知道这个行业已经开始普及手语，聋人不用担心出行时遇到的不便就会多多参与到社会活动中来，受训者在接待聋人的过程中也能得到锻炼，而且一个单位最好有不止一人掌握手语，平时可以使用手语才能不丧失手语的语境。可招收正式员工和志愿者共同参与手语培训，一个行业的志愿者往往对本行业的热爱程度都非常高，他们学习手语的热情会更高，培训效果会更好。

5. 推广与研究工作同步进行

目前国家通用手语的词汇数量还达不到对各行各业词汇的全覆盖，可以通过培训对行业的常用语进行收集，并对没有手语打法的词汇进行研究整理上报中残联，最后由中残联组织专家进行手语打法的评审，决定这些词汇应该纳入已有的行业手语词典，还是立项研究新的行业手语词典将这些词汇纳入其中。

作者简介：王浩，天津博物馆，工程师，天津市河西区平江道 62 号，300201；
　　　　　　李文静，天津博物馆，馆员，天津市河西区平江道 62 号，300201。

天津博物馆观众服务智慧化建设的
思考与研究

马欣伟

（天津博物馆）

摘要：天津博物馆作为公共文化服务机构，通过建设博物馆智慧生态系统，对文物数据资源进行充分、合理的利用，开辟多种途径将文物数据信息以丰富多样的形式呈现给观众。本文着重从观众需求、建设内容及其意义三个内容维度来论述天津博物馆观众服务体系的建设依据及建设情况。观众服务体系的建设和发展有利于充分发挥博物馆的教育职能，达到满足观众求知需求的目的。本文认为观众服务体系的建设需要通过对用户需求数据、馆内资源数据等进行采集、保存、分析、展现，逐步建立一整套遵循天津博物馆特色，具有高度可扩展性、高可靠性、高性能及高共享性的，集数字化保护体系、全流程观众服务、馆务智慧化管理、运营决策支持于一体的博物馆智能生态系统。

关键词：观众　智慧化　自助导览　数字化　多媒体

引　言

　　"博物馆是一个为社会及其发展服务的、向公众开放的非营利性常设机构，为教育、研究、欣赏的目的征集、保护、研究、传播并展出人类及人类环境的物质及非物质遗产"，明确了博物馆是为社会、社会发展和社会公众服务的机构，其收藏、展示的是人类社会发展的过去和今天，其服务对象由"物"转向了"人"，

　　2000 年后，国内外越来越多的博物馆开始将"观众"置于工作的核心。自 2017 年 3 月 1 日起施行《中华人民共和国公共文化服务保障法》，我国将博物馆等界定为"公共文化服务机构"。这是对公共性的强调，要求其在收藏、研究等幕后工作的前提和基础上，进一步聚焦直面公众的台前工作，也即以展示、教育、观众服务为主，为社会和社会发展服务。

一、博物馆观众服务需求分析

天津博物馆的观众服务板块建设包括智慧导览系统、观众服务系统、展厅多媒体系统和自助导览服务系统。应从天津博物馆场馆定位以及特色出发，结合天津博物馆已有信息化建设基础，整合观众服务所需的各个方向和业务环节，满足各部门的业务需要及观众参观体验需求，注重实用性和应用亮点，可以按照观众组成、导览需求、服务内容进行详细解读，改变博物馆静态、单向的展示手段和教育方式，充分借助 5G 网络，创新场馆展览展示与信息服务模式，深化人与馆、人与人之间连接的程度，使展示空间无限扩充延展，为观众提供多样化的应用功能。

（1）智慧导览需求

对于观众而言，纯文字的展览展品介绍显得枯燥乏味，因此本项目采用先进的定位技术、增强现实技术、数据采集与传输、观众大数据存储与分析、前端大数据展示与互动技术，结合智慧导览移动终端可以自由地选择自己喜欢的展品，自定义参观路线，通过室内高精度的定位技术可以准确知道观众自身所处的位置，能够将当前区域内的文物以文字、图片、视频、音频等适当的方式推送到观众的移动设备里面。可基于 AR 技术，观众可以利用自己的手机及时采集博物馆的场景画面信息，获取包括图文、音视频、三维、增强现实视频的场景导览信息，同时系统能够为观众参观过程进行消息提醒功能，辅助观众更加自由便捷地体验博物馆的智能化导览服务。

当今博物馆新媒体工作的核心是：新兴媒体形式改变的不仅仅是信息传播渠道，还改变了人们思维模式与审美趋势。对于博物馆而言，公众从以往的只是接受者转变成了传播者，甚至是主导者。如何利用各类新媒体工具，打破博物馆和观众之间的层层壁垒，以更加开放、平等、包容的姿态，使博物馆成为资源共享者，努力实现公众、社会、博物馆三者之间的联动，是当今博物馆新媒体工作的核心。天津博物馆以实物为媒介的文化诠释和传播媒介，越来越离不开数字技术带来的延展和助飞作用，"一眼千年"的文化穿越以及发自内心的文化自信，往往会在实物＋手机屏的情境下得到更加的释放；博物馆所展现的智慧导览、智慧服务和智慧管理，日益成为博物馆现在和未来发展的必然选择。

小程序具有"即开即用，用完即走"的特点，创新了博物馆行业的服务方式，是传播博物馆服务和文化的便捷高效途径之一。智慧导览小程序在博物馆中的应用，将会为博物馆的文化传播开辟出新起点、新路径，有助于改变博物馆原先严肃、刻板、官方的形象。

不同平台的智慧导览小程序充分考虑观众参观需求及使用习惯，覆盖观众参观全流程，提高观众和天津博物馆之间的黏性。

（2）观众服务需求

观众服务系统需求包括对票务系统和客流统计系统的需求。

· 票务系统

票务系统涵盖了观众从预约取票到验票进馆全部流程，需要为观众提供网站或手机端多种票务预约渠道，可以预约展览、活动、讲座等不同的票务类别。支持微信、支付宝等多种支付方式。同时，应能支持来馆观众的现场预约。

为了充分保障观众的参观体验，也使场馆得到可持续的发展，票务系统需要支持实时客流量计数变化、客流量数据统计并生成图表，管理人员可通过计数实现对入馆人数的统计，通过客流统计系统实现出入馆人数的统计，最终实现对实时在馆、在展厅人数的精确统计，并结合场馆承载量决定是否采取流量控制。通过减慢或暂停发票等方式控制或暂停观众入馆，并可通过馆内多终端发布信息提示观众注意。

· 客流统计系统

随着博物馆免费开放，人民群众日益正常的文化需求，更多的观众走进天津博物馆。作为一把双刃剑，一方面可使天津博物馆的精美文物和藏品更广泛地为广大观众所熟知，带动天津及周边地区的文化事业发展；另一方面，观众人数的增多对博物馆工作带来不小的考验，并对观众的参观质量、文物安全、场馆安全等带来的重要的影响，对天津博物馆的管理工作增加了巨大的压力。客流在时间和空间上的高度集中，分布不均，极易造成访客大规模拥堵、滞留，存在安全隐患。同时，大量观众涌入博物馆，超出博物馆的正常承载量，各项服务和设施供给无法及时响应，也会造成服务质量下降，导致观众体验差，影响博物馆的形象。

在本次运营难决策支持板块及观众服务板块建设中，如何合理引导客流、有效规避各种风险是建设客流统计系统的初衷。客流系统将协助博物馆更加快速和科学地采取分流、疏散、限流、预警等应对措施，同时，通过对客流数据进行分析，为博物馆经营管理提供数据支持，从而进一步提高场馆管理与观众服务水平。

（3）展厅多媒体需求

展厅多媒体展示是较为高级的技术方法，这些技术方法允许利用图形、图形处理、计算机视觉及用户界面，通过表达、建模及对立体、表面、属性和动画的显示，对数据加以可视化解释。

展厅多媒体系统针对馆内、展厅相关的大屏、LED 屏、触摸屏等展示终端进行统一的信息发布与管理功能实现"单点编辑、多点发布"的内容同步机制。设备部署方面，展厅多媒体系统硬件应部署在临近展厅或观众通道中较为醒目的位置，为观众提供导视和交互服务，面向观众参观过程中，为观众在不同展厅之间游览时提供完善的导视信息和数据交互的服务规划。

馆内多种媒体发布介质进行统一管理，从而利于实现可视化的通信、沟通、协作、分享、存储等功能，彻底摒弃传统的信息沟通方式，打破人与人、人与物、物与物之间的信息孤岛，在数据可视化的支撑下，让博物馆的观众服务及展示方式更加多样化。

（4）自助导览需求

目前，天津博物馆内已有自助导览相关建设基础，借助其他领域先进的"共享"概念，为来馆观众提供了自助导览服务，通过将预置有专业内容资源的导览服务设备放入自助导览服务驿站供观众租赁使用，观众只需要进行简单的操作就可以开启专属于自己的历史文化体验之旅。通过支付设备押金、信用免押金等一系列保障措施，保证设备的完好，基于"共享"理念的自助导览服务设备，能够大大缓解博物馆工作人员的工作强度，降低工作压力。

本次运营决策支持板块及观众服务板块中，自助导览服务应配合馆内展示内容的新形式，以及馆内已有的 5G 网络铺设条件，增加、升级相关导览设备，需要为观众提供导览设备的自助租赁和归还功能，满足观众对自助导览的核心需求，结合馆内现有的 5G 网络进行技术衔接，为观众提供以大带宽、低延时为基础的共享式专业化的智慧导览服务。

1.1 观众服务用户需求

1.1.1 各地游客

1. 天津各区居民

天津博物馆坐落的市中心区域，首先将吸引大量天津本地居民前往参观，特别是市内六区或者滨海新区居民将享受到"近水楼台先得月"的便利。成为短期出游、周末放松游览的好去处。

2. 中小学生

参观的热情较高，已经具备独立参观的能力，对于智能终端的应用比较熟练，操作能力较高，对于展示内容要求极高，注重生动性、趣味性的展示内容，对新事物的接受能力较强，喜欢游戏及各种互动内容，喜欢动手操作。

3. 青少年儿童

尚未具备完全独立自主参观的能力，一般由老师、家长陪同参观为主，对于智能化终端或手机已经具备基本的操作能力，但主要仍是由家长代为操作。热情，好动，喜欢新鲜事物，对事物的直观感受是其认知的主要来源，对于游戏、模型等展示内容具有浓厚的兴趣。

4. 外地游客

游客是旅游活动的主体，天津作为文化古城将吸引大量来自周边省区乃至日、韩等东亚地区的游客。本项目系统建设将为游客有针对性地提供综合信息查询与在线预约服务，为游客出行之前的准备提供充分的资讯参考，帮助游客解决旅途中"衣食住行游购娱"等诸多问题。如提供餐饮、住宿、购物行业和娱乐场所的资讯信息查询与预订服务，公共交通换乘、车站、路线信息服务，医疗安防等配套保障服务，以及其他日常旅游信息服务等。

根据跟团、自由行、自驾游、背包客、商务游等多种旅游形式和游客的不同需求，有针对性地提供行程规划服务，对有意向跟团的游客用户，提供各个旅行社的旅游项目、价格信息，对各个旅行社进行评估及服务质量、用户评价方面的比较，并根据服务质量、路线价格等评分标准向用户推荐旅行社，帮助用户进行选择；对自助游的用户，提供博物馆各个方面的详细信息包括交通、住宿、饮食、购物等信息查询，以方便用户提前掌握博物馆的资讯；对自由行、自驾游、背包客用户，推荐最佳的展厅或展览，从时间、价格等方面综合考虑推荐旅游路线。

在游客参观的过程中，还需要为观众提供智能化的导览服务。借助精确的定位技术，并结合游客的喜好，通过文字、图片、声音、视频等多种形式，生动翔实地向游客展示天津秀丽的自然风光、人文景观，丰富的动植物资源、完善的旅游服务设施、项目，给游客带来丰富的旅游体验。

博物馆在为游客提供"全程式"旅游服务的同时，也可为游客发表评论、制定游记攻略、分享游览感受提供便捷、及时的渠道。借助大数据处理技术、移动互联网技术、增强现实技术等，可以实现游客之间、游客与企业之间、政府部门间的互动沟通。

5. 博物馆会员

包括志愿者在内，会员属于观众中的"精英"团体，相比于一般来馆参观的观众或者是外地游客而言，有着更深层次的需求，同博物馆的联系更加紧密，希望能够在场馆中或者是场馆外都获得高水平的场馆服务，包括定制化知识服务、定制化参观导览和会员福利等。

6. 入境游客

天津是我国对外开放的窗口和门户，有大量的外国游客群体前往展馆内参观，乐于通过博物馆等途径了解中国历史、人文自然。根据天津市旅游局发布的数据显示，2018 年天津市接待入境旅游者 198.31 万人次，其中外国人 175.98 万人次，入境旅游外汇收入 11.1 亿美元。接待国内游客 2.27 亿人次，比上年增长 9.1%；国内旅游收入 3840.89 亿元，增长 16.7%。天津市居民出国旅游 89.75 万人次，增长 85.1%。2018 年末全市共有星级宾馆 82 家，A 级及以上景区 104 个。相比于系统需要针对广大外国游客提供针对性的服务，主要是满足广大外国游客在语言讲解内容方面的需求，弥补语言方面的差距，使广大游客接受到母语话语音讲解服务。

1.1.2 馆内工作人员

博物馆管理工作人员，主要是日常的维护管理工作，包括展览、宣教、设备管理等，发挥博物馆的收藏、保护、教育、研究的作用，在信息内容广度和深度上进行挖掘，要满足不同层面的用户使用要求，成为博物馆日常不可或缺的部分。特征：具有专业文博行业知识，了解信息化平台管理工作流程，对网络媒体信息热点有着较高的敏锐度，了解不同用户群体专业行业知识的不同需求。具体而言，有三大类人员群体。

1. 基层管理工作人员

天津博物馆建在管理人员数量有限的条件下需要尽可能地为来馆观众提供周到细致的服务。因此，需要尽可能借助各种手段来提高服务管理效率，希望系统为自身在针对设备、展厅内观众的管理方面提供可靠的助力，在不增加自身劳动强度的基础之上，妥善地保管设备，满足观众在展厅内参观时产生的各项服务需求，实现高效的对人、设备的管理。

2. 志愿者

场馆志愿者希望能够快速地为来馆观众提供专业的场馆服务，能够快速响应观众在展厅内产生的多种服务需求。

3. 高级别管理人员

国家文物局对于博物馆运行评估有着详细的标准体系，要求博物馆在内部管理方面具有较高的水平。天津博物馆未来的发展预期即是国家一级博物馆，这就对博物馆高级别管理人员有着较高的要求，注重场馆管理水平的提高和业务能力的跨越式发展，重视数据在考核与场馆工作中的重要作用，希望能够获得第一手的专业数据，包括观众的数据、工作的数据等，为自身及更高级别管理人员的决策提供可靠的数据支持。

1.1.3 政府部门用户

智慧博物馆服务管理将为政府部门与其他用户提供实时、精确的旅游行业相关数据，通过数据统计和智能分析，实现对博物馆的智能化、精细化管理；通过对游客信用的评估、对服务企业的评价或评级，加强行业监管水平；通过旅游信息共享和应用协同，有效配置资源，提供快速响应和应急管理能力；通过数据挖掘，对旅游资源保护、产品定价和旅游行业政策进行模拟测试，实现旅游管理的科学决策。

1.1.4 专业观众

天津博物馆是国家级、综合性、公益性的博物馆，自然会吸引国内外博物馆专业人员前来参观、交流、学习，数字化保护项目的建设能够帮助天津博物馆梳理自身建设内容，整合馆内各项数据，以便于来馆的专业人员进行交流，通过互相了解来参考借鉴兄弟场馆的运营管理经验，为天津博物馆自身所用。

1.2 观众服务功能需求

1.2.1 智慧导览系统功能需求分析

智慧导览系统运用先进的定位技术、增强现实技术、数据采集与传输、观众大数据存储与分析、前端数据展示与互动等技术，结合智慧导览移动终端、蓝牙信标定位设备，通过微信小程序平台、百度小程序、支付宝小程序等平台为观众提供个性化、智能化、场景化的具备多种互动方式的导览服务，通过 AR 数字化展示技术为馆内精品文物定制专属展示宣传内容，借助平台自身亿级用户基础打造平台级智能服务模式。需结合 5G 网络技术，观众可通过 5G 移动设备感受沉浸式的导览服务，同时还可以查询馆内服务设施、获取自身精准位置、了解展品图文和视频等信息。

智慧导览系统需要通过前后端分离技术，建立智慧导览前端服务平台，包括微信小程序、百度小程序、支付宝小程序，支持观众预约、地图展示、展厅定位、自助导览、展品查询、展品讲解、观众互动和反馈等功能。

智慧导览系统的后台负责统一管理前端数据的展示，能够"单点编辑、多端发布"，实现跨平台的数据信息发布功能。提高产品的联动性和可维护性。能够对博物馆宣传、展品讲解介绍、路线规划、观众行为分析和消息推送等核心功能进行统一管理和维护。

1.2.2 观众服务系统功能需求分析

观众服务系统包括两个子系统，分别是票务及预约系统和客流系统。票务及预约系统包括闸机、现场预约机和线上的票务预约软件平台，观众可以通过电脑或者手机自行预约参观的展览、活动或讲座等。观众在预约成功后可以通过身份证或者二维检票进馆，还可以在现场通过现场预约机进行现场预约取票进馆参观。

客流系统通过对馆内实际建筑结构和平面布局，在博物馆的出入口大门和各个展厅的出入口分别安装客流统计一体机，能够实时统计进馆人数、在馆人数和出馆人数等数据信息，提高博物馆的参观服务水平。

客流监测统计系统需采用 B/S 架构，通过 WEB 浏览器可以查看客流量实时统计情况。博物馆工作人员能够通过客流监测统计系统掌握博物馆实时客流量变化情况，对于观众密度较大的情况进行及时疏导，方便客流量数据的采集和统计，作为博物馆日常运营管理的重要数据，能够成为博物馆及上级部门了解博物馆运营实际情况的真实参考，对客流量变化趋势预测也具有十分重要的意义。

1.2.3 展厅多媒体系统功能需求分析

系统需支持对馆内的多种媒体发布介质进行统一管理，支持多平台图、文、多媒体信息的统一适屏发布，实现"单点编辑，多点发布"，主要包括 LED 屏内容发布、馆内触控屏、网站内容的动态更新等，实现各类信息的有效共享和快速推送。

展厅多媒体指的是技术上较为高级的技术方法，这些技术方法允许利用图形、图像处理、计算机视觉及用户界面，通过表达、建模，以及对立体、表面、属性及动画的显示，对数据加以可视化解释。

天津博物馆馆内布局复杂，展厅繁多，多媒体导视屏部署在临近展厅及观众通道中较为醒目的位置，为观众提供导视和交互服务，面向观众参观过程中，为观众在不同展厅之间游览时提供完善导视信息和数据交互的服务规划。

1.2.4 自助导览服务系统功能需求分析

自助导览服务系统须为观众提供导览设备的自助租赁和归还，减少天博设备租赁管理工作人员工作压力。投标人须根据天博场馆流线和展厅位置对设备部署进行设计。自助导览服务系统支持接入 5G 网络，充分利用 5G 技术大带宽、低延时、高可靠的特点，为观众提供智能迅捷、互动共享的智慧化服务。投标人须能够为自助移动终端定制开发智慧导览应用，为观众提供持续创新的高品质服务。

天津博物馆每年接待游客数以万计，对馆内的设施和博物馆服务人员都提出了很高的要求，继续新技术新产品的引进为博物馆智慧化建设提供助力。放眼当今的社会，共享充电宝、共享单车、共享汽车等一大批共享产品纷纷落地，不仅满足了人们的众多需求，蚂蚁积分、信用免押金等一大批信用产品也为设备的永续利用提供了保障。"共享"产品节约了人力，方便了生活，也节约了成本，具有普遍的推广价值。天津博物馆需要接待大量的观众，作为一个富有现代化和科技感的博物馆，在服务理念方面也应当跟上时代的发展步伐，成为其他博物馆的样板。借助其他领域先进的"共享"概念，为来馆观众提供周到细致的服务。通过将预置有专业内容资源的导览服务设备放入驿站供观众租赁使用，观众只需要进行简单的操作就可以开启专属于自己的博物馆探索之旅，通过支付设备押金、信用免押金等一系列保障措施，保证设备的完好。基于"共享"理念而开发一套观众自助导览服务设备，将能够大大缓解博物馆工作人员的工作强度，降低工作压力，在不增加人员投入的情况下为广大来馆观众提供精品服务。

二、建 设 内 容

2.1 智慧导览系统

天津博物馆数字智能导览系统中的导览小程序在微信、支付宝及百度多平台上线。观众可以通过任一平台登录导览小程序，实现到馆查看地图导览、展厅位置、客流情况、展厅展品等功能。

天津博物馆数字智能导览系统为观众定制了从馆外信息获取到馆内场馆互动的场

天津博物馆论丛（2022）

景化设计导览体验。在来馆前，进入展厅导览、列表导览模块，对天津博物馆的基本情况进行初步了解。在馆参观过程中，观众可以利用文物名称 / 编号搜索、扫码讲解、自动讲解、AR 识别及动画展示、地图导览、展厅导览、列表导览等多种导览方式，对天津博物馆的展厅及其展品进行深入参观和学习；观众还可以进入展厅讲解列表，实时查看展厅讲解情况并设置预约提醒（图一、图二）。值得一提的是，天津博物馆的导览小程序，除具备普通话讲解外，还具有手语讲解模式，为特殊人群提供个性化的导览服务。

图一　智慧导览二维码　　　　图二　导览小程序界面

天津博物馆数字智能导览系统通过智慧化管理后台进行统一管理。管理员可以登录后台管理系统实现对展厅、展品的管理，并进行导览内容的同步更新。同时，可以对自助导览服务驿站的运行状况进行实时监控。观众在参观过程中产生的参观数据也会上传至管理后台，管理者可以利用导览系统获取的观众参观数据，经过后台大数据分析挖掘处理，获得观众参观数据统计分析报告，促进博物馆服务、管理水平的提升。

2.2　观众服务系统

观众服务系统包括票务系统及客流统计系统，从观众进馆预约服务到观众在馆客流统计形成了功能全覆盖。各个系统之间功能连贯、逻辑合理、功能完善。

馆内工作人员先在后台对票务预约的日期、时间段、预约规则进行设置，设置完成后观众可通过网站、微信小程序等前端服务进行预约，此时，系统后台开始形成一个初步的预来馆观众客流统计。观众前往博物馆，通过闸机通道进馆时，闸机对观众进馆情况进行计数，则博物馆当日实际来馆人数统计逐渐成型。观众在馆参观时，使用的导览设备会自动结合馆内定位系统对观众的参观行为进行记录，形成导览参考数据，其中的展厅热度由部署在馆内展厅出入口的客流统计系统记录。由此，完成了票务系统和客流系统功能相结合的观众进馆全流程预约服务与客流统计。

观众服务系统的多个子系统之间的逻辑关系是清晰而紧密的，智慧导览系统、自助导览服务系统、观众服务系统和展厅多媒体系统都为观众提供前端展示体验窗口，为观众提供博物馆参观时的各项服务，包括预约门票、讲解导览、查询信息、租借设备等。另外，票务系统和客流系统等配置的后台管理系统是面向馆方管理人员的，能够极大地提高馆内的服务水平和管理水平。各个系统职责清晰，互相协作，共同构建全流程的观众服务体系。

2.3 展厅多媒体系统

天津博物馆以精品展览和馆藏特色文物为核心，从利用文物三维数字资源，结合5G、AR、VR 等数字技术打造线下互动体验展厅，到运用各种在线平台推出直播、云展览等线上观看互动形式，再到通过网络开展社教活动，形成了线上线下联动、实体虚拟结合、多角度融合式的数字互动体验系统。

（一）5G 智能互动体验展

2020 年 5·18 国际博物馆日，天津博物馆推出"5G 智能互动体验展"，通过 5G、CG、MR 等数字技术，打造沉浸式观展体验，展现具有天津地域特色和馆藏特色的文化主题（图三）。展览利用 5G、全息影像等技术，还原天津老城百年沧桑，借助 VR、AR、MR 移动终端让观众在虚拟空间中感受历史风貌，在与三维立体模型的互动中了解文物故事。

（二）多端展示数字互动内容

天津博物馆充分利用文物三维数字采集资源，经过深度内涵挖掘和互动内容制作，通过多媒体互动触摸屏和移动终端设备展示丰富的文物互动内容。观众可在多媒体触摸导视屏查看文物三维模型，用微信小程序、百度小程序、支付宝小程序 AR 识别展厅中的精品文物，获取文物模型及知识讲解，观看 AR 文物短视频和文物 3D 动画（图四—图七）。

（三）天博云看展

疫情防控期间，天津博物馆通过官方网站、官方微博、微信公众号、今日头条号推出"云看展"系列网络展览（图八）。观众通过网络观看特色展览全景展示，其中"安第斯文明特展"和"穆夏展"两大特展累计线上观展人数超过 100 万。2020 年 10 月，"人民至上——天津市抗击新冠肺炎疫情纪实展"也推出了线上展览，观众跟随 VR 镜头，身临其境走进展厅，听讲解员云讲解。

图三　天津博物馆"5G 智能互动体验展"现场

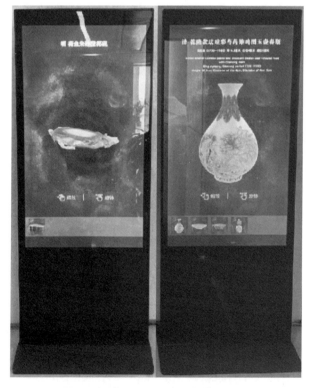

图四　触摸导视屏三维文物模型展示

图五　AR 文物模型展示

图六　AR 文物短视频

图七　文物 3D 动画

图八　天博云看展 线上进展厅 | 最后的帝国：印加帝国

（四）天博直播

天津博物馆在 2021 年春节期间，联合天津电台主持人，策划推出以吉祥文物、传统技艺为主题的系列直播活动，向广大网友分享展览内容，共同体验创意手作（图九）。2020 年国际博物馆日，天津博物馆以"交融肇兴——辽金时期的天津"展览为主线开展直播，并同时与蓟州、宝坻及市区的多个辽、金、明、清时期景点互动联播，让观众朋友能云游"辽金时期"的天津（图十）。

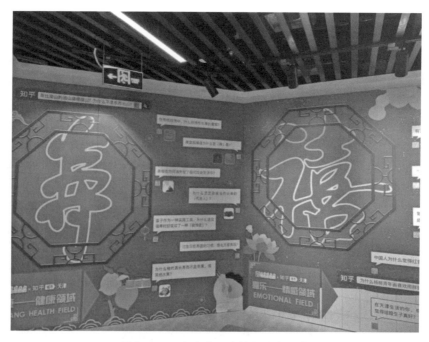

图九　2021 年春节天津博物馆直播间

图十　天津博物馆 2020 年国际博物馆日直播

（五）天博云课堂

2017 年，天津博物馆面向社会推出"博物馆慕课课程"，充分利用馆藏资源，打破时间和空间的限制，让观众"随时参观"博物馆、欣赏文物、学习文化知识。《遇见你·天博》是天津博物馆 2021 年推出的一档线上视频互动体验课程，以天博的藏品为拍摄内容，通过讲解员和小主播的互动讲解，带领小朋友们在历史与现实的时空中漫步，在聆听、欣赏和参与中感受文物的魅力与历史的厚重。

2.4　自助导览服务系统

天津博物馆还率先在馆内使用了自助导览服务驿站（图十一）。自助导览服务驿站可以为观众提供参观全流程服务，通过在天津博物馆的出入口以及展厅通道衔接处部署自助租赁终端，观众可根据自身需求在参观前和参观过程中随时租赁导览设备，并在参观结束后在任意一台租赁终端进行归还，提高观众的参观自由度。自助导览服务驿站配备语音导览机和智能互动导览机两种不同类型的导览机，语音导览机可以在观众靠近展品时自动触发讲解，智能互动导览机还具有视频播放、三维模型展示、AR 互动等多种功能。观众可根据自身实际需求，通过租借不同类型的导览机，获得对应的导览服务。

2.5　大数据分析平台

运营决策支持板块，即大数据分析平台，包括数据接入子系统、数据预处理子系统、数据配置和存储管理子系统、决策分析子系统、运营数据分析子系统及配套硬件和辅材。

图十一　自助导览服务驿站

平台利用采集接口获取数据，并对数据进行分析，并展示分析结果。平台包括数据接入、数据预处理、数据配置和存储、决策分析以及运营数据可视化等子系统。

本项目将以监控中心的数据大屏为依托，汇聚各个子系统的数据源，经过人数据分析挖掘处理，得到具有实用性和预测性的数据指标或图表，以可视化前端页面进行展示。

天津博物馆大数据分析平台功能设计全面，结构合理，结合博物馆实际情况，充分考虑各个部门业务系统的交互联动差异性和时效性，实现了大数据分析展示的标准化和规范化。同时预留充足的可扩展接口，满足博物馆未来业务发展需求。

三、建 设 意 义

结合天津博物馆的自身特点和实际情况，在集成现有建设成果的基础上，综合运用大数据分析技术、新媒体传播技术、数字化展示与互动技术及 5G 通信技术等先进手段，逐步建立一整套遵循天津博物馆特色，具有高度可扩展性、高可靠性、高性能及共享性强的数字化保护体系，实现对运营决策支持和观众服务全周期管理。

本项目旨在提高馆内运营决策和观众服务的水平，加强对文物信息资源的利用，充分发挥博物馆"收藏、研究、陈列、传播"的作用，更好地实现对珍贵文物的保护、利用和传承，提高博物馆资源整合和文化创意能力。

通过本项目的开展，完善数字化保护体系，将数字化保护与数字化成果应用相融合，充分发挥博物馆的职能和作用，满足公众对博物馆的新需求，实现博物馆自身发展的新目标。

项目建成后，在数字化保护领域，天津博物馆将获得实质性的飞跃，跻身于国内领先地位；将在行业内起到良好的示范作用，推动数字化保护工作的普及；同时，项目累积的成功经验将成为其他博物馆开展运营决策和观众服务方面工作的宝贵参考，有利于提升全行业的博物馆管理与服务水平。

以观众和管理需求为导向，以信息化、智慧化技术为手段，结合现有的数据资源和采集到的观众行为数据，生成大数据分析平台，综合展示观众预约参观信息、观众来源地信息、线上注册用户信息、馆内客流统计信息等，为馆方提供智能的可视化数据展示窗口，提高馆内智慧化管理水平。另外，结合先进成熟的参观导览设备、自助租赁设备，体验数字化、场景式、沉浸式参观体验，提高观众参观满意度和社会影响力。

作者简介：马欣伟，天津博物馆，工程师，天津市河西区平江道 62 号，300201。

浅谈文博手语培训课的编排

——以天津博物馆为例

董一晶　王　浩

（天津博物馆）

摘要： 近年来，随着手语培训办学规模的不断扩大以及教学改革的不断深入，课表编排工作也面临着新的挑战。一份科学、合理的编排完善的课程表，不仅能充分落实教学计划，保障教学工作的正常开展，优化教学的资源和质量，稳定教学秩序的正常运行，而且还能合理安排师生的教与学。本文以天津博物馆文博手语培训课的课表编排为例，针对编排过程中遇到的一些实际问题，浅说编排工作的特点和模式。

关键词： 文博手语　课程表　教与学

一、浅说文博手语

博物馆教育的对象不仅仅是健全人，也应该包括残疾人。听障人更有接收博物馆传递文化知识的权利，所以国外博物馆有对听障观众展开手语服务，有着几十年的历史，服务经验很丰富，深受广大听障观众的赞扬；国内博物馆也不例外，但真正的手语讲解员却极少。因为国家通用手语推行普及才几年时间，而且手语中缺少文博行业的专业词汇打法，对手语讲解员很有大挑战，于是天津博物馆以首次开展文博手语研究推广项目和培训基地建设为龙头，将文博手语的研究和手语培训课推广出去，培养更多的服务人员学会手语，使听障观众参观博物馆时可以享受无障碍服务，还可以"听"懂展览、感知历史背后的深奥文化。

为什么要开展文博手语培训？文博和手语是有什么关系？手语是听障群体之间交流的视觉语言，也是他们的母语，口语和书面语可以说是第二语言，大部分人都是通过手语接收到外界的各种信息。博物馆是面向社会大众传播以宣传、学习、教育为目的的社会公共机构，观众通过展牌和讲解员去了解历史、学习知识、陶冶情操，而听障观众却做不到这种接收信息的简单方式，因为听力的缺失筑起聋人和外界之间的墙，没有手语翻译的辅助，基本上都是走马观花式溜一圈，偶尔看站牌了解一二，根本触摸不到文博其中深远的历史。所以如果建立文博手语培训课，培养更多的手语讲解员，将在博物馆服务上和教育领域上就会显得进一步，还能提升讲解员的手语解说能力和翻译工作质量。

二、浅说课程表的编排

课程表的编排工作是维持教学活动正常运行的作用。因此，在编排过程中要把课程、教师、时间等要素合理组合起来，能够符合文博手语培训的初衷、有利于学生学习的初心、能充分利用教学资源、保证日常教学活动正常进行。

根据手语文化的知识和文博行业的学员基础，按照任务教学和文博教育的原则、从易到难的原则，选择常用词汇和句型，循序渐进地学习手语。

1. 遵循教学计划

课程表是教学任务的体现，其编排要遵循文博人才培养方案，以及基本的教学规律。在排课前，负责编排的人要做到熟悉手语专业教学计划及人才培养方案，包括课程设置、节次课、学时课、课程质量等细节。

2. 合理利用教学资源

编排课程表时要做到利用现有资源，根据教学方式与专业内容的需求，需要协调教学场地和教学设备，从而提升教学效果。

3. 以教师和学生为本

编排课程表的过程中，要充分体现"以人为本"的原则，以方便教师和学生为核心编排课程。教师是教学工作的主体，在编排课表时，要掌握各教师相关情况，综合教师的教学水平和培训时间均衡排课，以保证教师平衡工作量。为各馆学员更好学习手语的效率，排课应一周一节课两小时，让学生有充足时间的交通安排，有效安排自己的业余时间，也让教师能够控制教学进度，虽然一周一节课课少、时间又短，但却可以有效保证教与学的质量。

因此特意邀请手语老师参与课程内容，并咨询学员服务行业的常用语句，编排符合文博手语培训课的初衷及需求的合理课表，使教师有更好的教课效果和学生可以融入手语文化世界。课表如下（表1）。

表 1　文博手语培训课课程表

节次	课程	时间
第一讲	手语概况与基础	2022.7.3
第二讲	人际交往常用手语（一）	2022.7.10
第三讲	人际交往常用手语（二）	2022.7.15
第四讲	日常生活常用手语（一）	2022.7.22
第五讲	日常生活常用手语（二）	2022.7.29
第六讲	描述自然、地理常用手语	2022.8.5
第七讲	描述历史、事务属性常用手语	2022.8.12
第八讲	文博服务常用手语（一）	2022.8.19
第九讲	文博服务常用手语（二）	2022.8.26
第十讲	文博手语沟通及表达练习（一）	2022.9.2
第十一讲	文博手语沟通及表达练习（二）	2022.9.9
第十二讲	手语展示交流	2022.9.16
第十三讲	手语强化培训	2022.9.19
第十四讲	手语强化培训	2022.9.26
第十五讲	手语强化培训	2022.10.9
第十六讲	手语强化培训	2022.10.16

节次课堂的编排顺序，是采用由浅入深、循序渐进的方式编排，了解—基础—深入。如下。

1）把手语概况和基础放在第一讲课上，来源于手语对听人世界可以说是很陌生、没接触过的一门语言，所以让学生先初步了解手语、基础、历史等。

有关中国手语的最早记载可追溯至西汉司马迁《史记·淮阴侯列传》："骐骥之跼躅，不如驽马之安步……虽有舜禹之智，吟而不言，不如瘖聋之指麾也！"其中的"指麾"就是指聋人借助手势表达意思。据高宇翔的研究，历史文献中描述聋人手势语的词还有"手麾""手式""指画"，聋人用"手式"结合姿势、表情模拟事物的全面特征；用"画字"在手掌、土地、纸张上描画和模拟事物的主要特征或书写文字。当代中国手语中的"手势语"可视为古代"手式"的继承和发展，"仿字、书空"等打法则与古代"画字"打法一脉相承。总之手语中的手势是由手形、位置、动作三个要素构成。1887 年后，在美国传教士和部分聋教育者的努力下，中国手语引进手指语并逐步改良到手语的成熟阶段。

手语基础是汉语手指字母打法，也可以作为手语的一种指语。学会基础，才能轻松学好日常手语，就像学习汉语首先学习拼音字母。如"C"，拇指在下，向上弯曲，其余四指并齐，向下弯曲，相对成"C"形，虎口朝里；"O"采用空拳，0 形状；"I"采用数字 1 打法；等等。

2）人际交往，也称人际沟通，社会学称为社会关系。人出生后先接触到很多形形色色的人，如亲属关系、朋友关系、师生关系、同事关系等。"爸爸"打法是，右手伸拇指，指尖左侧贴在嘴唇上，因为一家之主，所以出大拇指；"妈妈"是家里排名第二，所以右手食指直立，指尖左侧贴在嘴唇上；"人"是仿字的手势，用双手食指相搭成人字；等等。

3）"你好"打法是一手食指指向对方，指示"你"字，然后一手伸出大拇指，表示"好"字；"早上好"打法是一手五指撮合，手背向上，虎口朝内，置于面前，边向上做弧形移动边逐渐张开，象征天色由暗转明，再打"好"字打法；"谢谢"打法是一手（或双手）伸拇指，向前弯曲两下，就像人在说谢谢的时候点头的模样，等日常生活常用语句就排在人际交往常用手语课后面。

4）自然、地理、历史等，都是与博物馆纪念馆讲解员讲解过程中会提到无数次，如"大自然"打法是双手侧立，掌心相对，同时向两侧移动，幅度要大些，表示"大"字，然后右手拇、中指相捏，边碰向左胸部边张开，表示"自然"；"北京"打法是右手伸食、中指，指尖先点一下左胸部，再点一下右胸部（表示北京的简称"京"时，右手伸食、中指，指尖抵于左胸部，然后划至右胸部）；一手伸食指，自咽喉部顺肩胸部划至右腰部，以民族服装"旗袍"的前襟线，表示"中国"，等等，所以自然而然编排在第六讲课上。

5）第八讲课就涉及文博服务方面，如"您好，这里是天津博物馆"打法是"您好"打法也可以用"你好"打法表达；然后一手伸食指，指尖朝下指两下，表示"这里"；再一手食、中指相叠，指尖朝前上方，向下一顿，表示"是"；再右手食、中指直立稍分开，掌心向左，在头一侧向前微动两下，表示"天津"；"博物馆"由两个打法组成的：① 双手直立，掌心向内，置于面前，从中间向两侧一顿一顿移动几下。② 双手搭成"∧"形。"需要我帮助吗"打法是，一手平伸，掌心向上，向后微移两下，表示"需要"，然后一手伸食指，指一下自己（或一手手掌拍一下胸部），表示"我"，再双手斜伸，掌心向外，按动两下，表示给人帮助（掌心向内表示给自己帮助），最后一手伸食指，指尖朝前，书空"？"，表示问号。

后面沟通、交流、强化培训几节课，都是为了加强学生对手语的记忆力，巩固学生使用手语的熟练度。

三、开展文博手语教学面临的困难

（一）选课制度的问题

天津博物馆首次开展文博手语培训课，没有可以参考的经验，选课制度还未完善，人才培养方案也不够完善，在实践过程中，问题不断凸显，比如课程开设重复、课题发生变动、实践环节不足等，文博手语的经验方面没有更多信息能吸取，针对这些不确定因素，要提前制定培养方案，执行与调整各个环节的明确规范。

（二）师资队伍的选择问题

手语翻译员是听障人和健听人沟通的桥梁，手语翻译人才水平直接影响聋人群体的生存质量，也同时会影响学生们使用手语的质量。

我国手语行业发展缓慢，特别是手语培训力量薄弱。在文化、医疗、社会服务等各个行业，手语翻译员人数的不足使听障人难以实现与外界的有效沟通。比如，由于博物馆没有手语讲解员，聋人时常去参观展览时，基本上都是走马观花看一圈，喜欢看文字的聋人还能停下脚步看几眼展牌上的文字，大多数喜欢看历史的聋人就观看展览有些障碍，没有形成一定愉快的参观心情。

能胜任手语翻译或者通过手语翻译资格认证的专业人才非常短缺。据了解，目前手语翻译员的两个来源，一个是聋人学校老师，一个是残联组织的手语志愿者，这些手语翻译人员大约有两千名，而能够达到"对外翻译、手语运用熟练、得到聋人认同"水平的只有几十人，大约占所有翻译人员的十分之一。加上目前手语翻译职业化这条路才刚刚起步，手语翻译各方面还不很完善，缺少专业程度的手语翻译人员现象很普遍。选择担当手语培训的老师是有一定困难的，那么可以选择有教过手语课数年经验，或者对手语文化特别了解并有手语翻译几十年经验的教师。

（三）考核方式有无标准

学会手语后，手语水平有没有统一的标准，不知道应该达到什么样的目标，需不需要手语翻译资格证。如果标准定得过低，可能达不到开课的初衷效果；标准定得过高，对正常讲解员来说是负担，时间过长，会有厌倦的心理。所以，考核方式的制定也是一个需要思考的问题。

（四）学生能否坚持学完手语

面对听障观众的讲解员来说，学习手语是必修的一门课，但是作为一门选修课来修，能否自愿坚持到最后，也是个很大的问题。所以，这个得要求教师尽量能生动、精彩地讲好这门课，学生还得对手语语言有很大的学习兴趣和服务聋人的决心。

课表编排是一个复杂的工作，但是对于手语培训课而言，它又是一个有难度的问题。课表编排人员要依据课表编排的原则和实践经验，熟知教学计划，深入了解课程的性质，并做好排课的准备工作，比如确认教师、学生、教学资源等信息，保证课程的性质、开课学期、承担单位等要素无误。提供培训教学场地的单位应给予课表编排以工作重视和支持，改善人才培养、课表编排、调停课程等相关管理制度。

参 考 文 献

[1] 张帆:《通用手语建设与地方手语保护的思考》,《现代特殊教育》2016 年第 16 期, 第 64～69 页。

[2] 倪兰:《中国手语教程》(初级), 复旦大学出版社, 2020 年, 前言第 ii 页。

[3] 江晓琴:《浅淡民办高校课程表编排的原则与要点》,《技术与市场》2016 年第 12 期, 第 196～197 页。

[4] 王敏:《关于非特教专业普及开展手语教学工作的探讨》,《绥化学院学报》2010 年第 5 期, 第 11～12 页。

[5] 徐新丽:《新建本科院校课程表编排工作浅析》,《科教文汇(下旬刊)》2014 年第 24 期, 第 32～33 页。

作者简介: 董一晶, 天津博物馆, 助理馆员, 天津市河西区平江道 62 号, 300201;
　　　　　 王浩, 天津博物馆, 工程师, 天津市河西区平江道 62 号, 300201。

博物馆场域下红色文化的传播路径及策略

——以"刀耕墨染 救亡图存——天津博物馆馆藏版画展"为例

韩 琳

（天津美术馆）

摘要： 博物馆作为文化传播的重镇，始终肩负着传承中华优秀传统文化、培育社会主义核心价值观的历史使命，更具有传播和弘扬红色文化的天然优势。在文化强国战略背景下，博物馆创造性转化、创新性发展，让文物真正活起来。天津美术馆以革命文物为基础，举办"刀耕墨染 救亡图存——天津博物馆馆藏版画展"，以展教宣多元并重为策略，打通博物馆红色文化的传播路径，让博物馆真正担负起传播红色文化、赓续红色血脉的重要责任。

关键词： 天津美术馆 版画 红色文化

作为文化传播的重镇，博物馆始终肩负着传承中华优秀传统文化、培育社会主义核心价值观的历史使命，更是收藏、保护、研究革命文物的重要阵地，具有传播和弘扬红色文化的天然优势。在文化强国战略背景下，博物馆更应充分利用其在红色文化研究、陈列、传播等领域的优势，创造性转化、创新性发展，以馆藏革命文物为基础，以展教宣多元并重为策略，以虚拟现实、三维全景、AR 等数字化技术为手段，打通博物馆红色文化的传播路径，让文物真正活起来，让博物馆真正担负起传播红色文化、赓续红色血脉的重要责任。

一、文化强国视域下的博物馆红色文化发展机遇

文化是一个国家、一个民族的灵魂。党的十九届五中全会明确提出了到 2035 年建成文化强国的远景目标，对"十四五"时期推进社会主义文化强国建设进行了战略部署。坚定文化自信、增强文化自觉、实现文化自强，事关国家前途命运、民族发展进程和人民利益福祉。中共中央办公厅、国务院办公厅印发《"十四五"文化发展规划》，

明确提出了"社会主义核心价值观深入人心，中华民族的家国情怀更加深厚、凝聚力进一步增强"的目标要求，是新时代推进社会主义文化强国建设的行动指南，也是博物馆高质量发展的精神动力。

博物馆的藏品，不论是原始文明的见证物，还是历史时期的见证物，抑或是传承革命精神的近现代文物和革命文物，都是中华民族悠久历史和灿烂文明的结晶，是悠久历史的亲历者[①]。革命文物是党史、新中国史、革命文化史、改革发展史、社会主义发展史的真实见证，承载了党和人民英勇奋斗的光荣历史，记载了中国革命的伟大历程和感人事迹，承载了中华民族和中国人民在长期斗争中形成的建党精神、长征精神、延安精神、抗战精神、南泥湾精神等红色文化精神谱系，是党和国家的宝贵财富，是弘扬革命传统和革命文化、加强社会主义精神文明建设、激发爱国热情、振奋民族精神的生动教材。一个民族的复兴需要强大的物质力量，也需要强大的精神力量。没有先进文化的积极引领，没有人民精神世界的极大丰富，没有民族精神力量的不断增强，一个国家、一个民族不可能屹立于世界民族之林。红色文化在不同的时代具有不同的精神内涵，但它所蕴含的爱国精神、艰苦奋斗、无私奉献等精神品质，体现了中华民族深厚的文化根基、广泛的民族认同和强大的精神血脉，是中华民族共同体意识中的时代价值，凝聚各族人民守望相助、团结向前的磅礴精神力量，对于满足人民美好生活需要、增强中华民族凝聚力、夯实文化强国建设基础、提升在世界舞台的文化影响力具有重要而深远意义。

在国家文化强国战略的引领下，在博物馆事业高质量发展的要求下，在"让文物活起来"的趋势下，博物馆发展业态发生了全新变化，考古盲盒、三星堆面具冰淇淋、月颜花语十二月花神手霜，火爆出圈的《唐宫夜宴》、惊艳刷屏的《只此青绿》，AR穿越远古与先人邂逅，指尖上的3D数字文博，博物馆在文物研究、数字展示、融合发展、改革创新、媒体传播等方面水平显著提升、成效愈加显现，更多特色文物资源将得以活化利用，社会关注热度和参与活力不断焕发新的活力，为红色文化创新性发展、创造性转化提供了肥沃的土壤。

第26届国际博物馆协会大会通过的博物馆最新定义，即"博物馆是为社会服务的非营利性常设机构，它研究、收藏、保护、阐释和展示物质与非物质遗产。向公众开放，具有可及性和包容性，促进多样性和可持续性。博物馆以符合道德且专业的方式进行运营和交流，并在社区的参与下，为教育、欣赏、深思和知识共享提供多种体验"。更强调了博物馆的社会服务属性，是重要的文化窗口和社会纽带，是为公众提供文化滋养的公共场域。促使博物馆行业开始重视社区参与和可持续性，为博物馆发

---

① 赖亭杉:《论博物馆红色精神的传播机制》,《科学教育与博物馆》2022年第5期,第73~78页。

展注入了新的活力。天津美术馆举办"刀耕墨染　救亡图存——天津博物馆馆藏版画展"，就是在新一轮的自我审视与思考中，寻得共识，于变革中求得机遇。

二、版画艺术的时代性

"刀耕墨染　救亡图存——天津博物馆馆藏版画展"围绕天津博物馆所藏的新兴木刻版画、北大荒版画及塘沽版画等不同时期版画艺术作品，以"寒凝大地""同仇敌忾""开创辉煌"为主题，回顾了中国共产党百年来波澜壮阔的征程，讴歌党的辉煌历程，展现新中国社会面貌，谱写当代奋斗篇章。

（一）新兴木刻版画的革命性

新兴木刻运动兴于 20 世纪 30 年代。帝国主义对中国社会的侵略与蚕食、国内军阀的混战与剥削，使中国大地陷入了动荡不安，人民生活水深火热。随着外来文艺思潮的移植和普罗美术的思潮在神州大地的悄然兴起，以文艺动员民众，鼓舞民众，团结民众的文艺思想逐渐被一些为国请命的文艺工作者所接受。他们开始用马克思主义的方法和观点来思考与解决中国的社会问题和文化问题，并在美术界演变为颇有影响的左翼美术运动①。

在鲁迅先生的倡导和推动下，木刻版画以其材料简单、创作快捷，迅速成为激励全民抗战的文化先锋。随着抗战全面爆发，木刻版画有了清晰的主题定位，以外国木刻为取法对象，并结合年画、画像砖、画像石、剪纸、皮影等艺术形式，中国新兴木刻形成了自身的风貌与特征，记录前线将士的英雄形象，揭露侵华日军的罪恶行径，呼吁民众同仇敌忾、支援抗战。

这一时期的新兴木刻与时代脉搏紧密相连，劳苦大众的苦难、民族危亡的觉醒、大后方的抗争成为抗战时期木刻版画表达的主题，木刻工作者们把木刻艺术当作"团结人民，教育人民，打击敌人，消灭敌人"的有力武器②，涌现出一批为人民大众所喜爱的优秀作品。

---

① 黎然：《抗日战争时期大后方木刻运动与边区木刻运动的比较研究》，西南大学硕士学位论文，2013 年，第 5 页。

② 黎然：《抗日战争时期大后方木刻运动与边区木刻运动的比较研究》，西南大学硕士学位论文，2013 年，第 24 页。

（二）北大荒版画的开拓性

新中国成立后，版画艺术逐步走向成熟，并带有清新、明朗、质朴的特色，传递出时代信息。版画家们开始将艺术创作与社会主义建设和劳动生产相结合，涌现出一大批表现新中国和平建设事业、人民大众美好生活、祖国壮丽河山等题材的作品，北大荒版画就诞生于此。

北大荒画派诞生于 20 世纪 50 年代，十万转业大军听从党和国家的召唤，从大江南北开赴北大荒屯垦戍边。劳动大军、文艺工作者们用版画语言表达着对广袤沃土、塞外边陲以及荒垦生活的炽热之情。以《北大荒画报》为阵地，以晁楣、张作良、李亿平等为核心组建的美术工作大队，成为北大荒版画的奠基者和开拓者。

北大荒版画的艺术性与时代的开拓性息息相关。首先是版画家职业的开拓性，业余创作和职业创作高度融合，体现为北大荒版画作者身份既是农场职工又属于职业画家，深切体会到北大荒生产和生活的时代激情[1]。其次是版画内容的开拓性，版画创作与农业生产高度融合，体现为创作内容既是对社会历史发展进程的真实反映，又为艺术创作提供了鲜活的生活来源。

（三）塘沽版画的现代性

作为天津本土版画发展的重要篇章，20 世纪六七十年代，塘沽版画在工业题材上填补了全国美术创作的空白，并带动汉沽版画、大港版画发展，共同成为滨海新区弥足珍贵的文化财富。

早期塘沽版画多为渔业题材，随着作者队伍的不断壮大，尤其是产业工人的加盟，开始出现海港、码头、船厂、海洋化工等工业题材，成为时代的写照。这一时期的版画创作，不拘泥于单一的创作群体，也不被限定在明显的主题性框架之内，除了反映晒盐等工业内容以外，还有众多反映渔村生活等乡土气息、现代生活等时代特色鲜明的创作内容，甚至出现了融合西方艺术理念、略有现代主义气息的版画作品。

三、博物馆场域下红色文化的传播路径及策略

面向广大公众开放的综合性博物馆场域下，红色文化传播是有别于革命场馆及旧

---

[1]　孙一溶：《20 世纪 50 年代东北群众美术运动与北大荒版画的崛起》，《美术观察》2021 年第 3 期，第 70 页。

址的。综合博物馆在红色文化传播上，既要克服缺乏历史延续性的氛围感，又要在有限空间内符合自身规律及要求，在有限时间内营造沉浸式红色文化氛围。在博物馆场域下，红色文化传播路径的创新主要体现在博物馆展览的叙事性、公共教育宣传活动的延展性上进一步探索和创新。

（一）红色主题性展览的叙事性

在博物馆里，展览的叙事结构表现为文物是以何种叙事顺序、展示方式、风格等展现给观众的[①]。展览的叙事结构通常有以下几种类型：一是以时间为脉络的历史叙事性结构；二是以主题为分类的主题叙事性结构。在这两种结构框架下，不同章节又根据实际内容，按照时间或主题排列组合，形成了"主题—历史二元叙事结构""历史—主题二元叙事结构""历史与主题多维度交叉结构"等复杂的展览叙事表达体系。

"刀耕墨染　救亡图存——天津博物馆馆藏版画展"是在历史与主题多维度交叉结构的基础上进行的探索性创新。展览以"寒凝大地""同仇敌忾""开创辉煌"为三个章节。总体上看，从20世纪30年代到抗日战争时期，到建国后，再到社会主义建设时期，将近现代版画发展的艺术历史进行统一梳理，具有时间的连贯性。"寒凝大地""同仇敌忾"两章节间的架构关系则打破了时间的连贯性，以地域为主题，分别表现了20世纪30到50年代间，十余年的同一历史时期发展下，沦陷区、国统区与解放区木刻版画发展的两条支线。在每个章节的内部中，又以主题为明线，以时间为暗线，表现了不同区域木刻版画发展所呈现的主题、技艺、规模等差异。"开创辉煌"则又归回到了主题—历史二元叙事结构，表现了建国后中国现代版画艺术在不同时间、不同区域的发展流变，其中北大荒版画承袭了新兴版画艺术的技艺和精神内涵，又对塘沽版画的兴起与发展有启示性作用。

具体章节中，"寒凝大地"一章进行了叙事性历史意义上的呼应。前期筹备阶段，在李桦发表的《记第一届全国木刻展览会的展出》这篇报道中，详细刊登了作品题材分类的统计结果：

> 我们试就这次作品做一次巡礼，就内容来分析，可以分作六大类：（一）讴歌光明，（二）暴露黑暗，（三）争取民主，（四）反对内战，（五）一般生活，（六）抒情小品。在就这个分类，以题材和数量分配如下：

---

① 刘妍钧：《革命文物展览的叙事性研究——以川陕革命根据地博物馆（纪念馆）为例》，陕西师范大学硕士学位论文，2020年，第23页。

（一）讴歌光明　　希望　一（幅）

　　　　　　　　　建设　二

（二）暴露黑暗　　人民苦难　二五

　　　　　　　　　经济危机　二

　　　　　　　　　赈济　三

（三）争取民主　　一般斗争　五

　　　　　　　　　群众活动　四

　　　　　　　　　反帝　一

　　　　　　　　　反特务　二

（四）反对内战　　拉丁　一零

　　　　　　　　　征粮　三

　　　　　　　　　内战生活　一七

　　　　　　　　　死亡　三

（五）一般生活　　一般生活　四五

　　　　　　　　　农村生活　一二

（六）抒情小品　　肖像　九

　　　　　　　　　风景　五

　　　　　　　　　插图　一四

　　　　　　　　　装饰　八 [1]

此外，王琦在《〈寒凝大地——1930-1949 国统区木刻版画集〉序》中提到：

　　"血沃中原肥劲草，寒凝大地发春华"是我国伟大的思想家、文学家、新
兴木刻版画的倡导者鲁迅先生著名的诗句它的意思是革命战士的鲜血在中华
大地上可以灌溉出鲜艳的春之花朵。所以，我认为用"寒凝大地"四个字来
形容国统区木刻艺术艰苦奋斗的历程是最恰当不过的。国统区的木刻作者是
艺术家，又是战士。他们以木刻艺术作为武器，和革命人民在同一战壕里向
帝国主义和国内反动势力进行英勇顽强的斗争。有的木刻家受迫害坐过牢甚
至付出了生命，但他们的血没有白流。他们的革命战斗精神和他们开拓出来
的革命现实主义艺术道路为后来的美术家所继承和发扬成为社会主义文化艺
术建设的一份珍贵遗产。[2]

---

① 　吴瑾：《青年艺术社与广州现代美术（1927—1937）》，岭南美术出版社，2010 年，第 55 页。

② 　王琦：《〈寒凝大地——1930-1949 国统区木刻版画集〉序》，《美术》2001 年第 9 期，第
29 页。

天津博物馆论丛（2022）

综合考量，此章节同样使用了"寒凝大地"作为题目。在内部结构上，虽然没有做出明确标识，但仍参照第一届全国木刻展览会的分类，设定了"一般斗争""征粮""人民苦难""内战生活""死亡""拉丁"等进行分类展示。

（二）红色文化传播路径的延展性

展览公共教育宣传推介上，做了特定的叙事性要素安排。此展览中展出了原天津港务局工会宣传干部、最早的塘沽版画作者之一宋恩福先生的《霞光帆影》，画面中湛蓝的天空、翱翔的海鸥，千千船帆从天津港出发，驶向远方。在展览留言区的设计上，选取了作品中海鸥元素，制作透明留言墙。观众们在特定卡片上留下寄语，再将卡片插到留言墙预留的位置上，蓝色的卡片背景与海鸥元素融合在一起，还原了宋恩福先生的作品意境，也与天津美术馆所正对的文化中心休闲湖中现实景色相呼应，呈现出一种与历史对话，与未来联通的叙事场景。

同时，前置了公共教育活动环节。由于疫情等因素影响，该展览于 2022 年 12 月 25 日正式开展，为了强化宣传推介效果，在展览开幕前，天津美术馆组织了"刻印初心——第十届版画主题夏令营"和"行走的美术馆——美术夏令营"活动。课程中，以"七七事变"85 周年为引子，通过革命诗词朗读、重大题材美术作品鉴赏、课件展示及手工制作等方式，孩子们在了解版画艺术历史发展、革命历史，感悟红色文化的同时，从画稿、刻版、印刷到签名、装裱，深度学习了木刻版画技艺，并完成了一幅属于自己的作品，思政课与美术课有机结合起来。

特定的互动设计与活动安排，为展览的开幕打下了良好的观众基础。开展后，又组织了版画主题的"周末美育课堂——美术体验""美术讲堂""遇见版画——第九届版画主题冬令营"等活动，场场爆满，得到了天津新闻、人民网、网易、新华网等媒体宣传报道。

结　语

"刀耕墨染　救亡图存——天津博物馆馆藏版画展"是天津美术馆探索博物馆在红色文化的传播路径及策略上的一次积极尝试。创新性的展览结构叙事，多种形式设计手段，动静结合，环环相扣，揭示了革命文物背后蕴藏的丰富历史内涵、文化内涵。灵活、多元的公共教育宣传推广活动，拓展了展览本身文化传播的力度、广度，让红色文化走出博物馆场域，形成了馆内馆外、线上线下的多维度传播路径，让文物真正活起来，肩负起了传播红色文化、赓续红色血脉的重要责任。

作者简介：韩琳，天津美术馆，助理馆员，天津市河西区平江道 60 号，300201。

浅谈色彩管理在文物三维扫描中的应用

王一川

（天津博物馆）

摘要：文物三维扫描是一种通过计算机技术对文物进行三维数字化重建的过程，是一种重要的文物保护和研究工具。通常使用激光扫描仪、数码相机或其他类似的工具来捕捉文物的几何形状和表面纹理信息，经过数字化建模，在平面 XY 轴的基础上增加纵向 Z 坐标轴，将文物几何形状、表面纹理等详细信息加工合成为相应的三维模型。其中，记录文物表面纹理色彩信息是三维扫描的重要作用之一，因此对于扫描重建过程中的色彩管理也是整个工作的重要一环。本文将围绕光与色彩的关系、色彩的本质，结合三维扫描流程对色彩管理进行讨论。

关键词：文物三维扫描　光与色彩　色彩的本质　色彩管理

一、什么是文物三维扫描

文物三维扫描是一种通过计算机技术来对文物进行三维数字化重建的过程。这种技术通常使用激光扫描仪、数码相机或其他类似的工具来捕捉文物的几何形状和纹理信息，经过数字化处理之后，形成一个完整的三维模型。

三维扫描技术的应用将文物的形态从本体中分离出来，以三维模型的形式保存并呈现，更加丰富了文物形态方面的数据。它不仅可以帮助研究人员对文物的形态和历史背景有更深入的了解，还可以用于文物数字化展示，制作文物复制品服务于文创。同时，三维扫描技术还在一定程度上保护了文物本体，因为它提供了一种不需要直接接触文物来对其进行近距离全方位观察的方式，帮助我们了解文物的细节，并为未来的保护和修复工作提供有价值的数据。

文物三维扫描的过程包括以下几个步骤。

1. 扫描准备：在开始扫描之前，需要对文物和扫描环境进行评估，选择合适的扫描工作空间，以确保文物安全和扫描的质量。

2. 数据采集：使用扫描仪或其他三维设备进行扫描，以获取文物的空间几何数据。使用数码相机对文物进行全角度环绕拍摄，以获得表面纹理信息。

3.数据处理：在获得的数据基础上进行再处理，以纠正扫描偏差，这包括删除噪点，合并重叠部分，消除表面误差等。

4.数据可视化：使用图像编辑、计算机建模等软件，通过模型表面 UV 展开、纹理贴图、渲染等过程，将三维模型加工为易于查看和使用的形式。

除了上述步骤之外，文物三维扫描还可以使用其他相关技术，例如光学测量、计算机图形学等方法，提高扫描精度和处理效率。

二、色彩的本质

无光不色彩，在讲述色彩之前，我们先对光——这种再平常不过的看得见摸不到的客观存在，进行简单阐述。

光可以说是人类认识世界的第一感知，是一种很特殊的物理存在，在古希腊时代就受到人们的关注。到了 17 世纪，在对光学现象的系统研究中，出现了光的"微粒说"与"波动说"的争论。以笛卡尔、牛顿、胡克、惠更斯、托马斯·杨、菲涅耳等为代表的多位著名科学家的争论和研究中，经过三百多年的时间，光的本质才逐渐被人们所知晓，并最终认识到了光同时具有波动性和粒子性，即光的"波粒二象性"。光的粒子性的典型现象是"光电效应"，人们将此特性广泛应用于现代科技及生产领域，利用光电效应制成各种光电器件，其中最典型和最常见的代表之一就是影像采集领域广泛使用的电荷耦合器件 CCD（Charge-coupled Device），即数码相机、手机相机的成像部件。CCD 虽然也是色彩视觉领域范围内的应用，但这里重点关注光的另外一个特性——光的波动性。

色彩是光的波动性的一种体现，光源中的电子在做轨道跃迁时以波的形式释放能量形成光。牛顿通过三棱镜分解太阳光实验，第一次将白光分解成 7 种颜色，这项操作简单、可反复进行、结果稳定的实验使人们认识到白光并不是纯白色，而是各种颜色可见光的混合，并使人们对颜色的理解摆脱主观认知，同时也开创了光谱学，从此将光的研究带入客观的定量分析的道路，也为色彩的定量分析奠定了基础（图一）。

不同波长频率可见光数据表（表 1）。

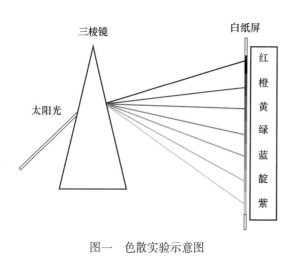

图一　色散实验示意图

表 1　不同波长频率可见光数据表

名称	波长（纳米）	频率（兆赫）
紫色光	400—435	790—680
蓝色光	450—480	680—620
青色光	480—490	600—620
绿色光	500—560	600—530
黄色光	580—595	530—510
橙色光	595—605	510—480
红色光	605—700	480—405

由上表可知，色彩是人类的视觉系统对不同频率的光的感知。当光照射到物体表面时，不同频率的光会被物体的微观结构吸收和散射。人眼会接收到散射的光，并将其转化为我们对颜色的感知。

不同的物体通过吸收、散射或反射光线来改变光的颜色。例如，"绿色的叶子"这一描述其实是植物叶子吸收部分频率光并且散射特定频率光，其散射出来的特定频率的光线，被人们视觉系统捕捉后，经大脑转换，产生我们称之为"叶子看起来是绿色"的一种现象。再比如，天空中的月亮大部分时间是呈亮黄色，但如果出现月食现象月亮又多呈现为红色，所以红色和黄色都可以描述月亮，但这些只是月球在不同条件下，表面反射的太阳光在人眼中的不同呈现，并非月球表面实际物理特征。

从本质上讲，色彩并不客观存在，不是物体本身的物理属性，而是物体散射出的可见光进入人眼后，人脑中产生的主观意识，是人眼对光的频率的主观评价，是光线与物体相互作用后，反映在人们视觉系统上的一种现象。颜色与人眼、大脑直接相关，与情绪相关，色彩学是光学、生理学和心理学等相关学科的交叉学科。

不同的人对同样频率的光的感知敏感度可能会有所不同，也可能会因年龄、视觉状况等因素变化而发生改变。例如，有些人在年龄增长过程中可能会出现色弱，使他们分辨不清某些特定颜色。

虽然色彩是一种人类大脑的主观反应，但为将色彩现象量化，执着的科学家们经过长期努力，测量统计得到一些回归值，结合可见光的波长数据，经过一系列复杂的数学计算，总结形成了色彩标准，其中比较著名的一个标准是 CIE1931，这些标准是色彩管理的理论基础。

三、色彩管理的意义

色彩管理是指一组技术，旨在控制和维护色彩的一致性和准确性，使色彩信息从一个设备到另一个设备进行可靠的转换，以保持所采集色彩信息一致性，从而确保色彩的视觉呈现与预期相同。色彩管理的重点在于最大限度地让色彩的输出在不同的设备上更加一致而非更加鲜艳好看。

我们在采集文物色彩信息时，一定是希望大家在看到模型成品时，不管用什么设备、什么屏幕显示，表现出来的色彩都跟采集人员现场看到的一致；反过来，观察者也希望透过屏幕、投影、AR/VR 眼镜看到文物的颜色与本体相同，最大限度地感受到文物的本貌。这是一个非常合理且朴素的需求，但这个需求的背后，却是一件非常复杂的事情。因为采集制作人员不可能知道将来每一位观察者的显示设备显示颜色的性能如何，不同屏幕的色域不同、颜色的准确性也不同，如何做到显示效果的统一。同样，站在成品观察者的角度，也不可能知道文物采集时所使用的设备的色彩特性，不了解也没有意愿去调节自己显示设备的颜色显示参数，甚至对于相当多的显示设备来说，本身也不提供颜色调节功能。一个简单的色彩需求背后将会产生的一系列复杂问题。

如何将色彩——这一人脑中呈现的主观意识，在通过采集设备变成切实存在的可描述的数字信息并且通过一定的编码输入计算机进行控制和维护后，在不同设备上输出时，保持其准确和一致，从而确保视觉呈现与预期相同，这就是色彩管理需要解决的问题和核心工作。

四、色彩管理与三维扫描

色彩管理对于传统的文物图录印刷、文物摄影非常重要，因为在这些领域中，颜色通常被用来传达信息、增强感官体验和增加视觉效果。随着近年来三维硬件、软件的普及和三维行业从业人员的增多，文物三维采集工作已在各博物馆逐渐开展。在文物三维采集过程中，人们往往将关注点集中在高精度空间建模还原文物几何形状方面，但其实在纹理处理过程中，对把握颜色的准确性提出更高要求，因为在呈现模型的虚拟场景中，虚拟灯光这个要素将直接影响模型呈现效果。由前文所阐述光与色彩的关系可知，光对色彩有直接影响。虚拟灯光和模型表面纹理色彩的准确性，是展示好文物模型的前提，建模软件的灯光系统是对真实世界可见光特性的模拟，灯光、纹理贴图、材质反射等各种参数都会在光能传递、光线追踪算法下互相作用进而直接影响模型视觉效果，若文物模型表面纹理颜色不准确，视觉表现将会变得不可控，在某些情况下，甚至可能出现颜色越调越偏的情况。

因此，将色彩管理引入文物三维扫描流程中，在文物表面纹理色彩的捕捉、处理和输出，以及对三维模型的色彩校正和调整几个环节，可以最大限度地控制色彩信息准确性，避免上述问题的发生。其整体流程大致包括以下几方面。

1. 数据采集阶段

采集工作的第一步就需要引入色彩管理，以确保采集后文物表面色彩信息的准确性。

首先是制定一个基准，也就是定义一种被广泛接受的色彩空间作为标准。所谓色彩空间是指表示颜色的集合，描述色彩覆盖的范围，常见的色彩空间包括 sRGB、AdobeRGB、XYZ、Lab、YUV 等。这样做的目的是在拍摄时指定好照片的色彩空间，将来无论对色彩空间的需求如何变化或者需要将色彩空间与显示端硬件参数特性匹配时，都能够最大限度地保持色彩信息在传递或转换过程中的一致性，提高采集质量。

不同色彩空间能覆盖的颜色范围不同，需要根据实际情况选择适合的色彩空间（图二）。

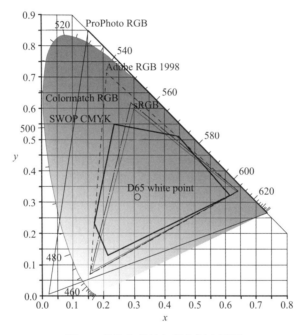

图二　几种典型的色彩空间坐标图

其次，需要对相关设备进行校准，最大限度保证色彩的准确性和一致性。在文物三维采集中，主要是对数码单反相机进行校准，若在相机连接显示器进行取景拍摄的情况下，还需对显示器显色状态进行校准。通过测量显示器显示的色彩和亮度，并与标准色彩进行比较，调整显示器的参数，以达到标准色彩的显示效果。

校准工作不是一劳永逸的，因为随着时间变化，光源设备会产生衰减，无论是照度还是色温都会产生变化，影响采集拍照环境。同样，显示器显色性能也会出现变化。定期及严格地对设备进行校正和检查是色彩管理的重要环节。可将校准频率控制在每六个月一次，更加严格的情况下，可每月做一次校准。

2. 数据处理阶段

数据处理阶段重点工作之一是三维模型贴图，将拍摄的文物表面纹理照片经特定变换后附着在模型之上，此阶段主要有三道工序，包括纹理照片组统一调整和照片组转换贴图格式、贴图导入建模软件与编辑、显示器校准，这些过程都需要注意色彩管理的应用，以保证色彩的准确性和一致性，其中任意一个环节没有应用色彩管理，整个模型贴图的编辑过程就会出现色彩信息错误进而影响后续模型输出。

在进行贴图前，需要按照采集阶段拍摄照片的设置，使用标准化的色彩管理软件，如 Photoshop、Adobe Lightroom 等，选择正确的色彩空间，对采集照片进行统一调整和格式转换，确保照片的色彩信息能够被正确读取，正确地将照片输出成纹理贴图。在之后的贴图阶段，还需要选择支持色彩管理的模型编辑软件，例如 Maya，贴图文件导入建模软件过程中需要将建模软件工作空间的色彩配置设置成标准的色彩空间，否则在模型贴图阶段依然会丢失色彩信息。

正确的贴图色彩效果，如图（图三）所示，可以看到玉器表面色彩信息正确。

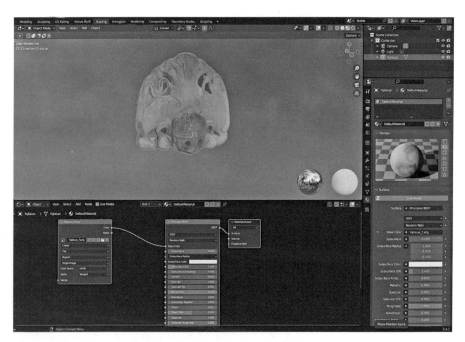

图三　玉器表面色彩信息正确

错误的色彩空间会导致模型贴图色彩信息丢失，表面颜色与文物本体产生偏差，如图（图四）所示。

需要说明的是，此处两张示意图中展示的是在两种色彩空间差异较大的情况下色彩信息偏差造成的影响，因此差异对比较明显。在实际工作中，不同色彩空间造成的

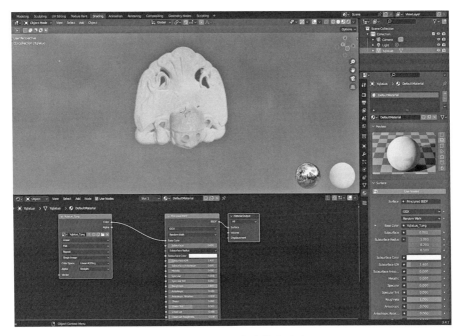

图四　玉器表面色彩信息丢失

色彩差异大小不同，有些差异容易被忽略。在模型加工过程中，色彩差异若被各自负责不同工序的人员所忽略，色彩信息出现一次错误，则后续工序中错误将一直存在，并可能出现错误迭代问题，即使后期被发现，修改起来也会相当困难，甚至可能出现需要返工的情况。

　　另外，还需要选择正确的贴图格式，一般情况下选用 JPEG 格式即可，但它不支持透明度和高动态范围（HDR）图像。如果需要透明度或 HDR，应选择 PNG 或 EXR 格式。

　　校准模型加工计算机工作站显示设备，在文物照片能够被正确读取后，需要对显示器进行色彩调整，才能保证经 Photoshop、Lightroom、Maya 等软件已正确读取的色彩信息能够被显示器正确显示而不偏色。

3. 模型渲染与输出阶段

　　三维建模的渲染和输出时，色彩管理同样起到了重要的作用。不同的设备和软件对色彩的处理方式和色域范围也不尽相同，如果没有进行色彩管理，模型的呈现效果可能会有所偏差。色彩管理可以通过将既定的色彩空间映射到不同的设备和软件所支持的色彩空间中，使模型在不同平台和设备上呈现一致的色彩效果。

　　（1）渲染阶段

　　在开始渲染之前，首先需要确定渲染系统色彩空间配置和文件格式。在选择色彩空间时，应根据具体的需求和媒介类型进行选择，例如，如果要将模型输出到印刷品上，则应选择 CMYK 空间；如果要将模型输出到数字媒体上，则应选择 RGB 空间。在选择文件格式时，也应根据具体需求进行选择，常用的格式包括 JPEG、PNG、TIFF、MP4、MOV 等。

在进行渲染时，需要设置色彩管理参数，配置色彩转换、调色板等，还需要对虚拟场景内的光源和模型材质进行参数调整。

光源调整：光源的类型、颜色和强度都会影响到模型的颜色表现。色彩管理可以帮助调整光源的参数，以达到更准确的渲染效果。

材质调整：材质的表面反射率、粗糙度和透明度等参数也会影响到模型的颜色和质感。

（2）输出阶段

模型输出是将制作完毕的文物三维模型导出成通用格式模型文件，并生成文物表面几何展开的纹理贴图文件。在不同的软件中，纹理贴图的色彩空间也可能不同。例如在一个软件中使用的是 sRGB 色彩空间，而在另一个软件中使用的是 Adobe RGB 色彩空间。如果不进行色彩管理，可能会导致纹理贴图的颜色失真或出现色偏。色彩管理可以帮助将纹理贴图中的不同色彩空间转换成目标色彩空间，从而保证贴图的色彩一致性。色彩空间模型转换时，需要注意转换过程中色彩的丢失问题，并进行相应的调整和处理。

在输出模型生成文物表面几何展开的纹理贴图文件时，为了减小文件体积，通常需要将纹理贴图进行压缩。需要注意压缩算法的选择，若是有损压缩算法，可能会丢失色彩信息。

无论是模型渲染还是模型输出，在涉及色彩空间转换操作时，不同色彩空间转换无可避免地会存在色彩信息丢失问题，这是不同空间特性造成的，也是空间转换时需要解决的主要问题。例如，将 Adobe RGB 转换为 CMYK 时，就会损失一些色彩信息。这些色彩信息将被裁剪转换为最接近的可用颜色，或通过亮度饱和度调整寻找替代色。这种色彩信息的转换的过程被称为"色域压缩"。

为了减少色域压缩的影响，建议在色彩管理工作流程中使用设备链接（Device Link）配置文件进行转换，而不是使用通常的基于 ICC 的配置文件。设备链接配置文件专门设计用于在不同的设备之间进行颜色转换，可以更好地保留色彩信息。

色彩管理作为一套成熟的技术，已在影像、印刷行业应用多年，同时色彩管理过程比较复杂，涉及计算机软件、硬件、输入设备、输出设备的参数配置和硬件特性，其中相关变量参数的任何改变都将导致整个管理链路的变化，极容易出现偏差，这也是色彩管理的难点，需要从业者有充足的知识储备和严谨的工作态度来认真对待整个流程。

　　文物三维扫描采集作为对文物本体信息采集的新手段，正在文博领域内逐渐展开，相较于文物摄影和文物平面扫描，三维采集加工的流程更为复杂，因此更应该关注流程中的色彩管理，通过色彩管理的应用，最大限度地保证采集数据的准确性和一致性，并且能够在后续的纹理贴图、渲染输出等环节中，通过色彩空间的转换和映射，确保采集的色彩数据信息在不同的环节中得到准确的表现，从而提高建模的质量和渲染的效果。在后续模型再利用中，也能够提高对模型的可持续复用性。通过合理地处理和管理扫描采集数据中的色彩信息，使得这些数据可以满足更多业务需求，为文物的数字化展示、保护研究提供更加可靠和有效的信息化支撑。

作者简介：王一川，天津博物馆，工程师，天津市河西区平江道 62 号，300201。

浅谈博物馆临时展览中的形式设计构思

——以天津博物馆"衷藏雅尚 海上留晖——上海市历史博物馆藏旗袍与女性文化展"为例

张鹏鹏

（天津博物馆）

摘要：博物馆临时展览是博物馆服务群众、传播文化的一个重要途径，也是加强博物馆之间交流的重要手段，临时展览中的形式设计构思异常重要；博物馆临时展览的形式设计构思关系到展览的成功与否，需要展览负责人提前做好周密的准备，配合指导好设计公司的踏勘；博物馆临时展览中展览负责人要做到时间和形式设计构思的合理安排，集思广益，充分沟通和听取意见，认真负责地深化每一部分细节，施工中做好各种预案，有处理好各种问题的能力。

关键词：临时展览 形式设计构思 深化细节 预案

当下，博物馆临时展览占博物馆展览较大比例。临时展览有博物馆原创的，也有引进的。这些临时展览由于展期较短，经费限制，如何呈现它们对博物馆也是一个考验。"展览的主要目的是充实博物馆展览的不足，形成展览的轰动效应，吸引观众对博物馆的关注，扩大博物馆的知名度。"[①]2023年年初天津博物馆引进了上海市历史博物馆（上海革命历史博物馆）的"衷藏雅尚 海上留晖——上海市历史博物馆藏旗袍与女性文化展"，这一展览就是典型的临时展览。作为展览负责人，笔者以该展览为例，浅谈一下个人对博物馆临时展览中的形式设计构思的一些感受。

一、临时展览形式设计构思的前期准备

上海市历史博物馆（上海革命历史博物馆）的"衷藏雅尚 海上留晖——上海市历史博物馆藏旗袍与女性文化展"有着自己完整成熟的大纲。它由前言、第一幕"黑

---

① 齐玫：《博物馆陈列展览内容策划与实施》（修订版），文物出版社，2015年，第8页。

白影像　风气渐变"、第二幕"时尚盛宴　文化沙龙"、第三幕"现代女性　摩登生
活"、尾声"芸芸众生　希望之光"五个部分组成。大纲撰写老师非常认真负责，文字
内容方面表达清楚，辅助配图及文物都已经搭配完毕，为我们开展形式设计节省了时
间，也提供了便利。作为展览负责人，一定要对大纲的内容非常了解。笔者自己通过
精读，认真观看展品方提供的辅助资料，在大脑中有了一个较为清楚全面的了解，明
白了哪一部分大概有什么需要呈现，有什么资料是可以用的，哪一部分比较薄弱，需
要跟展品方沟通，再让对方提供一些资料，便于形式设计方面的构思沟通。如果展览
负责人做不到对大纲的了解，那么设计人员更不可能做到，也发现不了展览形式设计
构思中会出现的一些问题。

　　根据充分了解的大纲内容，与领导沟通研究后，我们展厅选择了书画厅的外围部
分。根据场地方面的限制，以大通柜悬挂展示为主。确定好场地，研究好经费预算后，
开始启动博物馆程序来招投标，确定展览设计公司。在这期间要配合好对方来踏勘场
地，尽可能让对方多了解展厅信息。比如场地面积、场地构造、展柜大小等，有什么
注意的事项等。这样中标方将来就可以节省时间，减少未来的踏勘次数，加快展览速
度，毕竟临时展览是有时间方面的限制。

　　通过程序确定好展览设计公司后，签订完一系列协议以后，就可以根据之前对方
参与招投标时期的形式设计方案进行细化和改进，这期间也会对展厅进行更为细致的
踏勘测量，确认避开消防设施等安全设备，不妨碍消防安全。

二、临时展览形式设计构思的细化

　　在对展厅更为细致踏勘以后，就可以对展览形式设计构思进行完善。展览形式设
计构思的完善是从每一个部分开始的。这些完善包括颜色、结构、文物布局、如何展
示等方面的考量。"博物馆陈列一定要坚持统一中求变化、变化中求统一的原则，坚持
规格设计为主，特殊设计为辅的原则。这样才能处理好整体与局部的关系。"[①] 主题墙
是展览开始的点睛之笔，没有一个好的展览主题墙，这个展览就如同失去了灵魂。与
领导、设计进行了细致的沟通后，我们以旗袍为元素做一个造型，加上发光字体的配
合，突显了主题，也吸引了大家的注意。

　　前言部分有一件精美的旗袍与文字内容做搭配，对于如何更好地呈现它，经过几
种方案的思考以后，我们决定以椭圆形镜子的方式来呈现它。在柜内灯光的配合下，
悬挂的衣服只呈现在设计好的椭圆形镜框内，大家不仅可以更好地欣赏文物，而且也
可以拍照留念，让这一部分成为一个网红打卡地。

---

① 王宏钧:《中国博物馆学基础》(修订版)，上海古籍出版社，2001年，第268页。

由于展厅展线比较长，而文物的数量是五十余件套，研究后确定文物数量不足以支撑整个展厅，也没有可补充的文物。在这种情况下，一些场景造型的加入势在必行。在与上海市历史博物馆（上海革命历史博物馆）充分沟通后，对方提供了一些当年做这些旗袍的知名公司照片，我们根据这些资料，结合场地布局，在第二幕"时尚盛宴文化沙龙"这一单元，做了两个场景。第一个场景是一个旗袍公司的门脸呈现，之所以考虑场景设置在这里，主要是它处于第一幕和第二幕的交会处，有一个比较深的拐角。这种情况下，有一个纵深比较适合场景搭造的场地是比较合适的选择。这个场景也是花费最大的一个场景，场景里面设置了人台，穿着道具旗袍来展示。第二个场景设置是考虑大通柜里面出现了两个通柜空缺，而文物数量有限的情况。为了防止观众感觉空旷，也营造一种美感，将两个大通柜关闭后，在通柜外面贴上喷绘的车贴，内容是民国时期的旗袍广告，营造出一种街景的氛围。这两个通柜之间设置了一个小的休闲场景，观众可以休息和拍照。在这种营造出的街景对面是展厅里面最大的一个通柜，有二十多件精美旗袍集中展出，与场景相呼应。

作为展览负责人，与设计公司对展览的形式设计构思有了一个更为全面的沟通后，会想出一个更为完善的设计方案。我们会将方案呈现给领导研究，领导对方案提出自己的一些看法，比如每一个单元颜色需要出现一些变化，灯光方面要合理处理，结尾处设置一个互动区域等要求。根据领导的要求，我们进行细致化后，就可以进场施工了。

三、临时展览形式设计构思的施工

展览形式设计构思方案出来以后，就可以进入展览施工阶段了。"任何一个优秀的陈列展览都应该是内容和形式的完美统一。判断一个陈列展览设计方案的优劣，主要是看它是不是全面、准确、生动地反映了陈列展览的思想性。"[1] 坚持这样的原则，在展览施工期间，展览形式设计构思方面也会根据展厅的实际情况和相关人员的需要作出一些局部的调整。

在旗袍展当中，备好施工需要材料以后，我们开始进场施工。施工过程中，展览负责人会随时关注展厅的动态，应对一些问题。在主题墙形式基本完成以后，我们认真观察了一下，发现主题墙右边区域出现了空的区域，感觉右边应该增加一些元素才会更为饱满。经过商量，我们在右边区域悬挂了两幅精美的旗袍照片，与之前的设计改造也不违和，让主题墙变得充实起来。前言部分的椭圆形镜框在效果图方面没有发现问题，位置也比较合适。在实际安装过程中，我们发现如果按照效果图的布

---

① 单霁翔：《浅谈博物馆陈列展览》，故宫出版社，2015年，第43页。

局，镜框会被展柜的玻璃衔接处分开，相当于镜框里面会出现一条玻璃线，严重影响美观。我们现场调整，经过合适的挪移，找到了大家都能接受的位置，保证了镜框的完整性。

展厅当中有之前书画厅展示画作的几个平面柜，柜体比较长，之前打算将它们挪走，后面由于客观原因没法实现。这种问题必须解决，不可能出现平面柜里面空缺的情况，会影响到展览的完整性。跟上海市历史博物馆（上海革命历史博物馆）老师商量沟通之后，他们给提供了一批精美的民国旗袍月份牌，我们将月份牌制作成相框，放到大平面柜里面作为辅助道具，与展览主题相适应，也不影响美观。几个小的平面柜，我们将其放到场景里面，展柜上面和里面放各种颜色的布料，让它们成为旗袍展道具的一部分。在结尾的地方之前准备了一个合影的舞台，用来互动，施工当中，我们发现舞台虽然比较漂亮，但里面还是有一些空，经过与领导商量，加了两个立体的旗袍女郎，一个坐着一个站着，观众最后可以与她们合影，增强了互动性。

相对而言，为了保证展品的安全性，展柜内部形式设计构思相对简单一些，主要是为了配合展品，以突出展品为主。形式设计构思方面主要考虑展品布局的充分合理性，将辅助的图片与其合理搭配，既不影响观众观看文物，同时可以舒服地欣赏配图及文字说明。这就要求展览设计公司对文物的尺寸和展柜的尺寸有一个明确的掌握，可以合理地分配。为了达到合理性，就需要展览负责人跟展品方有效沟通。旗袍展我们的设定是不用人台，都用悬挂的方式。展品方也给我们提供了每一件旗袍需要悬挂用的亚克力杆的尺寸，在与对方沟通后，为以防万一，我们多备了一些长的亚克力杆。事实证明我们是对的，在布展中确实发现一些旗袍用的亚克力杆是需要加长一些的。而且我们在展品布局中也适当留足了空间，这样展品搭配就比较合理。如果没有这样的考虑，可能会出现布局不合理，需要现场调整的问题，这有可能是一个大的工程。

展览形式设计构思的施工的前后，作为展览负责人，不仅要在思维方面一直跟着展览构思走，在施工中也要一直实践，用自己的眼睛来看展览，来发现问题和预判是否会出现一些突发问题。当形式设计完成后，布展过程中，作为展览负责人也要身体力行，全程参与布展，与施工方、展品方来沟通布展的各项事宜，协调各方面的事情，保证布展的顺利进行。

总之，在展览的形式设计构思当中，可以说直到展览开展之前都需要随时留意，随时变通。博物馆临时展览确实存在着一些不确定性，对展品也不会太熟悉，当你真正看见展品的时候才是最直观的。这就要求我们在展览的前期要有一个比较充分的准备，尽可能地给展览公司更多的展览信息，全面踏勘，加上展览负责人要有一个对大纲熟悉的了解，来帮助设计公司开展形式设计。当方案初步出来以后，大家要集思广益地细推展览方案，考虑每一个部分的细节，做出充分的预案，防备一些不确定因素。

在展览施工过程中，随时现场查看，发现问题及时调整，制作展览工程进度表来确保展览施工中不落下环节的把关。这样博物馆临时展览在形式设计构思中才能得到保障，顺利开展。

作者简介：张鹏鹏，天津博物馆，助理馆员，天津市河西区平江道 62 号，300201。

探索、变革与创新：天津美术馆
公共教育活动探析

吴 珂

（天津美术馆）

摘要： 美术馆作为保存、展示艺术作品的场馆设施，通常以视觉艺术为中心，兼具推广与文化相关的教育、研究等功能。天津美术馆作为市级公共文化服务场馆，一直致力于为受众提供良好的公共文化服务。公共教育活动作为天津美术馆履行服务职能的主要方式，自 2012 年开馆以来先后策划开展了"美术讲堂""美术进校园""夏 / 冬令营""行走的美术馆""艺术游学""在美术馆谈美"等多种公教活动，受到了广大市民的关注与好评。总结、提炼并研究近年来天津美术馆在开展公教活动方面进行的探索、变革与创新，有助于我们在今后为受众提供更多元化、更个性化、更具文化艺术特色的公教活动，探索出一条更适宜美术馆的公共教育活动发展道路。

关键词： 公教活动 探索 创新 天津美术馆

　　美术馆作为保存、展示艺术作品的场馆设施，通常以视觉艺术为中心，以绘画、雕塑、摄影作品、插画、装置艺术和工艺美术作品为主要展示物，其主要目的是提供展示空间，为观众创造良好的参观体验。公教活动作为美术馆对外展示工作的重要一环，是将固定在展厅中的文物展品"活"化利用不可或缺的宣传手段。

一、立足展览，打造"云端美术馆"

　　天津美术馆近年来创新展览形式，在用展览的革新带动公教活动的全面创新尝试方面，取得了长足的进步。以"穆夏——新艺术运动先锋"展为例，2019 年 12 月 17 日，该展览在天津美术馆开幕，这是天津美术馆第一次推出收费展览，也是天津美术馆运营机制的一次创新，通过这种新的展览模式，为观众开通了优质展览的绿色通道，为今后引进更多国际化高水平的艺术展打下基础。

　　穆夏是一位活跃于 19 世纪末的捷克艺术家，以其华丽浪漫的个人特色引领了新艺术运动，他用富有节奏感的线条，将鲜花与女性进行极致的演绎。穆夏也是日本少女漫画的鼻祖，具有独树一帜的艺术表现形式。所以展览一经推出就受到了广大观众的追捧，在展厅我们延续了志愿者讲解服务，每天四场的志愿讲解，展厅一时间人头攒动。

然而，2020年1月23日，突如其来的疫情让这场热闹的观展活动不得不戛然而止。在暂停开放的60余天里，为了满足广大观众的观展需求，我们的团队在几乎没有线上活动经验的基础上从零做起，号召志愿者们走进展厅为观众们实地录制线上讲解，以图片、视频等形式推出了"穆夏云观展"线上展览，并在"天津美术馆宣宣"公众号推送，受到市民的广泛好评。观众的反馈是一座公共展示场馆提升和发展的重要途径，在线上讲解推出后，引发了大家对这种线上展示方式的探讨，观众得以通过线上的方式更为细致、专业地了解这位欧洲艺术家的创作视角。

热心观众为我们留言："讲解得深入详尽，包含很多对欧洲上世纪绘画、建筑等艺术风格的理解和说明，语言流畅自然，点赞。""以往只看到了唯美，现在有了深层的理解，才能称为欣赏，谢谢。""疫情前幸运地看了穆夏展，果然漂亮又精彩！现在不得不宅家，看到天津美术馆把展搬到了线上，不仅方便了没来得及看展的观众；对于即便已经去展厅看的人来说，我也愿意再打开手机来看看，一边看一边回忆那时去展厅看见这些精妙绝伦的作品时的感动和听到专家对这些作品鞭辟入里又妙趣横生的讲解。希望公众号多推出这样的节目！加油！"

在2020年那个特殊的春天里，天津美术馆推出的"云观展"服务，让大家不仅可以在美术馆现场感受展览的艺术魅力，也可以在线上观看我们制作的展览视频，通过多元化的展览方式为更多观众带来耳目一新的参观体验。"云观展"服务推出以来，累计有40余万观众观看了我们的线上展览。同时，配合展览的线上活动也将陆续展开，"春回穆夏：寻找那些隐藏在穆夏作品中的花""安第斯·穆夏有奖征集活动""云游穆夏花园 畅享艺术海洋"直播活动等，得到观众的热情参与。

经过一年的实践，为了让更多因种种原因不能来到美术馆参观但又热爱艺术的观众参与到展览中，我们推出了全新的公教活动"云观展"和"云端美术馆"。2021年年初"饮湖清澜——天津博物馆馆藏刘子久作品展新春云观展""'国家荣誉——中国女排精神展'新春直播季"与观众见面。将活动形式从简单的公众号推送展览和讲解视频，拓展到时下流行的线上直播。经过不断地摸索和试错，我们的直播平台从西瓜视频和今日头条扩展到抖音、新浪微博、视频号和腾讯视频。

二、广泛传播，迎接"互动美术馆"

直播作为近年来最受欢迎的展示形式，正以不可阻挡的趋势走入人们的生活。日新月异的直播软件和直播方式，让以讲座、展览体验为代表的一系列美术馆公教活动得以实时向公众传播，既提升了公教活动的传播效力，又丰富了市民的文化生活，同时又可以及时获取到观看人数和观众反馈，迅速解答观众疑问，为他们带来更好的导赏服务。

2021年11月5日，"世界经典动漫原画展·嘉年华"展在天津美术馆开展，主办方是一支富有市场经验的年轻团队，尝试在抖音、小红书、大众点评等自媒体平台扩大影响力，增加门票和文创收入，我们在这个团队身上学习到很多新的经验。"世界经典动漫原画展·嘉年华"展除了设置志愿者讲解之外，在展厅有很多创新之处，比如设置网红打卡点，在观景平台布置供观众合影的动漫人物形象，吸引大批年轻人留言的脱单便利店，动漫小剧场，以及拷贝台手绘体验等。

我们通过5场抖音直播，邀请优秀志愿者为大家带来精彩的"云导赏"，并在直播间和观众互动，赠送展览文创产品，吸引更多观众到展厅现场体验展览带来的震撼感受。该展览的公教活动经验延续到2022年5月18日开展的"湖上风来开素卷——《湖社月刊》中传统派画家的艺术生活"展中。在开展之前，我们就以"策展人讲展览"开启第一轮的预热活动，策展人走进直播间，围绕精心筹备的展览，结合文物和图片讲解，主持人和策展人展开对谈，并以提供文创礼品的方式与"粉丝"问答互动，一个小时的直播吸引了千余名"粉丝"打卡观看。开展后，我们配合展览开展了"云端美术馆""艺术研讨会""云端讲堂""艺术雅集""在美术馆谈美"等活动，把《湖社月刊》更加全面、立体地推荐给观众，受到观众的持续关注。

同时，"艺术雅集"的直播现场也被我们搬到展厅，线上线下结合，邀请名家大咖到展厅畅聊文人们的艺术生活。2022年，天津美术馆新媒体（包括微博、今日头条、抖音、天津美术馆公众号、天津美术馆宣宣公众号）访问数量突破新高，达到了1847657人次。2022年7月23日"艺术雅集：湖风墨韵"微博直播的观看人数达到2040人次，点赞数916，新增粉丝28人，评论23次（图一）。天津美术馆公教活动的云端影响力正在进一步扩大。

在线上活动以向观众传递展览知识为原则的基础上，我们不断总结经验、听取建议，努力让活动内容更丰富，让镜头中的画面更好看。经过三年的探索和尝试，天津美术馆的公共教育活动直播有了固定的平台。"美术讲堂"固定在腾讯会议直播，"艺术雅集""展览导赏"等固定在微信视频号和新浪微博两个平台。我们的直播设备也从员工的个人手机升级到馆内专用的直播器材，同时还配备了收音设备、云台和GoPro。随着直播经验和器材的全面升级，截至目前，直播互动已成为天津美术馆与观众互动交流、听取观众心声、反映社会生活的重要途径，一座可以实时互动、活泼有趣的"互动美术馆"正在进行中。

图一　"艺术雅集：湖风墨韵"直播现场

三、足不出户，实现"便捷博物馆"

随着科技的不断发展，以往公教活动的报名和参与方式已无法满足参与者的需求。因此，想要完善做好美术馆公教活动的全过程，就必须在实现活动传播形式创新的同时，在报名形式上不断探索更便捷更有效更公平的方式。只有这样，才能在积极融入科技发展的同时兼顾更多观众群体的诉求。天津美术馆在这方面经历了多个不同发展阶段。

以天津美术馆的经典活动"冬、夏令营"为例：2021年之前的"冬、夏令营"，都是在馆内一楼服务台现场报名，由于活动受到许多青少年学生和家长的喜爱，很多家长在报名当天早上五点多钟就到美术馆门外排队等候。但受限于活动名额，许多家长在经历较长时间排队后仍无法获得活动名额，这种最原始的方式既不方便学生家长，又给天津美术馆的工作增加了时间成本和安全成本。

为了更好地解决学生家长在寒冬酷暑中提早数个小时排队的困扰，自2021年冬令营开始，活动改为线上报名，提前发布报名时间和名额数量，在固定时间开始报名，这样家长只需在开票前打开公众号扫码即可，但是依然需要到现场缴费和填表，仍然存在往返路途和短时间排队的问题。有些名额在报名被占用后长时间未缴纳活动费用，导致招生工作陷入名额已满但活动人数不足的困境。

从2022年"十二生肖中国年——天津美术馆第九届生肖主题冬令营"开始，我们尝试与美团票务平台合作，开始线上报名和缴费，在活动当天零点前都可以随时取消报名并退款，没报上名的家长可以随时候补报名。随后，我们的"美术精品课堂"也由线上报名线下缴费升级到线上报名并缴费。"美术讲堂"以往的报名方式是电话预约和前台签到预约。由于讲堂的主要受众群体是老年观众，为了方便老年观众，我们现在分线上报名和电话预约两种方式，这样那些不会使用智能手机的老年观众依然可以报名到现场聆听讲座，保证了不同观众群体的利益诉求。

四、丰富内涵，营造"品牌美术馆"

（一）天津美术馆公教活动革新举措

1. 天津美术馆的美术体验、冬令营、夏令营活动以往都是在儿童活动室举办，美术体验活动允许一名家长陪同，使得家长能近距离了解我们的课程内容及教学质量，而冬、夏令营则是只有学生在儿童活动室，经过五天系统学习之后将作品带回家，家长才能了解孩子在课堂上学习了哪些内容。这样的传统活动形式较为封闭，很多不了解天津美术馆的观众根本不知道还有这么多丰富多彩的活动。因此，在 2023 年的春节期间的 14 场活动中，我们将课堂从教室搬到了"台前"，将桌椅布置在天津美术馆一层大厅，这样既可以利用一层公共空间的大屏实时直播，又能在人流量巨大的春节宣传我们的活动（图二）。我们在活动现场放置了天津美术馆和天津美术馆宣宣两个公众号的二维码，吸引了大批观众关注和参与。

图二　2023 年 2 月 4 日天津美术馆联合天津交通广播推出的"元宵灯笼会"特别活动

2. "美术讲堂"活动之前一直在天津美术馆报告厅举办，报告厅因为场地比较狭长，且没有窗户不能通风，室内一直非常闷热，影响活动的参与体验感。2023 年，我们将"美术讲堂"搬到了馆内四层七号展厅的观景平台，课堂瞬间豁然开朗（图三）。并且采用全新的模式，既有传统方式的现场讲堂，又有线上同步直播，并且在美术馆一楼前厅大屏幕也将同步投放，增强活动宣传力度和吸引力。

图三　天津美术馆四层展厅观景平台"美术讲堂"

3. "冬、夏令营"作为天津美术馆的品牌课程，一直受到广大家长的喜爱，学生经过 5 天系统的学习，制作出一系列的作品，最初学生在最后一节课会逐一为家长们展示自己的作品，天津美术馆公众号发布课程回顾，这样的受众非常有限。从 2022 年夏令营开始，我们在最后一节课结束之后将学生们的作品按照课程类别逐一布置，然后在天津美术馆一层大厅展出，并邀请家长们参观，这样的方式能让家长和现场观众更直观地看到我们"冬、夏令营"的学习成果，让参与活动的青少年更有积极性和成就感，让家长能够更直观地看到孩子在活动后的收获和提升（图四）。

4. "美术精品课堂"作为天津美术馆的高端文化品牌，依托天津美术馆丰富的藏品资源优势，突出"提升少年儿童美术素养"的活动特色。每期课程 15 节课，在兴趣为先的基础上，将专一门类的美术学习引向深入。目前天津美术馆少儿水彩课的三期课程已经结课，每期课程结束都会在天津美术馆的大厅内为本期学员举办展览（图五）。经过三期课程循序渐进地学习，同学们的水彩画技能都有了明显提升。我们将天津美术馆大厅的墙壁作为展板，将同学们的作品展出，让更多进入馆内参观的观众能够欣赏并了解我们的"美术精品课堂"。

图四　2023年冬令营学生作品展示

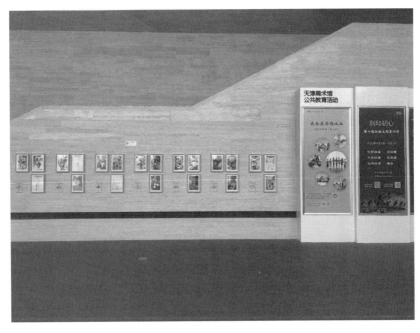

图五　"美术精品课堂"少儿水彩三期结课展

（二）天津美术馆公教活动发展方向

美术馆公教活动的策划开展，首先要符合社会文化发展规律，要适应本场馆的文化艺术氛围和主题特色，满足观众的精神文化需求。因此，明确本馆的公教活动前进方向，经营打造独具特色的公教活动品牌、丰富公教活动的文化艺术内涵是重中之重。结合现实情况，天津美术馆作为天津市文化中心的重要组成部分，承担着宣传和展示天津文化艺术特色的重要使命。天津美术馆公教活动的主要受众是青少年学生，涵盖中、小学学龄段。因此，亟须结合国家和我市各相关文件内容，指导公教活动的策划开展。

文化和旅游部 2022 年发布的《公共美术馆服务规范》中，对公共美术馆的教育服务职能作出了细致规定。其中提到：应充分利用服务资源，为不同观众群体制订相应的美育计划，形式包括但不限于讲座、互动体验等。可独立或以合作的形式为青少年提供研学活动[①]。这为我们继续推进天津美术馆公教活动提供了制度指引。

2020 年，教育部与国家文物局联合印发了《关于利用博物馆资源开展中小学教育教学的意见》，由于博物馆与美术馆息息相关，因此，该《意见》的出台对我们做好美术馆公教活动有非常重要的参考价值。我们可以充分发挥主观能动性，坚持"展教并重"，策划适合中小学生的专题展览和教育活动，会同教育部门和学校，结合中小学生认知规律和学校教育教学需要，充分挖掘美术馆资源，研究开发艺术美术类系列活动课程，丰富学生知识，拓宽学生视野。同时，提升天津美术馆的研学活动质量。开发一批立德启智、特色鲜明的研学精品线路和课程，构建研学资源网络，发挥实践育人作用[②]。

未来，天津美术馆将继续扎实做好公共教育活动的创新策划和丰富开展工作，为市民群众营造良好的文化艺术氛围，提供更多活泼有趣、专业性强的公教活动。

作者简介：吴珂，天津美术馆，助理馆员，天津市河西区平江道 60 号，300201。

---

① 中华人民共和国文化和旅游部：《公共美术馆服务规范》（WH/T　98—2022），2022 年 12 月 27 日发布。

② 教育部、国家文物局：《关于利用博物馆资源开展中小学教育教学的意见》（文物博发〔2020〕30 号），2020 年 9 月 30 日发布。

名人故居纪念馆社教资源的开发利用

——以天津李叔同故居纪念馆为例

田家馨

（天津博物馆）

摘要：名人故居是重要的历史文化遗产，在弘扬优秀传统文化，提高民族素养，增强城市历史文化底蕴等方面发挥着不可替代的作用。加强名人故居纪念馆的管理和建设，特别是强化社会教育功能尤为重要。本文试以李叔同故居纪念馆为例，从社教资源的角度对名人故居纪念馆存在问题分析研究，并为解决上述问题提出了建议和对策，以期促进天津名人故居纪念馆高质量发展，为推动文化强市建设作出贡献。

关键词：名人故居纪念馆　社教资源　开发利用

中华百年看天津，在中国近代史上许多重大的历史事件都与天津息息相关，天津也留下了丰富的名人故居遗存。许多名人故居建成了纪念馆，如李叔同故居纪念馆、梁启超纪念馆、曹禺纪念馆、于方舟纪念馆、霍元甲纪念馆等。《天津市国民经济和社会发展第十四个五年规划和二〇三五年远景目标纲要》中指出，保护传承优秀历史文化。坚持在保护中发展、在发展中保护……加大历史文化街区、保护性建筑、革命文化遗址、工业文化遗存、名人故居等保护力度，突出城市特色和文化底蕴，打造"古今交融、中西合璧"的城市名片。因此加强名人故居纪念馆的管理，对于增强天津的历史文化底蕴和提高天津城市的知名度影响力，有着至关重要的作用。本文试从名人故居纪念馆的社会教育功能出发，以李叔同故居纪念馆为例，对名人故居纪念馆存在的不足加以分析，力图对天津名人故居纪念馆的高质量发展提出意见和对策，以期能够有些帮助。

一、现有社教资源梳理

在此方面，李叔同故居纪念馆做了大量的工作，有些方面做了尝试和创新，得到了社会广泛认可和好评。

（一）馆校合作。李叔同故居纪念馆 2011 年开馆以来，始终致力于馆校合作，弘扬传承李叔同人文精神，与本市大、中、小学近百所学校签订共建协议，定期举办"国学知识进校园""李叔同人文精神进校园"等社教活动，并携带展览进校园、开讲座，引导青少年从小树立正确的人生观、世界观、价值观。与高校共同举办"叔同文学社、话剧社、书法协会"，共建"爱国主义教育基地""优秀传统文化教育实践基地"。

（二）品牌活动。为大力弘扬中华优秀文化传统和社会主义核心价值观，李叔同故居纪念馆先后研发推出了"我在故居过节""惜福俱乐部""少儿财商学堂"等品牌系列社教活动，受到了孩子和家长的关注和喜爱。同时注重深挖活动潜质，拓宽活动渠道，在举办"猫部雅集"的同时，推出"叔同先生的猫"IP 形象设计大赛和摄影比赛，吸引更多的观众参与进来，以此提高李叔同故居品牌的知名度和影响力。"我在故居过节""惜福俱乐部"先后荣获天津市博物馆"青少年教育示范案例"和"青少年精神素养培养示范案例"。

（三）展览展示。近年来，李叔同故居纪念馆联合相关单位，举办了"风光霁月——纪念李叔同诞辰 140 周年书法传承展""一船明月过津门——李叔同与丰子恺教育传承展""自律 创新 爱国——李叔同的人格精神""贤者为师——李叔同执教生涯展"等展览。2022 年 12 月，李叔同故居纪念馆历经两年提升改造后恢复开放，基本陈列"海河之子——李叔同"，深入挖掘李叔同的精神，通过介绍李叔同家世、成长经历和艺术成就等，展示天津地域文化对李叔同的滋养、影响和奠基作用，表现李叔同爱国自律、立德修身、知行合一的人格魅力。

（四）课程开发。李叔同故居纪念馆研发了"李叔同精品文化课程"，分为小学、初中、高中三个阶段，围绕展览资源设计规划了李叔同"艺术成就""家教家风""文化精神"等分层式、模块化的系统课程内容，将纪念馆教育纳入教学课程和教育计划，打造与教学内容结合互补的教育互动项目品牌。该课程还将文化体验环节纳入到学校的素拓课程，采用"个人定制"的方式，让学生根据个人兴趣，自主选择课程内容，纪念馆给予必要的指导帮助，以寓教于乐的方式贯穿到整个学期的课程中，使学生在体验中受益。同时根据学校不同需求，专门设计校本课程开发方案，有"凡事认真、追求卓越——李叔同为人为学的精神特质""海河赤子李叔同的拳拳爱国心""'存朴'家风对李叔同的影响""月照千潭之三潭印月"等课程，目前已进入中小学示范课程，定期开展教育教学。此外还推出了知识闯关小游戏，围绕李叔同的一生以文物拼图、知识问答、故居连线等形式普及相关知识。

（五）教材教具。纪念馆在课程开发的基础上，与专业公司合作绘制设计了《写给孩子的李叔同故事》立体书课外读物，该读物面向 6—12 岁孩子，以李叔同的一生为脉络，通过 13 组立体场景，从儿童的口吻和视角，详细介绍李叔同一生的文化艺术成就、可贵的精神品质，以及纪念馆独具特色的建筑风貌。此外还开发了动漫《少年李叔同》，讲述李叔同的少年故事，给孩子思考和启发。

（六）文创产品。李叔同故居纪念馆依托馆藏文物，挖掘李叔同文化符号和津味元素，打造出近百种文创产品。通过选取天津博物馆馆藏李叔同早年的 10 幅书法精品，创制了"李叔同早期书法墨迹明信片"；以故居当中所种植的玉兰、杏花、桃花、梅花、鸢尾等花卉研发了独一无二的木质书签；以李叔同《断食日志》文化元素为基础，与天津老字号"隆顺榕"合作重磅推出了"紫苏梅饮"，与天津并蒂莲餐饮有限公司合作研发了"李家福饼"等"家文化"系列，让游客把李叔同文化带回家。

（七）师资力量。纪念馆现有 4 名社教专员，承担馆内外讲解、宣讲、课堂、讲座、活动等。纪念馆定期组织开展业务技能大比拼、学习分享会、参加线上专业知识培训等活动，努力提高他们的综合素质和业务能力。

二、对当前工作的几点思考

（一）李叔同资源有待进一步整合。目前，天津有众多关于李叔同的历史文化资源：一是天津市李叔同—弘一大师研究会，成立于 1992 年，是全国第一家从事李叔同研究的社会团体；二是文昌宫民族小学，前身是李叔同 1895 年就读的天津辅仁书院，李叔同曾专门为母校创作了《文昌校歌》；三是天津市美术中学，是李叔同 1911 年旅日回国后执教的起点——天津直隶高等工业学堂的原址，2018 年 8 月，学校成立了李叔同艺术教育馆；四是天津河北工业大学，前身是天津直隶高等工业学堂，2020 年成立了叔同剧社；五是天津河北区李叔同书法碑林，刻有李叔同中晚期书法 80 多件，另刻有众多著名书法家的咏怀之作，目前管理单位为园林部门，不定期开放；六是天津大悲禅院建有李叔同（弘一大师）纪念堂。李叔同文化资源分布相对分散，尚未得到充分整合。

（二）还需在特色品牌打造上下功夫。李叔同蜚声海内外，关于他的纪念场所众多，在国家文物局公布的博物馆名录中有三家，即天津李叔同故居纪念馆、平湖李叔同纪念馆和杭州李叔同纪念馆。

平湖李叔同纪念馆建于 2004 年，基本陈列"李叔同生平展"从李叔同（弘一大师）的生平事迹、艺术成就、佛学成就、社会影响及书法作品等方面展现了其卓越不朽的一生。李叔同弟子刘质平之子刘雪阳曾捐赠李叔同 159 件真迹墨宝。平湖积极打造李叔同文化品牌，打出了"叔同故里"这一城市名片，以李叔同的名字命名的马路、学校、公园随处可见，有"叔同小学（成蹊课堂）""文涛中学""叔同书院""叔同路""叔同公园""文涛亭"，李叔同的"凡事认真、勇猛精进"成为平湖的城市精神之一。此外，平湖还相继举办了"叔同艺术季""叔同艺术游园会""叔同杯"全国漫画大展等大型活动和展览，加大宣传力度，在平湖乃至全国做大叫响李叔同 IP，目前已是国家三级博物馆。

杭州李叔同纪念馆位于虎跑公园（虎跑寺）内，李叔同于 1918 年在此出家，山后建有弘一大师舍利塔。1984 年建成开放，2020 年完成展陈提升改造，该馆的镇馆之宝是李叔同百年前所写的《断食日志》原稿。其上级单位西湖风景名胜区钱江管理处成立了全部由工作人员组成的"六和乐坊艺术团"，精心策划演绎了音乐舞台剧《走近李叔同》、微型情景剧《走近弘一》及迷你音乐剧《聆听李叔同》，举办了《李叔同诗词名家情景朗诵会——吟到夕阳山外山》，不定时在虎跑公园内推出李叔同音乐作品沉浸式演出。组织开展了"李叔同美育文化体验营""李叔同弘一法师纪念馆·清风之旅"，此外，纪念馆还积极参与到"西湖山谷·清凉夏日"自然文化夏令营、"光说西湖"人文绿色夏令营等西湖风景名胜区旅游热线中，通过文旅融合加大李叔同的宣传力和美誉度。

与其他两馆比较，天津作为李叔同的出生地和故乡，在李叔同文化品牌打造方面还有进一步提升的空间。李叔同文化品牌有待进一步突出和体现本地区的鲜明个性，形成立得住、叫得响的品牌，让亮点更亮，品牌更响。

（三）名人故居合力需要进一步加强。天津名人故居众多，近年来，梁启超纪念馆、于方舟故居等文博单位在文旅融合打造品牌方面开展了卓有成效的探索。梁启超纪念馆以落实习近平总书记"注重家庭、注重家教、注重家风"的重要指示精神，弘扬和传承梁启超爱国救国的精神、梁氏家族爱国报国的赤子家风。分别与河南新会梁启超故居纪念馆、天津轨道交通运营集团等单位，举办"一生家国梦，几代赤子心——梁启超家风"等多项展览。天津梁启超纪念馆元宇宙数字博物馆项目、夜场灯光秀项目、"饮冰室来客"沉浸式演艺项目、海河游船天津红色记忆展梁启超号项目相继启动，向演艺、海河游船等方向多触角延伸。

（四）破圈跨界力度迈得再大一些。位于天津宁河的于方舟故居是发展红色旅游的典型案例。宁河区整合村庄坑塘、空地等闲置土地资源，围绕讲好方舟事迹、孕育方舟文化、传承方舟精神，着力打造于方舟公园、宣誓广场和于方舟剧场。同时以方舟烈士英雄事迹为主线，整体规划建设"津门之光——方舟故里"红色基地，通过 10 个点位，在俵口五村打造 3.8 公里的重走方舟路红色研学线路，生动再现方舟烈士辉煌的革命历程，实现了红色旅游创收，带动了乡村振兴。与之相比，李叔同故居纪念馆参加过"邂逅·天津"创意城市艺术计划，举办过李叔同诞辰纪念活动，但是目前表现李叔同的音乐、戏剧等艺术作品还较少，这与天津所拥有的丰富艺术资源的地位不太相称，因此有必要实现李叔同资源在全市的跨界融合和组合优势。

三、对　策　建　议

天津有诸多近代深具影响力的文化名人，也是天津宝贵的文化资源。研究好、宣传好、传承好这些名人的文化贡献与人文精神有重大的现实意义。下一步，名人故居纪念馆的社会教育工作可采取"1+4+N 模式"，即以纪念馆为依托，打造名人学术研究中心、文物资料收藏中心、生平事迹展示中心、人文精神宣教中心四个中心，开发 N 种教育途径。

（一）打造不同地区名人的差异化品牌化。李叔同足迹遍布多个省份，在各地李叔同纪念馆的宣传中，天津的李叔同故居纪念馆应该风格立馆、品牌立馆，打造天津风格，形成天津品牌。李叔同青少年时代在天津度过，因此李叔同故居纪念馆须突出与天津的渊源，强调天津文化的滋养。李叔同"二十文章惊海内"，他在文学、美术、书法、篆刻等领域的才能，得益于十九岁前在天津受过的严格训练。将来可从传统文化着力挖掘，开发相关书法、国画、篆刻等课程，挖掘天津传统文化的滋养对当代青少年的成才教育有更深刻的意义。

（二）增强和弘扬爱国主义思想。李叔同声名远播，无论是在康梁变法主张下慨叹"老大中华，非变法无以自强"，还是目睹八国联军战乱后废墟中的天津后所作的"男儿若论收场好，不是将军也断头"的豪迈，从为沪学会创作《祖国歌》传唱大江南北，再到出家后"念佛不忘救国"，爱国思想贯穿李叔同一生。名人纪念馆的社教活动应着力突出爱国思想的再挖掘与再深入，社教活动应在此基础上展开。

（三）加强联系扩大"朋友圈"。每个人都脱离不了所在的时代。建立"横到边纵到底"工作模式，即在横向上寻找李叔同同时代有交集的朋友的相关史料，纵向上加强与李叔同等近代文化名人后裔之间的沟通联系，挖掘家族收藏史料，记录后辈传承精神，并成为纪念馆的事业再发展的有效资源。

（四）有效开展资源整合。一是整合天津李叔同的资源，将闲散于各处的李叔同文化资源进行整合，通过组合串珠成链，借展或合作办展等多种形式，以研学游的形式组织游客实地踏访。二是借助梁启超纪念馆等天津名人故居的资源优势，纳入天津名人故居游或红色旅游线路。三是加强京津冀合作，继续壮大"8+ 名人故居纪念馆联盟"，并在联盟中发挥更重要的作用。

（五）纳入全市旅游战略。以李叔同故居为中心，将李叔同在津出生、学习、工作等地方连点成片，了解李叔同津门生活轨迹，甚至在全国打造李叔同生平路线。李叔同故居纪念馆毗邻海河三岔河口，2022 年新展陈对朝向海河的西门进行了改造，海河在未来天津的旅游中将扮演重要角色，纪念馆可在西门的开发利用上再发力，加深与海河的联系，如继续举办"意园茶社"，为游客提供"李家茶"、咖啡等饮品，让游客在海河游轮的美景中感受文化的魅力，为消费型城市建设增加游客的停留时间。

（六）加强跨界融合。与相关高校合作，如与南开大学、天津社科院等单位成立李叔同人文历史研究中心，与音乐学院成立李叔同音乐中心，与天津美院成立李叔同美术中心，深入挖掘李叔同人文精神。联合歌舞剧院、天津人艺等文艺院团，撰写天津的李叔同故事剧本，编演天津风格的李叔同文艺作品，与李叔同故居纪念馆静态展览遥相呼应，再现天津文艺高峰，提升天津城市的影响力。

（七）社教资源的再升级。名人故居纪念馆做大做强，需要在现有的社教资源基础上精益求精，继续扩充纪念馆的人员队伍建设，深化李叔同课程的细化打磨，文创产品的升级迭代等。甚至，社会教育的研究对象不应仅限于青少年学生。当今快节奏的生活和压力下，关于李叔同的书籍有市场但良莠不齐，纪念馆可针对成年人开发"李叔同的人生智慧"等课程，用李叔同的人生智慧劝人为善、放松身心、纾解焦虑，从而提高名人故居纪念馆的影响力。

作者简介：田家馨，天津博物馆，副研究馆员，天津市河西区平江道 62 号，300201。

人物类革命纪念馆展览大纲文本编写探析
——以周恩来邓颖超纪念馆代表性临时原创展览为例

张樱烁

（周恩来邓颖超纪念馆）

摘要：策划制作展览的内核是大纲文本的编写工作，只有精心编写和反复打磨的大纲文本才能保证展览内容设计的高质量。本文基于以往策展经验并结合实际工作情况，将从时代表达、文本表达、情感表达三个方面探讨人物类革命纪念馆展览大纲文本编写的相关问题，以期与同行交流。

关键词：人物类革命纪念馆　展览大纲　代表性临时原创展览

　　人物类革命纪念馆是为了纪念重要人物而设立的，是展示中国革命的伟大历程和感人事迹的重要平台。周恩来和邓颖超在中国革命和建设的历史进程中建立了不朽功勋，为我们留下了许多宝贵的精神财富。周恩来邓颖超纪念馆策展团队多年来秉承讲述伟人故事、弘扬伟人精神的原则，坚持对两位伟人的生平业绩和精神风范进行深入研究，同时依托独特且丰富的馆藏资源，呼应时代需求，坚持政治引领，策划和制作了多台集政治性、思想性、艺术性于一体的代表性临时原创展览。据统计，自1998年开馆至今，纪念馆共推出代表性临时原创展览122个。这些展览作为基本陈列的重要补充，多角度展现了两位伟人的人格魅力和崇高品质，多次获得国家级、省市级荣誉，取得了良好的社会反响。本文基于以往策展经验并结合实际工作情况，从时代表达、文本表达、情感表达三个方面探析人物类革命纪念馆展览大纲文本的编写。

一、主题定位，注重时代表达

　　2023年3月23日，国家文物局发布《革命文物主题陈列展览导则（试行）》（以下简称《导则》）。其中第六条明确指出革命文物主题陈列展览"力戒'主题模糊'、'千馆一面'"。

　　纪念馆代表性临时原创展览的主题主要分为四类，一类是歌颂伟人业绩，弘扬伟人精神。例如，"海纳百川——周恩来与党外朋友"展览全面展现周恩来、邓颖超两位伟人对我国统一战线工作所作出的贡献；"伟大的外交家周恩来"展览着重展现周恩来为我国外交事业及世界和平稳定作出的不懈努力；"东风驮岩花正红——周恩来等老一辈革命家与文艺家关怀邯郸娃娃剧团图片展"展示周恩来等党和国家领导人对戏曲文化事业发展的重视和支持。其中很多展览在建国、建党、建军等重要事件纪念日之际展出，以展现中国革命的历史进程与伟人的光辉业绩。在纪念中国人民抗日战争暨世界反法西斯战争胜利 70 周年之际，"凝聚中国力量——周恩来与全民族抗战"展览讲述周恩来为争取抗日战争的胜利作出的重要贡献。在中国人民解放军建军 90 周年暨南昌起义 90 周年之际，"伟大的军事家周恩来"展览全面展现周恩来作为伟大军事家的历史地位。在五四运动爆发 100 周年之际，"时代先锋——周恩来邓颖超与五四运动"展览弘扬周恩来、邓颖超等老一辈无产阶级革命家的革命精神和崇高品质。在中华人民共和国成立 70 周年之际，"中国人民站起来了——周恩来与新中国的诞生"展览缅怀周恩来为中国革命和建设事业建立的不朽功勋。

一类是体现伟人的高尚品德和个人情怀。"少年强则中国强——周恩来南开作文赏析"展览通过深入解析周恩来在南开学校时期的作文，集中体现他的思想成长轨迹，反映他的伟大抱负；"家书——周恩来邓颖超通信展"通过馆藏的两位伟人在 1938 年至 1971 年间的来往通信倾情展现他们的革命情谊及崇高风范；"周恩来邓颖超的家风"展现身为一国总理的周恩来高度重视家风，严格要求自己、配偶、亲属及身边工作人员，在家风建设方面为广大共产党员特别是领导干部树起了一座丰碑。

一类是以伟人诞辰或者逝世纪念日为契机推出的馆藏文物、书画精品展。这些展览基于丰富的馆藏文物精品和书画艺术佳作，对两位伟人无限缅怀与铭记。作为相同类型展览的延伸，"厚德垂千古 优良世代存——周恩来邓颖超纪念馆馆藏竹刻楹联展"通过展出刻有周恩来箴言的竹质楹联这一宝贵的文化遗产，使观众在享受艺术熏陶的同时，从中汲取精神力量。

一类是紧紧围绕时政热点、结合四史学习教育推出展览，以图片展为主，包括"春天的故事——纪念改革开放 40 周年图片展""新时代 新思想 新征程——党的十九大精神专题展""光辉的历程——中国共产党百年图片展"等。

近年来，伟人类纪念馆展览的同质化趋向凸显。为避免这一现象，纪念馆在推出代表性临时原创展览时坚持做到主题鲜明，题材丰富，这得益于策展人对展览主题的深入挖掘与精准定位。在这个探索的过程中，首先，始终贯彻党中央弘扬革命文化、传承红色基因的部署精神，坚持不懈开展对两位伟人相关资料和文物的研究工作。随着党史学习教育活动的开展，越来越多的专家学者将目光聚焦在深化党史研究上，形成了更多有分量的研究成果，这些学术研究成果就为展览主题的确立提供了大量的素材及多元的角度。比如，2018 年，纪念馆为深入学习贯彻习近平总书记在纪念周恩来同志诞辰 120 周年座谈会上的重要讲话精神，推出"中国共产党人的杰出楷模周恩来"

展览，全面展现他的高尚品德和伟大风范，追思和学习周恩来同志作为中国共产党人杰出楷模的崇高精神。其次，持之以恒地进行历史文献资料的搜集考证是展览主题精准定位的有力保障。这要求策展人在熟知两位伟人的历史文献资料基础上，也应在平时的工作中留心与之相关的史料线索，为展览主题的确立打开广阔的视野。"周恩来题词手迹展"精选50幅周恩来的题词手迹进行展出，内容广泛，这些题词背后折射出的故事有赖于策展人的日常积累和深度挖掘。再次，展览主题的确定建立在大量历史照片与丰富馆藏文物的基础上。摸清"家底"，精心挑选具有典型性的文物文献；捋顺思路，让馆藏文物轮流展出，将不同种类的文物呈现给观众；以展览为载体，推动文物研究成果创造性转化，同时真正"让文物活起来"服务于展览。"周恩来与新中国体育"展览以周恩来等老一辈革命家对新中国体育事业所作出的奠基性贡献为主题，共展出180余张历史照片、60件文物文献，其中大部分照片和文物首次与观众见面，包括周总理与多位天津籍运动员合影。

二、精益求精，注重文本表达

2023年4月底，纪念馆拟推出"大爱无疆——周恩来邓颖超与孩子们"展览，通过讲述两位伟人与众多孩子们之间的感人故事，展现他们高瞻远瞩、大爱无疆的高尚情怀，选题新颖，内容丰富。

展览中涉及的人物线索众多，为了在厘清其中的人物关系基础上，搭建合理的大纲框架，策展人在编写展览大纲文本时，翻阅了几十本参考书（表1），除了关于两位伟人的书籍、画册外，还包括中共党史及相关历史人物的大量资料。

表1 "大爱无疆——周恩来邓颖超与孩子们"展览大纲参考书目

序号	书名	作者	出版社
1	《周恩来传（1898—1949）》	中共中央文献研究室	人民出版社 中央文献出版社
2	《周恩来题词集解》	中共中央文献研究室第二编研部	中央文献出版社
3	《邓颖超传》	金凤	人民出版社
4	《邓颖超文集》	中共中央文献研究室	人民出版社
5	《邓颖超在天津》	中共天津市委办公厅、中共天津市委宣传部	天津人民美术出版社
6	《邓颖超影集》	杜修贤	香港大公报社
7	《邓颖超书信选集》	中共中央文献研究室第二编研部	中央文献出版社

续表

序号	书名	作者	出版社
8	《邓颖超画传》	《邓颖超画传》编委会	辽宁人民出版社
9	《蔡畅邓颖超康克清论儿童少年与儿童少年工作》	中华全国妇女联合会儿童工作部	四川少年儿童出版社
10	《见证周恩来邓颖超夫妇与山东》	王东溟	山东人民出版社
11	《周恩来邓颖超通信选集》	中共中央文献研究室	中央文献出版社
12	《周恩来和他的孩子们》	顾保孜	江苏人民出版社
13	《周恩来养女孙维世》	沈国凡	当代中国出版社
14	《超越血缘之爱——中共地下党寻找革命后代纪实》	顾保孜	中国青年出版社
15	《民族脊梁：100 位为新中国成立作出突出贡献的英雄模范人物》	《民族脊梁》编写组	人民出版社
16	《革命烈士传（第三集）》	《革命烈士传》编辑委员会	人民出版社
17	《张太雷画传》	天津大学张太雷研究中心	人民出版社
18	《回忆秋白》	杨之华	人民出版社
19	《罗亦农画传》	鲍晓琼、潘晨、徐贞	上海人民出版社
20	《赵世炎画传》	段春义	上海人民出版社
21	《苏兆征文集》	苏兆征	人民出版社
22	《向警予传》	戴绪恭	人民出版社
23	《李立三之谜》	李思慎 / 刘之昆	人民出版社
24	《百年红色家书品读》	《百年红色家书品读》编写组	人民出版社
25	《红一方面军纪实（第二卷）赤旗》	刘秉荣	人民出版社
26	《友谊：中苏联合抗战纪实》	彭训厚	五洲传播出版社
27	《关怀》	阎景堂	河北少年儿童出版社
28	《中国共产党 90 年图集》	中国国家博物馆	上海人民出版社
29	《中国共产党简史》	《中国共产党简史》编写组	人民出版社 中共党史出版社
30	《锤头镰刀旗下：中共建党之路与共产国际》	曾成贵	福建人民出版社
31	《中共中央南方局的党建工作》	陈清林	中共党史出版社
32	《廖承志传》	王俊彦	人民出版社
33	《亲历者说：中国抗战编年纪事（1938 年）》	全国政协文史和学习委员会	人民出版社
34	《少年儿童与抗日战争》	罗存康	团结出版社
35	《中国妇女与抗日战争》	韩贺南、王向梅、李慧波	团结出版社

续表

序号	书名	作者	出版社
36	《我的曾祖父陶行知先生》	陶侃	上海人民出版社
37	《西花厅孩子们的怀念》	童丹宁	当代中国出版社

人物类革命纪念馆展览力求政治导向准确，大纲文本的创作要坚持做到言出必有依据，依据必有考证。如何从海量的资料中提取准确有效的文本信息是关键。在对于某一事件的考证和梳理过程时，策展人往往面对"多"与"少"的两难境地：某些历史事件的史料众多，而某些广为流传的故事却缺乏强有力的支撑和印证。考虑到展览版面平衡，为了避免顾此失彼，策展人采用适当取舍的方法，对于前者，选取最具代表性的内容进行展示；对于后者，则选择谨慎、巧妙地处理某些缺乏确切史实支撑的历史事件。例如，展览第一部分"抚孤育才"主要讲述两位伟人在艰难困苦的战争岁月，竭尽全力保护大批烈士遗孤和革命者后代。这部分涉及烈士遗孤和革命者后代的史料繁杂，且人物之间的联系密切。为此，策展人对搜集到的大量历史资料进行了二次筛选，结合历史发展的背景，以两位伟人与主要人物的关系为纲，优先选择有严谨的史实支撑的重大历史事件，提炼精华信息后转化为展览语言，并根据文物排列组合的情况，配以适合的历史图片，为观众呈现一条清晰流畅的展线。

策展人除了处理好展览内容上"多"与"少"的关系外，也要掌握好文字表达上"繁"与"精"的尺度。展览说明文字太多，观众无法耐心读完，而且，受展览版面空间的限制，展览说明应尽量控制在 200 字以内。展览说明文字太少，内容信息过于简单、表达得不全面的话，由于观众的认知水平不一，容易造成"知其然不知所以然"的现象。策展人根据展览主题，反复打磨文字，推敲词语，去粗取精，凝练语言，做到文本的精准表达，使观众看得懂、看得透。

为追求文本表达的清晰可读，策展人根据实际情况对展览内容进行了精心的排列。展览第一部分中的一条重要线索是两位伟人与烈士遗孤和革命者后代之间感人的点滴故事，所以策展人在这部分采取主流的历时性线性时间叙事方法，按照中共党史、中国革命进程的历史发展的脉络，以时间为序，进行编排。展览的第二部分讲述两位伟人在艰辛探索的建设时期，给予全国广大青少年儿童以及亲属和身边工作人员的子女父母般的关爱，第三部分讲述邓颖超在周恩来去世后仍然关怀着青少年事业的发展，直至生命的最后。若这两部分依旧按照常规采取以往的叙事方式，会使展览看起来杂乱无章。为此，策展人采用专题形式进行文本内容的编写，按照人物关系分为"与工作人员、老战友及亲属的孩子"与"在全国各地与儿童在一起"；按照教育阶段分为"儿童保育""小学教育""中学教育""青年教育"；按照关爱儿童具体内容，分为"儿童科技""儿童文艺""儿童健康""参加各种儿童活动"。如此的内容编排强调内在逻辑与外在体系的统一，既符合讲述革命历史故事的规律，又克服了因内容庞杂而容易产生混乱的局限性。

三、以物述史，注重情感表达

《导则》第四条指出革命文物主题陈列展览必须坚持"保护第一、加强管理、挖掘价值、有效利用、让文物活起来"的新时代文物工作方针，做到政治性、思想性、艺术性相统一，提升代入感、沉浸感、真实感，增强表现力、传播力、影响力，生动传播红色文化。

文物是展览的重要组成元素，是深度串联策展人情感目标表达与观众情绪代入的媒介。纪念馆馆藏文物丰富，文物价值弥足珍贵，每年都有新征集的文物补充进来。在确定展览主题后，策展人根据展出形式的需要，选择最适合的藏品进行展出是以物述史的难点。若想使展览内容达到多样性、多方面、多元化，对文物一以贯之的研究是前提和基础。近年来，策展人结合对两位伟人的思想生平及中共党史的最新研究成果，在平常的工作中，紧密结合前沿的提法、说法，采取合理的形式将文物的历史内涵与现实意义相融合，对文物进行新的时代解读，为观众建立起国家情怀和民族记忆相结合的模式，做到守正创新、盘活"家底"。以此为基础，策展人在展览大纲文本编写过程中，根据主题的需要，不断调整馆藏文物使用角度，以丰富展示内容，提升展览水平。如表2所示，近年来，纪念馆推出的部分代表性临时原创展览对文物文献的使用都达到了较高水平。

表2　周恩来邓颖超纪念馆部分代表性临时原创展览展品数量一览

	展览名称	文物文献	照片
1	奠基——老一辈革命家与新中国的筹建	13件/套	212张
2	凝聚中国力量——周恩来与全民族抗战	34件/套	169张
3	周恩来与北京人艺	51件/套	127张
4	海纳百川——周恩来与党外朋友	84件/套	243张
5	伟大的军事家周恩来	86件/套	244张
6	周恩来与新中国体育	60件/套	184张
7	家书——周恩来邓颖超通信展	60件/套	82张
8	周恩来邓颖超的家风	98件/套	150张
9	伟大的外交家周恩来	91件/套	215张
10	中国人民站起来了——周恩来与新中国的诞生	55件/套	285张
11	时代先锋——周恩来邓颖超与五四运动	60件/套	161张
12	廉以修身　正以持家——周恩来的家风	56件/套	109张
13	周恩来邓颖超纪念馆藏文物精品展	63件/套	25张

续表

	展览名称	文物文献	照片
14	厚德垂千古　优良世代存——周恩来邓颖超纪念馆馆藏竹刻楹联展	53 件 / 套	77 张
15	大爱无疆——周恩来邓颖超与孩子们	64 件 / 套	236 张

其中，"大爱无疆——周恩来邓颖超与孩子们"展览共展出文物文献 64 件 / 套，文献类展品包括发言讲话稿、来往书信、题词手迹、报纸图书、签发文件、捐赠收据或证书等占总量的一半，从不同的侧面表现了两位伟人对众多孩子们的关爱。这次展出的馆藏《1948 年 3 月 7 日周恩来致邓颖超信》曾在多个代表性临时原创展览中展出。周恩来在这封信中谈到了对孙炳文烈士与任锐之女孙维世的培养教育问题。之前，周恩来和邓颖超曾写信给任锐并表示"愿意把这个孩子当作自己的女儿"。这封信之所以可以在多个展览中展出，关键在于策展人巧妙地选择了不同的侧重点对它进行阐释。"家书——周恩来邓颖超通信展"通过这封信来体现两位伟人的爱情、婚姻始终与中国的革命事业紧密相连。"周恩来邓颖超的家风"展览则以孙维世作为周恩来邓颖超的女儿的角度，阐释两位伟人注重家风、清正廉洁的高尚品德和无私奉献的精神。而在"大爱无疆——周恩来邓颖超与孩子们"展览中，则是以两位伟人竭尽全力保护大批烈士遗孤和革命者后代并引导他们走向父辈为之奋斗的革命道路的角度去阐释。如此灵活且多元化地对馆藏文物资源进行使用，得益于策展人在日常工作中对文物深入研究的积累。

"让文物活起来"除了将文物进行充分展示，更要挖掘文物背后的价值，这不仅包括之前提及的历史研究价值，还包括十分重要的情感价值。革命性文物不具备极高的观赏性，在参观展览的过程中，观众无法透过它们直观地感受到其蕴含的内涵与情怀。这是革命文物与其他文物相比存在的劣势，同时这也是它的独特所在。革命文物承载着历史事件和人物信息，与国史、国情、国运息息相关。若要达到深度与温度的统一，需要策展人在全面掌握文物资料前提下，通过精心的挖掘考证和细腻的语言表达，并赋予深刻的情感，以立体化的展示彰显其独特魅力。

四、结　　语

一台优秀的原创展览如同一棵枝繁叶茂、开花结果的大树。主题为树干，结构框架为树枝，以主题为中心、以结构框架为支点搜集整理的文物文献则是富含营养的树根。本文以周恩来邓颖超纪念馆代表性临时原创展览为例，从主题定位，注重时代表达；精益求精，注重文本表达；以物述史，注重情感表达三个方面对人物类革命纪念馆展览大纲文本编写的相关问题进行了探析，是对既往工作的总结与回顾，也期待对之后工作有所启发与提升。

作者简介：张樱烁，周恩来邓颖超纪念馆，馆员，天津市南开区水上公园北路 1 号，
300074。

在博物馆探索自我的留白

——博物馆力量的再思考

田　婷

（天津美术馆）

摘要： 焦虑，几乎弥漫在我们社会的方方面面，其实博物馆也焦虑：中国的博物馆如何吸引年轻人？流量为王的时代，博物馆不得不打破人们的固有印象，与其他休闲活动抢夺观众。博物馆不断褪去自己身上的标签，主动融入大众。比如故宫淘宝出品的各种或俏皮或呆萌文创产品，正在打破人们对博物馆的刻板印象。

关键词： 博物馆 "活" 起来　身份认同　独立思考　美育　文化无障碍

　　5 年前的 5·18 博物馆日，中国国家博物馆、南京博物院等 7 所博物馆入驻抖音，联合发起 "嗯～奇妙博物馆" 的话题挑战，宣传视频 "第一届文物戏精大会" 更在当年横扫朋友圈。短短四天，累计播放量突破 1.18 亿。与此同时，国内各大顶尖博物馆都参与了跨界合作，与影视、综艺合作，频繁出现在年轻人的视线之中。2016 年的纪录片《我在故宫修文物》，让观众第一次感受到博物馆背后的人，以及其生活性。2021 年，长沙博物馆推出《法门梦影》剧本游，以文物保护为主旨，玩家作为侦探穿越到唐朝，寻找在法门寺地宫出土的文物——释迦牟尼真身舍利。此类博物馆 + 剧本杀的沉浸式体验套路，其实早在很多年前就已经有了。2016 年，天津自然博物馆就曾推出了亲子版的 "博物馆奇妙夜——与恐龙同眠" 夜宿体验。近年来，NFT（非同质化代币，是区块链技术在艺术品领域的应用）爆红，2021 年 10 月，湖北省首个数字藏品越王勾践剑上架，上线仅仅 3 秒，限量的 1 万个藏品就立马被抢光了。去年 5·18 期间，天津博物馆也上线了首个数字藏品——镇馆之宝太保鼎。比起真正获利，中国的博物馆人们更希望越来越多的年轻人能够真正关注它们的存在，了解文物、了解中国历史。曾经那个 "养在深闺待人识" 的博物馆，如今似乎终于 "活" 起来了。

一、在博物馆中寻找自我身份的认同

焦虑，是人类面对不确定因素，产生的一种不安的心理：我是谁？我做的事是正确的吗？对青年人来说，个体身份的不确定性是产生焦虑的原因之一，个体身份构建需要两个方面的支撑：归属感和价值感。博物馆作为历史保管人，它在一个国家里的意义不仅是单纯的文物展示，更是连接起本土文化的过去、现在和未来的载体。博物馆在引导公众思考"作为本土居民意味着什么"；在提升公众"认知和欣赏不同语言、文化、宗教和民族对共同的国家身份认同做出的独特贡献"方面，扮演着重要角色，起到教育公众和启迪国家的作用。

我国博物馆之父张謇秉着"教育救国"的理念，于1905年在南通创办了中国第一座公共博物馆——南通博物苑，就此开启了中国博物馆教育的先河。1918年天津博物馆成立，首任馆长是严智怡；1930年天津市立美术馆也成立了，首任馆长是严智开。而兄弟二人的父亲就是中国现代教育的实践者、南开学校创办人严修，两代人演绎了博物馆与教育密不可分的最佳案例，正是因为他们的开创精神，为天津留下了宝贵的文化财产。天津博物馆"中华百年看天津"陈列展，展示了一代又一代的仁人志士在津沽大地上进行艰苦卓绝的探索和不屈不挠的奋斗，奠定了天津在中国历史上极为重要的地位。通过博物馆，使本土青年建立起个体、家庭与本民族历史文化的连接，获得强烈的文化参与感与认同感。

二、在博物馆里培养独立思考能力

如果让你画一个白色物体，你会怎么画？是不是直接铺个白色，然后再加个阴影？当然不是。所有的物体，它的色彩都会受到周围环境的影响，这就和人类社交是一样的。而"光"是用来感受的，纯白色在受到环境光的影响后，所展现出来的颜色就不仅仅只有白色，而是丰富的环境色。

互联网时代，每天纷繁复杂的信息迎面扑来，光怪陆离的事件，被撕裂的观点不断充斥我们的大脑。而我们的教育，却总是要求一个标准问答。如果我们从小时候就习惯了接受标准答案，而没有养成问问题的习惯，或者这些稀奇古怪的为什么没有得到正确的引导，那我们可能就把标准答案当作了真理，从而缺乏独立思考能力和批判性思维。而当我们长成需要独立判断、解决问题的青年时，才意识到许多问题都是复杂的、多元的，生活也从来没有标准答案。

而博物馆恰恰为我们创设了一个独立思考的情景，比起获得知识，逛博物馆更重要的是锻炼"独立之精神，自由之思想"，而这与年龄无关。比如博物馆中陈列的青铜器看起来是青绿色的，但你是否有过一丝的质疑，几千年前，青铜器刚打造出来时，也是青绿色吗？比如总有声音说，中国古代建筑使用榫卯工艺，技艺高超，不用一根钉子，然而事实真的是这样吗？比如瓷器展厅中，展牌上的釉上彩、釉下彩、粉彩、斗彩，它们有什么区别？类似的问题还有很多。

"悟已往之不谏，知来者之可追"，当我们以开放的心态对待多元的观点，对世界保持好奇心，独立思考，就能多一份淡定与包容，有底气、有勇气、不偏激，久而久之，自我身份构建中的价值感就慢慢养成了，做不可替代的自己，焦虑就会少很多。一个社会有越多能够基于史识独立思考的人，社会文明进步的力量也就越大。

三、美的历程是指向未来

我们都知道，时间管理上有个重要观点——四象限法则。它是横竖两个箭头垂直交叉，横着的箭头越向右，代表越紧急；竖着的箭头越向上，代表越重要。于是就分成了"重要且紧急""紧急但不重要""重要但不紧急""不紧急也不重要"组成的四象限。如果我们把博物馆美育教育放在四个象限中，大家会放在哪里？

美育教育，说起来重要，干起来次要，忙起来不要，这不就是"重要但不紧急"的事吗？而四象限法则恰恰说明，应该有重点的、把主要精力和时间集中放在处理那些"重要但不紧急的事情"上，这样可以做到未雨绸缪，防患于未然。

笔者在天津美术馆从事公共教育工作，经常接触家长，被问到最多的问题就是：怎么提高孩子的审美？其实不光是少年儿童，博物馆、美术馆作为终身学习的场所，大众应该接受怎样的美的教育，一直是我们研究的课题。

我们说博物馆美育，什么是美？我认为：美，首先是健美。身体上，有个强健体魄，古希腊罗马雕像、西方古典主义绘画，展现的首先就是人体美；心理上，就是心理健康，自我接纳，人格健全，比如卢浮宫最为世人熟知的镇馆之宝：维纳斯，断臂；胜利女神，连头都没有。这些看上去不健全的人体，并不妨碍它们给观者一种美的愉悦。每个人都不完美，但不妨碍我们是可爱的，是美好的。其次，美，是美德，美一定是包含了深刻的道德内涵。美育教育，是一种润物细无声的，对品德的滋养。最后才是审美，即独立的思考能力，进而才能启迪智慧。

四、云端博物馆为公众审美削平门槛

博物馆具有公共属性，博物馆里的文物是全体中国人的共同财富，虽然我国的大部分博物馆已经在 2008 年取消门票，面向所有人免费开放，但博物馆的门槛不仅仅是门票，还有公共文化服务均等性。不要只照顾到年轻人和小孩，也要照顾到老年人、残障人士和偏远地区没有丰富博物馆资源，以及因为时间、空间影响而无法到现场观展的民众。同时，还应考虑到不同年龄层次、知识背景、兴趣爱好的普通观众对艺术作品的解码能力。

面对这些实质的门槛和疫情的影响，大多数博物馆在短短两三年中都推出了云观展服务。云观展不是简单地把展览从展厅搬到云端的"大势所趋"，而是体现了新时代博物馆践行公共服务的使命与担当。

2018 年 8 月，天津美术馆在天津交通广播《动听天下》节目、文艺广播《文博不打盹儿》节目中，开设"在美术馆谈美"专栏，为听众"精讲"展览、美术知识及文博热点事件。这个项目已经做了近 5 年，每周固定时段与听众以"声音"的形式见面，累计直播近 300 场，为市民打造一座"听得懂的美术馆"。

节目选题从关注某一件具体文物、某一个文化事件，进而聚焦其背后的故事和故事背后所见证的岁月流转、历史变迁，以及这种变迁中承载着的文化底蕴、家国情怀。比如在世界读书日当天，我们与听众"聊聊天津的老书市"；"5·18 国际博物馆日"期间，我们分享了天津邮政博物馆、金融博物馆、教堂建筑等小而美的博物馆；春天，聊聊"文物里的春天""美术作品中节气与昆虫"；夏天，寻找"中国最早的吃瓜群众"，并发出"苦夏怎么办"的互动问题；秋天，"一起贴秋膘"——听听古人吃蟹和撸串的趣事，以及"蚊子是如何在历史中与我们相爱相杀的"；入冬后，关注"古人的取暖方式"、品尝"中国最早的火锅"；又到一年春节，看看"古人的年货清单"、感叹"古代春运的无奈"；高考前，在博物馆中寻找"试卷里的文物"，用"科举考试中的吉祥文化"为学子们送去祝福；开学季，我们在节目里也上一堂"开学第一课"，了解"古人的文具与学费"和现在有什么不同等，与听众一起发现"博物馆、美术馆里看得见的生活"。

广播听众群体固定且庞大，这一受众特点决定了博物馆可以通过广播关注社会特殊群体，方便无法到馆参观的市民也能通过"听"的方式感受艺术。比如我们很少能在熙熙攘攘的参观人群中看到视障人士的身影，亲身来到美术馆，这些再平常不过的经历对视障人士来说却是陌生的。2022 年初，天津博物馆率先完成了全馆 206 段手语讲解视频的制作，创新常用文博专业词汇手语 200 个，为有需要的人群提供无障碍服务。文化无障碍，做好博物馆文化平权，体现了公益场馆对特殊群体的人文关怀与责任担当。

五、结　语

　　博物馆，这个集合了世界各个角落人类文明的古老形式，不仅仅是一个大 IP，它的背后代表着一个国家文化的内涵与活力。今天，我们的博物馆正在激发起自己的"生命活力"，更重要的是博物馆正在激发起民族文化基因里的"文化活性"。一个人的安全感，可以来自于被爱，也可以源于热爱。利用博物馆的文化遗产，立足当下的问题与环境，缓解焦虑，理解过去，反思当下，启迪未来。

作者简介：田婷，天津美术馆，馆员，天津市河西区平江道 60 号，300201。

盘活博物馆资源 释放文博新活力
——兼谈商文旅背景下天津博物馆发展新探索

郭庆丽

（天津博物馆）

摘要： 近年来，"博物馆热"持续升温，到博物馆去成为社会新风尚。博物馆的出圈表象下，是博物馆影响力和吸引力的增强，是社会公众对高品质精神文化生活的强烈需求。本文以天津博物馆为例，对盘活博物馆资源、释放文博新活力提出一些思考与建议。

关键词： 博物馆　创新发展　活力

博物馆是历史文明的殿堂，是城市的会客厅，是一个城市可持续发展的重要文化旅游资源，更是提升城市文化旅游吸引力的重要载体。新时代以来，全国各大博物馆纷纷发力，依托自身特色文化资源，借助科技力量，创新文化传播方式，助力文博出圈、城市出圈。

一、博物馆发展基本现状

（一）现代博物馆体系基本形成

据国家文物局统计相关数据显示，我国博物馆行业已基本形成类型丰富、主体多元、普惠均等的现代博物馆体系。一是博物馆数量大幅增长，从 1978 年到 2021 年，我国博物馆数量从文物系统的 349 家发展到 6183 家，博物馆数量排名全球前列，免费开放率达 91%。二是博物馆类型日益丰富，综合类博物馆、考古类博物馆、历史类博物馆、民族类博物馆、工业类博物馆、军事类博物馆、非物质遗产类博物馆等多种类型的博物馆百花齐放。三是办馆主体多元化，企业、组织、个人等非国有博物馆蓬勃发展，截至 2021 年底，非国有博物馆 1989 家，非国有博物馆占比达到 32%。四是博物馆覆盖率不断提升，截至 2021 年底，全国 77% 的区县建有博物馆，500 多万件（套）藏品数据信息全民共享。

（二）博物馆规范化管理水平日益提高

国家出台一系列政策将博物馆工作逐渐制度化规范化。国家相继发布实施《中华人民共和国公共文化服务保障法》《博物馆条例》《关于推进博物馆改革发展的指导意见》《博物馆运行评估办法》等法律法规、政策文件，《博物馆运行评估指标》《博物馆运行评估标准》等行业规范，要求博物馆按科学化、规范化开展日常工作，进一步规范博物馆管理、提升服务水平。2017 年起，国家文物局连续开展博物馆领域"双随机一公开"检查工作，并将其作为监管的基本手段，提升博物馆领域事中事后监管效能，提升博物馆自我完善的主动性。大量专业人才和高新技术的引入，也有效提高博物馆工作效率和专业化水平。

（三）博物馆社会热度不断提升

近年来，大量博物馆开通微博、微信、抖音、快手等新媒体账号，极大地开拓了博物馆文化宣传新阵地，拓展了博物馆宣传的深度和广度。《国宝大会》《我在故宫修文物》等一系列节目，广泛宣传了博物馆文物，引发大众对知名文物的兴趣。博物馆行业不断加强多领域的融合，推出展览、免费讲解、文化讲座、文物鉴定、修复展示、互动体验、教育研学等丰富多彩的活动，提升了博物馆服务社会的深度和广度，吸引更多人关注博物馆，走进博物馆。国家文物局统计显示，2021 年全国博物馆举办展览 3.6 万个，教育活动 32.3 万场，全国博物馆接待观众 7.79 亿人次，全国博物馆策划推出 3000 余个线上展览、1 万余场线上教育活动，网络总浏览量超过 41 亿人次。年举办展览数量、年参观人次分别增长 144%、119%，博物馆受关注度不断提高。

二、释放博物馆活力，让文物"活"起来，让博物馆"火"起来

新时代以来，我国文博事业呈现空前繁荣发展的大好局面。在文旅融合发展的大背景下，博物馆社会作用日益凸显，博物馆事业发展进入新阶段。面对新局面，如何挖掘博物馆深厚的文化资源优势和鲜明的时代价值，成为博物馆人面临的新课题。

（一）打磨符合时代要求的精品展，让文物"活"起来

陈列展览是博物馆核心职能之一。"陈列展览是博物馆面向社会的主要传播媒介，

是面向公众传播文化信息的独特语言，即在一定空间内，以文物藏品为基础，配以适当的辅助展品，按照一定的主题序列，采取适当的艺术形式，进行直观教育和信息传播。"① 在深耕馆藏资源的基础上，推出符合时代要求、观众喜爱的精品展览，向社会公众传达正确的历史文化知识与时代精神，一直是博物馆盘活文物资源，传承和弘扬中华传统文化的有效途径。"面对新的工作环境、工作条件、工作手段和工作目标，传统的陈列理论、制度和方法已难于解释和指导变化的工作实践。博物馆陈列工作者必须直面现实，深入思考博物馆陈列实践发展提出的新课题，力求在认识和观念上获得新的理解和共识"②，以满足不同观众的审美情趣、欣赏习惯和评价标准。

1. 创新策展理念，让展览"靓"起来

"文物展品既是观众参观博物馆的主要对象，也是实现博物馆文化传播的主要载体。"③ 随着社会经济的不断发展，人民群众日益呈现出多元化的文化需求，博物馆应时刻把握时代要求、深挖文物内涵、创新表现方式，在遴选优质展览文物的基础上辅以适宜的、具有感染力的陈列形式，推动展览从普通文物展示向综合性阐述民族历史文化与时代精神转变。近年来，天津博物馆始终坚持打破传统的策展理念，通过开展"我研究我策展"活动，鼓励博物馆人员组成跨领域、跨部门的综合策展团队，打磨出一批主题鲜明、内容丰富、形式新颖、贴近观众需求的精品展览，用博物馆特有的方式讲述悠久深厚的历史文化，讲精彩动人的中国故事。2021年，天博推出"繁花似锦——馆藏花卉文物特展"，以植物花卉为主题，以春夏秋冬为主线，带领观众全方位了解中国人以花寄情、用花卉装饰生活的美好情趣。同时，策展团队首次尝试将中式插花艺术融合于陈列之中，提升了展览的观赏性与吸引力，拉近观众与文物展品之间的距离，以实现文物展品的高质量活化利用。

2. 科技赋能展陈，让观众"沉浸"其中

随着科学技术的不断进步与发展，展览的陈列形式不仅仅停留在固有的、传统的、静态的文物展示。在情景交互、视频展播等新方式的助力下，具有丰富内涵的文物主动"走到"观众身边，增强展览的新颖性和冲击力，使观众成为展览的参与者，沉浸式融入，以期唤起最大的共鸣。在天津博物馆举办的"声动千年——中国古代音乐文物特展"中设置了一面长达13米的体感交互墙，通过科技手段精妙地呈现出展出的乐

---

① 单霁翔：《试论博物馆陈列展览的丰富性与实效性》，《南方文物》2013年第4期，第1～8页。

② 苏东海：《博物馆的沉思：苏东海论文选》（卷二），文物出版社，2006年。

③ 单霁翔：《浅析博物馆陈列展览的学术性与趣味性》，《东南文化》2013年第2期，第6～13页。

器形象及声音，为观众带来丰富的视觉审美和多元的感官体验，以趣味和互动的形式使观众沉浸在展览中，让"千年文物"散发勃勃生机。同时，天津博物馆以科技赋能，完善智慧博物馆建设。通过推出 VR 看展等方式，助力博物馆文化云传播。截至目前，已陆续推出 30 个线上展览，让观众足不出户即可感受文物的魅力。

3. 加强馆际交流，让文物"动"起来

新时代，让文物"活"起来，少不了让文物"流动"起来。"博物馆间要积极主动建立战略伙伴关系，以促进藏品借展和重要展览巡展常态化、制度化、机制化"①，从而盘活文物资源，让博物馆通过馆际合作释放新活力。近两年，"不期而玉——天津博物馆馆藏明清玉器展"相继在甘肃省天水市、庆阳市展出。该展览是天津博物馆立足本馆特色文化资源，探索东部综合性博物馆与西部区级博物馆合作交流方式的有效尝试。未来，天津博物馆将继续拓展馆际交流方式，让文物走出库房、走出天津，在中华大地流动，让更多地区的观众有机会看到传承千年的文物，触摸中华民族源远流长的历史。

（二）多措并举讲好文博故事，让博物馆"火"起来

从春晚"只此青绿"舞蹈到全国博物馆新春展览大联播，从"博物馆奇妙夜"到"文博游学"……近年来，"博物馆热"持续升温，博物馆一举一动都受到社会公众的瞩目。如何让博物馆"火"起来？全新融合后的博物馆文化传播方式为此提供了新思路，让"沉睡"在库房中的文物焕发出新活力。

1. 加强新媒体矩阵建设，让博物馆声音更有力

场馆设施建设不断完善、藏品保护研究持续加强、展览活动精彩纷呈……在此种新局面下，扩大博物馆传播力显得尤为重要。进入"互联网+"时代，全国各家博物馆积极搭建自身新媒体矩阵，通过微博、抖音、微信公众号等宣传方式，让博物馆声音掷地有声，让文博知识传播无边界。

2018 年成立媒体中心以来，天津博物馆在新媒体建设方面持续发力，依托深厚的馆藏资源，丰富的展览、宣教活动，通过多个新媒体平台打造出一系列兼具知识性与

---

① 王春法：《关于新时代博物馆事业发展的若干思考》，《中国国家博物馆馆刊》2018 年第 5 期，第 12～19 页。

趣味性、潮流化与生活化的品牌项目，引领文博行业新风潮。近年来，天津博物馆紧跟社会热点，积极发声，策划了"历史中闪闪发光的她——博物馆中的红色记忆"等具有代表性的宣传活动，通过图文、视频、直播等形式探索博物馆宣传新玩法，增强新媒体平台聚合力，彰显博物馆社会责任。

2. 积极搭建宣传渠道，让博物馆声音更广泛

为增强文化传播力，促进文博出圈，近年来，天津博物馆携手央视推出《古韵新声》《字从遇见你》《诗画中国》等现象级文博综艺节目，深入挖掘文博资源背后的人文价值与时代内涵，以生活化、生动化的传播手法，让文物"活"起来，真正讲好中国故事，传播好中国声音，让博物馆"火"出圈。

2023 年，天津博物馆进一步探寻跨界合作新方式，与人民日报、新华社、央视新闻等权威媒体建立深度合作。1 月 23 日，人民日报在微博端推出 # 用盛世美颜征服人类艺术的兔兔 # 话题，发布天津博物馆藏兔文物，总阅读量达到 8595.7 万，收获观众的一致喜爱与好评。3 月 21 日，天津博物馆文物登上央视新闻 2023 年全新文博科普栏目《文博日历》首期，各平台累计阅读量超过 300 万，实现破圈层传播。

3. 探索叙事年轻化，让博物馆声音更新鲜

2022 年，党的二十大代表、湖北省博物馆馆长方勤在接受采访时讲到"近年来走进博物馆的观众也越来越年轻化。有数据显示，现在走进博物馆的观众约有 70% 是 30岁以下的年轻人"[①]。随着文博频繁出圈，越来越多的年轻人对博物馆产生兴趣。通过"博物馆解密游戏""直播 + 连麦"等线上线下相结合的活动，构建跨越时空的新对话形式，链接文博与青少年群体，寓教于乐，使历史变得活泼亲近，更易与年轻人形成共鸣。

该年，天津博物馆在微博端共发起参与 18 场直播连麦，就社会关注的话题与来自不同领域的专家及众多网友展开讨论，收获约 500 万的观看量，充分展现了文博文化的魅力所在。国际博物馆日期间，@微博文博发起年轻人喜爱的解密类创意活动——"文物出走计划"，开展了一次线上博物馆版"密室逃脱"。活动期间，天津博物馆、四川博物院等 20 多家博物馆参与到活动中，化身为任务派遣方，为观众打造"文物侦探官"的人设，将文物的基本情况及背景故事设置为侦探线索，在游戏过程中输出知识，寓教于乐。

---

① 薛帅、瞿祥涛：《方勤代表：推进文化自信自强，做中华文化的传播者》，《中国文化报》2022 年 10 月 21 日第 1 版。

（三）深入挖掘博物馆 IP 价值，打造城市"伴手礼"

从天津博物馆文创雪糕登上高考试卷到甘肃省博物馆"绿码"文创玩偶火爆朋友圈，文创渗透到社会公众生活中的方方面面，成为博物馆文化延伸的重要载体。通过全面梳理天津博物馆文物资源，深入挖掘 IP 价值，研发一系列明星产品，提升天津城市文化品位，打造津城文旅新名片。

1. 深入挖掘文物内涵，用文创讲好博物馆故事

文创产品作为连接博物馆与大众的重要桥梁，有效拓展了博物馆文化的传播边界，极大拉近了与观众之间的距离，促进了历史文化知识与时代精神的传播，提升了博物馆的影响力与知名度。近年来，天津博物馆文创在深入挖掘文物内涵的基础上赋予其鲜明的时代特色，将历史文化与当代灵感相结合，推陈出新，相继推出了馆藏文物、百年天津、天津非遗等 22 个系列的文创产品，涉及网络科技、旅游、家居、教育、食品等多个领域，积累了相关经验。

2. 积极拓展跨界合作，借助授权 IP 促进文创产业高质量发展

"文化授权是博物馆文创运营的重要方式，是博物馆信息资源和品牌资源价值转换的主要途径，是推动博物馆典藏文物艺术品、研究成果转化的有效方式。"[①] 近年来，各大博物馆通过借助知名 IP 授权，积极拓展跨界合作，开发出一系列深受消费者喜爱的爆款明星产品，如故宫互动解谜游戏书——《谜宫·如意琳琅图籍》、河南博物院考古盲盒等。近年来，天津博物馆与本地传统乳业品牌"海河乳品"在 IP 授权与联名合作方面展开了深入合作，通过将天津博物馆的 IP 元素与优秀产品相结合，推出博物馆元素包装的产品，赋予海河乳品更多的天津历史文化内涵，共同讲好天津故事，获得市场认可。

3. 研发天津特色"伴手礼"，激活"博物馆 +X"的巨大潜力

博物馆作为城市的会客厅，承载着传播城市文化的重要使命。天津博物馆始终坚持发挥得天独厚的文化资源优势，研发天津特色"伴手礼"，塑造津门观众文化生活新体验，为城市经济、发展注入独特的天博活力。充满文化气息的博物馆主题地铁站、独具一格的登机牌、"津"味儿十足的非遗产品……近年来，天津博物馆通过打造"博

---

① 向勇：《博物馆文创产业的审美公赏与创意管理》，《人民论坛》2023 年第 3 期，第 105～109 页。

物馆＋交通""博物馆＋餐饮""博物馆＋非遗"等精品项目，不断激活"博物馆＋X"的巨大潜力，成为天津对外展示的重要窗口。

三、以"桃源何处——馆藏仇英《桃源仙境图》特展"为例，看天津博物馆在商文旅融合发展背景下激活内在潜力

近年来，天津博物馆始终深入挖掘文物内涵，开拓办展思路，创新文化宣传方式，主动融入城市文旅发展规划。"桃源何处——馆藏仇英《桃源仙境图》特展"是在天津市大力推动商贸文旅产业高质量发展背景下的一次新尝试。此次展览共展出4件文物，以明代仇英的《桃源仙境图》为主，同时展出仇英老师周臣的《香山九老图》轴，及两件"苏州片"佳作，旨以小见大、以微见深，勾勒出吴门文人画的精神内涵。下面将以此次展览为例，简要总结天津博物馆在商文旅背景下创新发展的新经验。

（一）名画作带动大流量，"小"展览引发新热潮

观展热潮为天津市文旅市场带来新活力，"到博物馆去"成为社会新风尚。从"再现高峰——馆藏宋元时期文物精品特展"到"桃源何处——馆藏仇英《桃源仙境图》特展"，从欣赏文物到参与活动再到购买文创产品，越来越多的人把"到博物馆去"当成一种生活休闲和旅游的方式。这次展览规模虽"小"，但凭借镇馆之宝的展出与全新打造的 XR 观展方式，不仅吸引了本地市民踊跃观展，更有大量观众从全国各地来到天博，一睹国宝真迹，成为具有一定号召力和吸引力的知名旅游吸引物。天津博物馆同期相继推出"声动千年——中国古代音乐文物特展"等多个重磅级展览及丰富多彩的文化活动，2023 年一季度便吸引了超过 20 万观众到馆参观，引发新一轮的博物馆游热潮，为天津市文旅市场带来新活力。

（二）线上线下同步发力，提炼博物馆品牌文化资源

提炼博物馆品牌文化资源，以文塑旅、以旅彰文，让文物焕发新活力。天津市 2021 年度博物馆发展报告数据显示，截至 2022 年 5 月，天津市共有备案博物馆数量达 75 家，其中文物系统国有博物馆 28 家、其他行业国有博物馆 21 家、非国有博物馆 26 家，类型丰富、主体多元的现代博物馆体系基本形成。知名的博物馆既能为当地带来客流，又能提升文旅品质和吸引力。因此，线上线下同步发力，推出优秀的博物馆文

化产品，提高公共服务水平，吸引更多游客走进博物馆，促进博物馆旅游业发展变得尤为重要。

本次特展期间，为让观众更加深入了解国宝文物，天津博物馆在微博、抖音等新媒体平台开展了 4 期直播活动，以"云看展＋文化沙龙"的新方式，带领大家透过传世真迹，领略桃源仙境之美，感受中国优秀传统文化的魅力。同时进一步加强跨界合作，与津云新媒体共同倾力打造新颖的视听盛宴，实现文物与艺术的跨界融合。艺术家们通过古风说唱、舞蹈等不同的艺术展现形式，赋予文物新活力，让文物真正"活"起来。天津博物馆馆藏资源丰富且具有独特性，通过提炼文化资源，并与当今的热点、科技等要素融合、创新，形成具有博物馆特色的品牌文化项目，为城市旅游业发展做好储备。

（三）文创"火"出圈，文旅消费"长"起来

贴近观众生活的博物馆文创往往能以小见大，迅速出圈，培育文旅消费新需求。"在文旅融合背景下，观众进入博物馆不单纯是为接受教育，他们有更多个性化的文旅消费需求，可能是休闲，可能是交际，也可能是购物。"[①]2021 年，天博文创雪糕一经推出，迅速成为新晋的"流量担当"，让国宝文物入眼、入心时也能"入口"，拉近了博物馆与游客间的距离。近年来，天津博物馆依托丰富的馆藏文物资源，推出不同系列趣味十足、文化内涵与实用性兼具的文创产品，如"雪景寒林图"移动硬盘、天博日历等，十分受观众喜爱。同时，结合市场需求，将文博元素充分融入商品、综艺节目当中，打造极具博物馆特色的超级 IP，激活天博内在潜力。

此次特展，天津博物馆深入挖掘《桃源仙境图》的文物内涵，提取文物元素，共设计开发出十余款主题文创产品，涵盖笔记本、书签、团扇等。同时调动全媒体的传播能量，通过"一件文创产品的诞生记"等主题直播，加强文创产品的宣传推广，持续引发社会关注，助力城市文旅消费。另外，要进一步深化博物馆文创销售与互联网平台的合作，通过淘宝、携程、美团等电商渠道，打破传统线下单一销售模式，拓展销售范围，提升游客消费体验。

四、总　　结

"博物馆参观游览作为文化和旅游相融合的产物，兼具艺术观赏、历史溯源、科学

---

① 贺传凯：《文旅融合视角下河南省博物馆创新路径探究》，《三门峡职业技术学院学报》2022 年第 3 期，第 136～142 页。

研究、教育推广等方面的价值与功能，逐渐成为公共文化服务和旅游发展的前沿阵地与有效载体，成为提升民众文化精神消费和生活幸福感的重要途径之一。"① 让文物能"说话"，让博物馆会"说话"，让观众爱"听话"，是天津博物馆进入新时代以来始终努力的方向。通过打造优质展览、创新宣传手段和渠道、开发优质文创产品、提升文博文化服务等方式，激发观众兴趣，延长游览时间，增强博物馆吸引力与市民参与度，让古老的文物焕发新的生命力，让博物馆在新时代释放新活力。同时要充分结合城市历史文化特色，深度融入天津商贸文旅产业高质量发展事业，打造独具博物馆魅力的文化旅游体验，让优秀传统文化更好地活在当下、服务当代，更好地满足人民群众日益增长的美好生活需要。

参 考 文 献

［1］ 苏东海：《博物馆的沉思：苏东海论文选》（卷二），文物出版社，2006 年。

［2］ 单霁翔：《浅析博物馆陈列展览的学术性与趣味性》，《东南文化》2013 年第 2 期，第 6～13 页。

［3］ 沈仲亮：《我国一二三级博物馆达 855 家》，《中国旅游报》2018 年 9 月 21 日第 2 版。

［4］ 毛艳：《融合破圈焕发博物馆 IP 新活力》，《新华日报》2022 年 5 月 20 日第 12 版。

［5］ 杨扬：《数字技术在博物馆展览中的应用》，《河南博物院院刊》2022 年第 2 期，第 85～89 页。

作者简介：郭庆丽，天津文博院，助理馆员，天津市河西区平江道 62 号，300202。

---

① 王春山：《"文旅融合"背景下博物馆的挑战与思考》，《博物馆研究》2019 年第 4 期，第 9～13 页。

"大展宏'兔'——天津博物馆癸卯生肖文物展"策展理念与实践

崔 婷

（天津文博院）

摘要： 2023 年新春佳节，"大展宏'兔'——天津博物馆癸卯生肖文物展"在天津博物馆开展。展览中，通过全方位策划，改变以往生肖展只展出图片的单一形式，选取配套文物、营造展览氛围、举办相关社教活动、设计精美的文创礼品，吸引了众多媒体和观众的关注，取得了不错的社会反响。

关键词： 天津博物馆　大展宏"兔"　生肖文物展　策展与实践

自 2014 年"奔马迎春"以来，天津博物馆连续 10 年参与生肖文物图片联展。2023 年，天津博物馆别出新意，在文物报社图片联展的基础上，结合馆藏文物，包括玉器、铜镜、砚台、瓷器、书画、民俗等共计 51 件 / 套，特别推出自己的兔年生肖文物展。展览共分为五个部分，一是玉兔怀仁，二是瑞兔有灵，三是肖兔艺术，四是丹青逸趣，五是十二生肖。在展厅一头一尾分别安置独立柜，其中展出了商武丁时期乎多羌逐兔卜骨，甲骨上的"兔"字无疑是天津博物馆所藏所有文物之中最早的"兔"字。观众可以在癸卯兔年春节，观赏三千年前的"兔"，感受不同时代关于兔文化的风俗内涵。展览一经推出，受到社会各界广泛关注。本文对展览策展理念与实践予以分析，以期为后期展览提供经验。

一、结合社会热点　举办专题展览

卯开天门，万物迎新。兔子在人们的心目中，代表着平安、智慧之意，一直以来都是温顺、善良、祥和的象征。古人相信卯兔是迎春的使者，寄托着人们对新年、新生活的祝福。天津博物馆将"大展宏'兔'——天津博物馆癸卯生肖文物展"作为迎新春第一展，专门选定在大年初一当天开展，给观众朋友们送上新春佳节祝福（图一）。作为临时展览，具有专题性和话题性的特点。"大展宏兔"谐音"大展宏图"，更容易将观众带入展览情境。许多观众专门在春节期间看展览，不仅是看可爱的小兔兔，更

图一　"大展宏'兔'——天津博物馆癸卯生肖文物展"

是对中华民族传统生肖文化的一种探索。在十二生肖单元中，我们展出了徐世章先生捐赠的玉十二生肖，专门请教书法老师，释读文字（图二）。"余搜集古玉十二辰，阅时五载，始全然未能如我之所期，玉质之未尽善，年代之未能齐一，姑备一格而已，徐待将来。——庚辰五月十有九日雨中 濠园居士识于长春书屋"。既让观众了解文物的渊源和背景，又让大家一睹徐世章先生的墨宝。与此同时，还展出了清代钱慧安的十二生肖屏和清代任薰的十二生肖图册，看似动物题材，然而却巧妙地把每个生肖动物以人物故事的方式展现出来，引得观众在展柜前流连驻足，纷纷寻找属于自己的吉祥生肖。

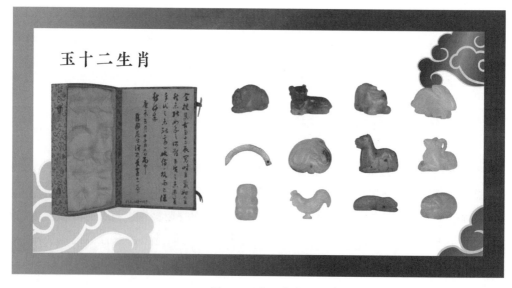

图二　玉十二生肖

二、注重设计风格　渲染喜庆氛围

　　展览的选题与时机至关重要，设计风格也不能忽视。作为 2023 年兔年迎新春第一展，"大展宏'兔'——天津博物馆癸卯生肖文物展"，从策划阶段就充分考虑到展览的知识性、趣味性、观赏性和通俗性的特点，以丰富的文物、图片，辅以民俗文化知识背景板，让观众了解天博的兔生肖文化及历史渊源。在展览设计上，展头墙采用了喜庆的中国红色，展板采用传统的祥云图案，渲染了新春佳节的氛围。各单元相对独立，自成体系，空间疏密有致，动线流畅，层次分明，灯光明暗有序，配合到位。除了展厅，大厅里也要营造节日氛围。在博物馆外悬挂横幅、灯笼，营造喜庆氛围。正门处摆放"兔形新春拜年展示墙"，文创商店入口处设置了"兔年迎春牌楼"。观众朋友们在观展的同时，纷纷上前合影留念，祝福新的一年里人人扬眉"兔"气、大展宏"兔"。这也是博物馆里过大年系列活动的一大亮点，成为市民们兔年春节必打卡地点之一。

三、社教活动丰富多彩　观众互动趣味十足

　　看展览、做手工、品非遗……春节假期，天津博物馆准备了丰富多彩的主题展览、让文物"活"起来的各种沉浸式体验活动，在传统文化的熏陶中，让观众感受浓浓的"年味儿"。大年初一，小朋友们观完"兔展"，又体验了非遗传承——天津面塑，通过一双巧手的"揉捏剪拨挑镶嵌"变成栩栩如生千姿百态的小兔子，用巧手制作的玉兔迎接新春，体会传统手工的独特魅力所在。元宵佳节，开展"创意日历 DIY"活动，带领孩子们了解中国阴历和阳历的相关知识，同时制作专属兔年日历。与此同时，增强博物馆与学校的合作。天津博物馆与新华中学合作开展了"吉兔呈祥闹元宵，欢天喜地赏民俗"主题活动。通过沉浸式参观生肖展，巧手制作出精巧的文创礼品——元宵节主题兔形橡皮章，猜灯谜等活动，让学生们在了解千年以来的"兔文化"的同时，进一步了解天津民俗及文物背后的故事，品味文化盛宴。

　　沉浸式观展＋社教活动，将博物馆建设和学生自己的成长结合起来，寓教于乐，让博物馆成为学生文化记忆的重要场所，让孩子们在享受传统文化带来的温馨和快乐的同时，增加了对传统节日的了解，激发了孩子们的民族自豪感和爱国热情。

四、设计兔元素文创　把博物馆带回家

配合展览，文创部也借机发力，精心设计兔元素文创礼品。天博首次与天津市非遗项目"瓶子刘"跨界融合，实现博物馆＋非遗产品再升级。根据天津博物馆藏书画陈遵的《桂中玉兔图轴》和馆藏玉兔器型，共同打造玉兔随手泡茶杯、琉璃兔子香插、琉璃兔子镇纸等兔年文创产品。发布"自信顽强 认真拼搏——自信兔"、"旧疾当愈 福寿延绵——长寿兔"、"福途双至 吉祥纳福——福兔"、兔年月历牌和小兔子文创饼干，寓意新的一年奋发"兔"强、大展宏"兔"、"钱""兔"似锦！文创产品兼顾实用性、功能性、知识性和趣味性，一经上架即售罄，取得了良好的经济效益。同时，巧妙设置集印章环节，将馆藏兔文物元素制作成印章，加深观众对展览的印象，方便观众"把博物馆带回家"的同时，更是对中华优秀传统文化的一次有力传播。

五、发挥媒体作用　加大宣传力度

有了好的展览，还要配合有效的宣传手段，使展览信息迅速、及时地传递给观众。因为临时展览展出时间短、时效性强，需要提早发布展览预告，便于观众合理安排参观时间。我们通过在博物馆外墙和大厅显著位置悬挂巨幅海报，制作兔年拜年视频，向社会传递展览信息。同时，加强博物馆与媒体的合作，在策展过程中即开展宣传预热。利用广播、电视、网络等媒体平台，拉近博物馆与公众的距离。开展前，通过跟海河传媒《文博不打盹儿》节目合作，策展人参与电台节目预热宣传，吸引观众的注意。同时利用本单位新媒体资源，在官网、微信公众号、微博、抖音等平台宣传展览。我们还设计了精美的新春文化菜单和宣传折页，赠送给附近的观众朋友，让市民把展览带回家。

展览在举国欢庆的兔年春节推出，立刻成为市民文化生活的一大亮点，吸引了大量媒体和观众的关注。中央电视台《新闻联播》、央视新闻频道、财经频道及时向全国观众进行了报道。馆藏商代墨玉兔形珮、唐代玉兔、宋代磁州窑白釉剔花兔纹八方枕、明崇祯青花兔纹碗、清康熙款五彩十二月花神杯之八月桂花杯，这五件珍贵文物在兔年新春登上了央视纪录片频道《萌兔的奇妙旅程》，《人民日报》微博推送了"天博萌兔出列"的消息。进一步弘扬了中华优秀传统文化，宣传了天津浓厚的节日氛围。

借助媒体力量，掀起宣传热潮。2023 年 1—2 月，兔年生肖展相关报道共计 20 余条（表 1）。一个耳熟能详的生肖话题，通过赋予新的内容和形式，满足了不同年龄观众对生肖文化的追求，吸引了众多网友的关注，取得了良好的宣传效果。

表1 "兔生肖展"系列报道一览表

序号	时间（2023年）	媒体	相关报道标题
1	1月12日	天津日报	玩转春节 逛遍津城 天津春节文化旅游活动"菜单"全新出炉、年味十足
2	1月18日	津云客户端	新年贺岁 玉兔迎春 天津博物馆为全市人民奉献文化盛宴
3		北方网	新年贺岁 玉兔迎春 天津博物馆为全市人民奉献文化盛宴
4		网易天津	新年贺岁 玉兔迎春 天津博物馆为全市人民奉献文化盛宴
5	1月19日	文旅中国	国家文物局组织全国博物馆开展博物馆里过大年系列活动
6	1月20日	中国文物报	大展宏"兔"——癸卯（兔年）生肖文物图片大联展在全国各地陆续开幕
7	1月21日	新华社客户端	海报｜兔年寻兔
8		新浪网	文博馆里年味浓 新年新展邀您乐享文化新春
9	1月22日（正月初一）	新华网	玉兔呈祥贺新春 祥瑞文物同贺岁
10		人民日报微博	乖巧！#用盛世美颜征服人类艺术的兔兔#
11		天津发布	［央媒看天津·20230122］新春走基层｜机器隆隆响，年三十"不打烊"——除夕天津生产一线见闻
12		总台天津总站	天津：逛兔展 捏面兔 博物馆里过大年
13	1月23日（正月初二）	中央电视台新闻频道	《新闻联播》［2023 千家万户中国年］天津 逛兔展 捏面兔 博物馆里过大年
14		中央电视台财经频道	《第一时间》天津：逛兔展 捏面兔 博物馆里过大年
15		天津发布	［央媒看天津·20230123］天津市 8K 超高清大屏 除夕夜呈现全球最高清春晚
16		天津广播电视台新闻频道	《都市报道60分》博物馆里过大年
17		北方网新闻客户端	这个年"动静皆宜"，想怎么过，听你的！
18	1月25日	北方网	春节假期 天津博物馆丰富多彩展览吸引众多观众
19		天津文艺广播	大展玉兔
20	1月26日	中老年时报	"大展宏兔"特展迎新春
21	2月3日	中国新闻网	天津博物馆大展宏"兔""兔"元素文物51件（套）悉数亮相
22	2月14日	中国文物报	天津博物馆藏甲骨中的"兔"

当然，展览还是有一些不足之处。因为临近春节，工厂放假加上策展人经验不足，展览施工比较仓促，对文物内涵的挖掘也不够细致。展出文物包括书画、玉器、铜器、

瓷器、砚台和民俗类，但是受展厅条件限制，书画厅在展示器物类文物时实效果欠佳。展览有收获，也有遗憾，常常总结经验，才能不断完善，以待后来推出更加精彩的展览。

结　　语

兔年新春，天津博物馆以传承弘扬中华优秀传统文化，展示传播天津文物的文化精髓和时代价值，为人民群众提供高品质生活，不断增强文化自信为己任，切实让文物"活"起来，举办"大展宏'兔'——天津博物馆癸卯生肖文物展"。实践证明，只有充分挖掘馆藏文物资源，为观众提供优质的社教活动，更好地发挥博物馆的功能和作用，才能提高社会知名度，获得观众的认可。今后，天津博物馆要策划更多专业性、知识性、趣味性和观赏性相结合的展览，让文物富有感染力，让展览充满亲和力，增加与观众的互动性，让博物馆焕发更强的生命力。

参 考 文 献

[1] 范德伟：《河北省博物馆举办临时展览的几点体会》，《文物春秋》2004 年第 3 期，第 34～36 页。

[2] 沈一萍：《博物馆展览策划的五点体会》，《中国博物馆》2012 年第 1 期，第 100～103 页。

[3] 穆红丽：《首都博物馆"博物馆里过大年"系列展的经验与创新琐谈》，《科学教育与博物馆》2015 年第 2 期，第 109～114 页。

[4] 王晓航：《博物馆教育与学校教育的开展与融合》，《文物鉴定与鉴赏》2021 年第 3 期，第 144～146 页。

[5] 李勇杰：《金昌市博物馆"虎虎生福——壬寅新春生肖文物联展"策展理念与实践》，《陇右文博》2022 年第 1 期，第 71～75 页。

作者简介：崔婷，天津文博院，助理馆员，天津市河西区平江道 62 号，300201。

推进文化传承 创新工作举措
——天津博物馆文化创意产品和旅游商品开发典型案例

魏 鹤

（天津博物馆）

　　文化创意产品开发作为博物馆陈列展览的延伸与补充，是博物馆公共服务体系中不可或缺的部分。博物馆特展文创产品开发已成为我国博物馆文创工作的重要趋势之一。博物馆特展文创不仅提升了展览活力，也让公众的观展行为与消费行为混合成为一种文化现象。在国家大力倡导发展文化产业的大背景下，如何利用博物馆深厚的文化底蕴创造出大众喜爱的文创产品，是博物馆文创工作者思考与努力的方向。

一、产品介绍

　　天津博物馆的文化宝库是文创研发的优势所在，同时也提高了公众对天博文创的期待。天津博物馆深入挖掘馆藏文物资源、特色展览及天津城市特色，将历史故事与当代设计相结合，推陈出新，相继推出了太保鼎卡通系列、古代体育文物系列、百年天博系列、玉壶春系列、太保鼎系列、雪景寒林系列、桃源仙境系列、花鸟图系列、古代玺印系列、甲骨文系列、馆藏十二生肖系列、十二花神系列、敦煌写经系列、宋元系列、博物馆＋非遗工艺系列、博物馆＋"老字号"系列、地中海特展系列、古埃及特展系列、穆夏展系列、安第斯展览系列、红色记忆系列（图一）以及天津

图一　红色记忆系列文创产品

城市景观系列共计 22 个系列文创产品，涉及网络科技、旅游、家居、教育、益智、非遗、服饰、食品等多领域。同时，天津博物馆文创（以下简称"天博文创"）与天津地铁、必胜客、郁美净、西部数据、海河乳品等进行多领域跨界合作，并配合文创新品，举办产品＋工艺文创沙龙、文创夜场等多种类活动。

二、开 发 历 程

如何找到现代消费者乐于接受的方式，提高受众的价值认同与消费意愿是天博文创始终在考虑的问题。结合实际工作，我们对"讲好历史故事、讲好藏品故事"两大板块进行了研发内容的把控。观众在观展后，仍处于一种意犹未尽的状态，藏品的一草一木、一人一物都观看得细致入微。这是观众对中华瑰宝深切情感的流露。以桃源仙境系列文创开发为例：青山秀水碧桃园，绿树丛中玉宇喧。雅士文人常作客，琴棋书画始怡然。明代画家仇英创作的《桃源仙境图》描绘了文人雅士远离尘世的隐居之境。画中的青绿山水历经数百年依旧鲜艳如初，展现出远离世俗、虚幻缥缈的人间仙境。我们在根据这件藏品设计文创时，要通过审美情趣、审美理想去突出桃源仙境的精髓之处，同时我们也需要用现代理念去还原古人画中的意境。经过不断地自我推翻方案，我们最终得到的论证其实就是"青绿山水"的绘画风格和我们当代提出的"绿水青山"的发展理念非常契合，良好的生态环境是人类生存发展的根基，这才是人与自然和谐共生的现代化（图二）。

图二　桃源仙境系列文创产品

根据销售数据来看，具有纪念意义、审美感受、时尚特性和实用功能兼具的博物馆文创产品最受游客青睐，这也是长期以来天博文创不懈地探索和发展所取得的成果最好的证明。天津博物馆将文化产品与文物相融合，转变传统观念，避免千馆一面的状况，使博物馆商店真正地脱离传统意义上的"小卖部"，同时也满足了不同层次观众的文化需求，让更多的观众走进博物馆，重新认知博物馆，将博物馆文创商店打造成为最后一个展厅。

三、创 新 举 措

作为公益类文化文物单位的博物馆，将中国传统文化精髓通过创意设计，让它融入到人们的生活中，既弘扬了中华传统和地域文明，是服务公众的现实所需，同时也是文化创造力的释放和创新需求。天津博物馆坚持进行常设展、特展文创的品牌建设，梳理展览重点，创新产品结构；呼应消费喜好，创新产品开发；营造消费氛围，活用展览延伸；活化文创源泉，满足多元需求；多维度宣传，扩大影响力，连接观众与展览，提升展览的活力。例如我馆展出的"红色记忆——天津革命文物展""鸣沙遗墨——天津博物馆藏敦煌文献特展""再现高峰——馆藏宋元时期文物精品特展""桃源何处——馆藏仇英《桃源仙境图》特展"等都会配合展览开发系列文创。展览轰动，文化产品也会随之受欢迎，起到了良好的展览互动效应。

（一）重点打造天津博物馆三件镇馆之宝 IP

天津博物馆将三件镇馆之宝——宋范宽《雪景寒林图》、清乾隆款珐琅彩芍药雉鸡图玉壶春瓶、西周太保鼎赋予她本身的历史意义和博物馆名片，将现有开发的文创产品根据观众的年龄层、教育水平等进行立体划分，重新进行整合，淘汰低品质文创产品，做到文创产品深入到每一位观众的生活中。

（二）强化互联网思维，打造创新模式

天津博物馆利用手机小程序、微信公众号等定期发布文化产品信息；在重点商圈、旅游景点等人流密集区域做定点宣传，并逐步扩大布点范围，设置统一标识。与淘宝、携程、美团、饿了么等电商进行合作，实现线上线下良性互动，增加网络销售比例，以实现更大范围、更广领域地推广天博文化创意产品，促进供给平衡，完善产业链条。

（三）馆校合作、馆企合作融合发展

天津博物馆已成功举办三届文创设计大赛，并在天博4楼文创空间进行设计大赛

优秀作品展示。目前，我馆已与多所高校联合建立文创教育基地，以天博文化元素为依托，将文创设计列入课程，通过文创设计大赛，鼓励和引导社会力量参与，进行真正意义上的产学研一体化，实现供需双方互动，完善供需对接载体，并打造一批主业突出、具有核心竞争力的文化创意企业，形成良性的市场竞争力，使天博文创产品结构更趋合理，引领作用更为突出。同时定期组织设计团队、高校举办"头脑风暴文创工作营"，激活文物生命力，通过多元创造架起高雅艺术与大众审美的多向车道。

（四）打造博物馆"带回家""走出去"创新品牌

2019 年 4 月天博文创产品赴日内瓦参展"融古·铸今——古丝路建筑和当代艺术设计展"活动。联合国日内瓦办事处文化活动方对天博文创产品给予了充分肯定，并感谢天津博物馆对此次展览做出的重要贡献。天博文创也将以此为契机，培育走出去创新品牌，围绕旅游、文化娱乐、动漫游戏、艺术品、非遗工艺美术、文化创意等相关产业，以天博元素为依托，鼓励高校、行业联合开展多种形式的文创沙龙互动，推出有文化创意主题的宣传、展映等活动。

（五）品牌授权合作，跨界融合发展

天津博物馆与必胜客、西部数据、地铁集团、天津的老字号，以及本土知名企业成功进行跨界融合，相继研发了西部数据移动硬盘、"壮丽 70 年"全国地铁卡、郁美净"椿萱毫釐"护肤套装、鸵鸟"釉色"彩墨、必胜客天津博物馆文化主题餐厅、老天津卫酸奶等。对于博物馆及品牌方来讲，其实是为馆企合作赋予了新方法和新路径。通过 IP 授权，既打造天博文创品牌，使博物馆以全新的面貌出现在大众面前，感受到博物馆的文化魅力，让中国传统文化绽放出更多的光彩。与此同时，品牌授权也可以帮助商业品牌寻找到行业消费领域新的突破点。

四、成 效 反 响

（一）解决文创研发经费问题，有效地保障文创工作的
持续发展及良好势头

博物馆文化创意产品点亮多彩生活，文创产品开发不仅有利于传播古老历史文化，还有利于满足大众日益增长的精神文化需求，提升博物馆的声望和影响力。自 2017 年

天津博物馆被国家文物局确定为天津市唯——家首批全国博物馆文创试点单位以来，文创收入可继续投入文创开发工作，解决了文创研发经费问题，并有效地保障了文创工作的持续发展。

（二）展现博物馆教育功能及社会责任

通过文化创意产品激发青少年对传统文化的认知、认同及热爱，让他们主动走进博物馆、爱上博物馆，坚定文化自信、民族自信。

文化创意产品的背后是文化内涵的输出、文化的认同感及情感表达乃至情感上的共鸣。文创产品牵动了一段观展的记忆，一个故事，也是对话千年文物的别样方式。

作者简介：魏鹤，天津博物馆，馆员，天津市河西区平江道 62 号，300201。

三、文化遗产保护研究

中国国家博物馆传拓技艺的传承——师承制

王　博

（中国国家博物馆）

摘要： 传拓技艺是在历史发展的过程中形成和沿袭下来的一种古老的复制手法，无数珍贵的文物、文献和书法艺术因此项技艺得以流传，对古代文化的延续和保存起了重要的功能与作用。中国国家博物馆通过师承制传承方式，充分发挥老一辈文物保护修复专家们的"传、帮、带"作用，既保留了原有优势，又提高了专业岗位青年理论知识储备和动手操作实践技能水平，使传统技艺形成有效共享和良性的可持续性发展。

关键词： 传拓技艺　师承制　传承

师承制，即师带徒，通过传授传统修复知识与技艺，将师父的经验延续相传，使徒弟能够充分领会师父的专业素养与技能，并能理解掌握，具备独立操作能力，是培养专业保护修复人才和传承发展传统技艺的一种重要培养手段。它不仅是我国传统手工技艺行之久远且有效的传承方式之一，也是非物质文化遗产的一项重要内容。长久以来，传统技艺精尖人员的稀缺已是众所周知，无论是民间还是博物馆内，老一辈传统手工技艺人员也大多是沿袭着"手把手、口传心授"的师徒相承模式带出来的，这种形式也得到了时间的验证。近几十年"拜师"逐渐淡出了人们的视野，似乎销声匿迹。然而，对于有些门槛高实践性极强的传统技艺来说，不仅实际操作难知精髓所在，而且其中存在着很多只可意会不可言传的奥秘，所以师徒传承方式具有科班教育和短期培训难以比拟的优势，也直接保证了师徒在技艺传与承上的严谨性。

2014 年起，中国国家博物馆从人才立馆出发，采取多元形式培养人才，结合本馆文物保护工作特点，在文保院实行师承制，开创了我馆传承和发展传统技艺良性循环机制的先河（图一）。依托馆内经验丰富的老一辈文物修复专家集各家所长，建立起以"手口相传、言传身教、因人施教"为特点的师承制，去除传统师承制的弊端，以徒弟奉茶、双方自愿签订合同的形式，对培养目标、师徒人员遴选、周期考核办法、出师标准等作了明确规定。馆内聘请具有副研究馆员以上职称注重品德修养，在本领域有丰富经验和绝活的专家为指导老师。传承人则要求大学本科以上

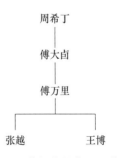

图一　传拓技艺传承图谱

学历，具有一定专业理论基础和实践经验并且热爱此行业的中青年骨干。在三年的培养周期中，严格遵守师父传授的操作程序及定式，领会精髓所在。需要定期接受阶段性等一系列考核，以保证培养计划的有效实施，促进岗位经验有序，完整地持续传承。资深专家与青年骨干确立师徒关系，为传统手工技艺的传承与发展提供了制度保障，并赋予了新的活力和生命力，也为我馆人才培养作出了不可磨灭的贡献。

1. 周希丁

周希丁，名康元，民国年间是北京琉璃厂古光阁经理，后曾在北京市人民政府文化教育委员会文物组摹拓古器和保管文物。后参加首都博物馆工作，负责摹拓古器物和文物鉴定。擅篆刻、传拓之法，曾为故宫博物院古物馆、武英殿、宝蕴楼等公藏青铜器传拓，一生从事篆刻摹拓事业。周先生苦心钻研传拓古器器形，又学习透视学，拓器精湛，精美绝伦，在全形拓技法上，以独特的视觉角度进一步将西方的透视技法、素描技法等应用到了全形拓之中，注重焦点透视和光影效果，通过墨色浓淡间的变化，达到器物的正侧和光影分明，使图像的立体感结构比例大为增强（图二、图三）。不同于陈介祺采用的分纸拓方法，周希丁则用整纸拓方法，借助于西学焦点透视法使得从局部至整体的取形上有了较大的进步，各部分比例也更为合理，在拓制过程中大大增加了难度，使作品形式更加完整，构图合理，体感强烈，所拓角度足以反映出该器的特征。在用墨上匀净苍润，浓淡相兼，既细腻又不干枯，是"周氏拓法"的独到之处。后整理出版的《澂秋馆吉金图》一书，还有一些拓片被郭沫若收录于《两周金文辞大系图录考释》中，得到后人一度推崇，影响很大。从陈介祺所撰写的《簠斋传古别录》开始到周希丁，在全形拓技法发展中有了质的飞跃，是承前启后的关键人物。著名金石学家陈邦怀曾评价说："审其向背，辨其阴阳，以定墨气之深浅；观其远近，准其尺度，以符算理之吻合。君所拓者，器之立体也，非平面也，前此所未有也。"后人评价他在用墨技巧上胜过释达受和陈介祺，堪称全形拓一代宗师。周先生篆刻治印不下五千方，印风古雅，更是自制许多手拓印。出版有《古器物传拓术》《石言馆印存》《石言馆印续存》等。现存最早的周希丁拓片为甘肃天水出土的秦公簋，也是周先生在传拓这件器物时发现有秦汉间刻字各一行。这两行刻字经郭沫若考释为"西汉器一斗七升""西一斗七升大半升，盖"。传世拓本凡钤印"希丁手拓"，"金溪周康元所拓吉金文字印""康元传古""康元手拓楚器""希丁手拓散盘"等印者，皆是出自他手。国家图书馆、台北傅斯年图书馆所收藏的全形拓作品中有很大一部分是周希丁手拓精品。周先生当年所组建的民间学术团体"冰社"汇集了当时很多的收藏界人士、古文字学者及书画篆刻名家，对传播金石传拓和推进古文字研究等作出了可贵的贡献。

图二　伯簋全形拓　　　　　　　　　　　图三　鬲（fu）叔匜全形拓

2. 傅大卣

　　傅大卣先生是杰出的传拓名家、文物鉴定专家、篆刻家、书法家，曾任国家鉴定委员会委员、国家文物局流通文物专家组成员、北京市鉴定顾问、中国历史博物馆文物鉴定顾问和故宫博物院鉴定顾问。早年从周希丁先生问艺，追随先生二十余年，在周先生众多学徒当中，傅大卣成就最高，能传师法，尽得真传。傅大卣传拓手艺精湛，他深知器物所蕴藏的内涵，所拓器形精准，字口有序，墨色考究沉黝有神，是拓彝器的高手（图四）。传拓古玉，润洁纯朴，富有质感。拓砚，细腻出纹，发墨如油，拓全形更是赏心悦目。传拓竹刻作品，浓淡得宜，虚实相间，境地清幽，能将竹雕原作之神韵展露无遗（图五）。所拓作品使人置身其间感受不同器物经历不同环境所形成的独特质感。一生手拓钟鼎彝器、砚、印章、甲骨、玉、陶、铜、石器等数万件，传拓作品被王世襄先生赞为"妙拓"。在治印方面，其功力浑厚，稳健沉穆，所仿战国古鉨及秦汉印，苍劲庄重，朱文印纤细俊秀，工致隽美，尽得其中精髓。出版《傅大卣手拓印章集存》《古砚鉴定简介》《篆学丛书》，辑录《大卣集古录》，收集整理印谱万方之多。陈邦怀先生曾赋诗相赠，谓周门弟子，唯大卣能光大其业。可见傅大卣先生学识广博，才华出众。

图四　西汉青铜鋞（xing）全形拓　　　　　　图五　吴之璠仙人戏蟾笔筒全形拓

3. 傅万里

　　傅万里，中国国家博物馆终身研究馆员，工作 45 年，从事文物传拓与书画临摹至今。自幼随父亲傅大卣先生研习篆刻、传拓技艺。20 世纪 70 年代初拜康殷、康雍先生为师学习古文字与书法。其后曾得到商承祚、启功、王世襄先生等名宿指点，受益多多。傅万里少习治印，后逐研习拓技，经其父亲的言传心授，研究透视关系，顿开茅塞，潜心钻研全形拓制作技艺，并在传拓时不断探索，吸纳与融合。在拓制不同器物的理解上有着灵活的转换和变通，墨色渐变上的运用和层次上的区分，黑白灰的对比关系上体现得惟妙惟肖，对鉴赏拓片铭文的形式感和墨制感的审美也有着独到的见解。作品肃穆古朴，用墨苍润，浓淡合法，层次丰富，制作的全形拓作品更是质量之精，当为此行中前列。曾经手拓中国国家博物馆馆藏珍贵文物后母戊鼎（图六）、大盂鼎、虢季子白盘等重器，并及甲骨、碑文、墓志、玉石、陶器上万余件，并书写大量通史陈列及展览说明，临摹绘画及书法作品数百件。为馆内馆藏文物丛书《青铜卷》《甲骨卷》《玉器卷》《甲骨文金文集萃》《百年收藏精粹》《连云港孔望山》等拓制拓片，提供拓片图文。其间还为故宫博物院、上海博物馆、抗日战争纪念馆、山西大同博物馆、保利博物馆等制作拓片及教学。为国家文物局出版《印海遗珠》《中国古代玉器艺术》钤印拓墨。傅万里在做好本职工作的同时，也积极推动两岸文化事业的交流与合作。2009 年赴台湾"中央研究院"历史语言研究所讲授《全形拓的发展历程及制作方法》，展示这一绝学，也让未能躬逢其盛的人，可以一窥其中奥妙，这期间制作的三件青铜器全形拓作品被收入该所的精选数位典藏（图七～图九），并在台湾"中央研究院"历史语言研究所出版"以扑子作画的全形拓技法"《古今论衡》第 20 期，对傅万里全形拓技法演示进行了准确的表达。与会者除"中央研究院"部分人员外，还有近百位台北故宫博物院、台湾历史博物馆、台湾师范大学国文研究所的有关人士，以及在台留学者

图六　拓制馆藏后母戊鼎

图七　青铜尊全形拓

图八　青铜簋全形拓

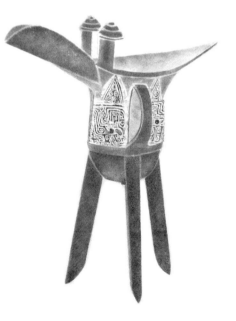

图九　青铜爵全形拓

的高度评价，凝聚了大陆与台湾本为和合一脉的文化共同体。傅万里在篆刻上也深受其父影响，从临摹古玺、汉印入手勤学苦练，又经多位大师指点后，结合浙派、吴昌硕、齐白石等流派风格，古朴大方，别具魅力，形成自己独有的篆刻风格，并在国内外大赛中频频获奖，篆刻作品得到各专家学者的喜爱。2014 年以师承制拜师仪式傅万里先生正式收张越和王博为徒（图十），两名弟子已在 2017 年出徒，并熟练掌握平面拓及全形拓技艺，参与完成馆内外大量传拓工作。

图十　师承制拜师仪式

4. 张越

张越，硕士毕业于中国艺术研究院，跟随导师王连起先生学习书画鉴定与文物保护专业。中国国家博物馆文保院书画文献修复所副研究馆员，从事文物传拓和古画临摹工作。2010 年起追随傅万里先生学习传拓技艺，2014 年正式拜师。工作 11 年当中曾协助傅万里先生完成大量馆藏重器的传拓工作，曾先后手拓后母戊鼎、大盂鼎、虢季子白盘、偶方彝等器物。传拓技法上基本功扎实，手法纯熟，对器物整体结构的准确性体现和落墨肌理的视觉效果有很好的控制（图十一），在墨色分层运用上富于变化，立体感强烈，温润老辣。对边款、玉器、钱币的传拓更是古雅细腻，朴素沉厚，如见实物，凸显出作品最纯粹的美感。张越在古画临摹复制方面也是造诣甚深，独立完成我馆馆藏一级品宋代《中兴四将》，合作完成天津博物馆一级品《水斋禅师像》的临摹工作，发表《青铜器铭文传拓偶得》《传拓中的上色工具——扑子》《玉雕传拓偶得》《青铜器全形拓技法初探》、《明〈水斋禅师像〉题诗与题跋的临摹复制》等相关文章。对古代书法、篆刻有较高的功底和鉴赏能力，具备过人的综合素养。研究传拓同时与自身专业相结合，所绘的博古图也是跳出常态，韵味十足（图十二）。

图十一 青铜鼎全形拓

图十二 博古画

5. 王博

王博，硕士毕业于吉林艺术学院美术学院中国书画装裱修复与研究专业，中国国家博物馆文保院副研究馆员，中国社会科学院大学硕士研究生导师。从事书画装裱修复工作14年，2014年正式拜师傅万里先生学习传拓技艺，跟随师父拓制馆藏青铜器、墓志、印章等拓片近千余件。经过8年的学习和实践，对传拓技艺有了直观、清晰的认识，在实践操作的细节和材料的应用上，积累了制拓时对不同器物的处理经验。因本人也有较强的美术功底，将传统全形拓技法与西画素描明暗立体关系的处理进一步具象化，把器物直观的图像视觉表现得更加细致，在体现前后关系与浓淡色调上凸显器物古拙厚重的风格，使画面效果和展示效果愈加立体，也取得了师傅的认可（图十三）。同时在拓片托裱工作上也有着丰富的经验，2018年独著出版《书画装裱与修复》一书，荣获2022年北京市职工职业技能大赛文物修复师（纸张书画类）一等奖第一名。发表《不当清洗对古旧书画的损害》《残损折扇的揭裱复原》《西藏博物馆藏罗汉拓片的保护修复》《拓片的托裱与保存》《青铜器传拓实践中的感触》《全形拓的传承与实践》《拓本之照——颖拓》等相关论文二十余篇。成功申请国家版权局计算机软件著作《青铜器全形拓效果三维展示系统》《全形拓线描三维视觉预览展示系统》，国家知识产权局实用型专利《一种基于硅胶球的精细传拓拓包》。

图十三　牺首簋全形拓

传拓技艺是中国优秀的非物质文化遗产，大力培养传承人对传拓技艺的传承和发展具有重要意义。傅万里先生也为传拓技艺这项非物质文化遗产的传承发扬作出贡献，在传授技艺上把职业道德、文物安全放在首位，以如实传播所拓器物的完整信息为出发点，用严谨的科学态度，建立符合传拓技术规范的操作原则，对两个徒弟自身的特点采取"因材施教"的教学方法。他言传身教，毫无保留地分享自己几十年积累下来的经验，从基本知识技能抓起，进行阶段性的学习，逐步加深难度，在实践中掌握传拓技艺的精髓。傅万里先生更是在传授技艺的同时，帮思想，带作风，严格要求，告知我们从事这项工作所应具备的使命感、责任感，对文物敬重敬畏，要把传拓技艺以正能量的形式继续传播出去。还强调传拓技艺不是简单的重复，它也是一门综合艺术，需要不断地提高自己的艺术修养、文史知识、美术功底，才能在传拓中提升审美能力，形神兼备。同时在学习的过程中扩宽实践道路，结合当代科技的新兴艺术探索出效率更高、更多元的传拓实践手段和新方法。

作者简介：王博，中国国家博物馆，副研究馆员，北京市石榴庄西街 248 号，100075。

论天津城市发展中文化遗产的保护

赵晓研

（天津博物馆）

摘要： 本文就文化遗产保护及相关问题，从以下几个方面进行叙述。一是保护历史文化遗产是城市发展的要求。从历史价值、继承发展、实施保护等方面进行分析，提出了保护和利用的必然趋势。二是总结归纳了历史文化遗产保护的法律依据，分析了目前可运用的保护方式。三是对天津历史文化遗产的概况及特色进行分析。四是提出了处理好城市建设发展与文化遗产保护利用的关系及对策。五是提出了必须有的措施，从立法、规划、资金投入、科技手段以及执法、宣传、管理等方面给予保障。

关键词： 天津　文化遗产　城市发展　保护

一个城市的建设与发展是社会发展的必然。其中文化遗产的保护和利用又是影响城市建设发展的一个重要因素，它对于一个城市的经济、文化等诸多领域必将产生深刻的影响。在当前经济飞速发展和城市化进程加快的背景下，文化遗产的保护和很好地利用显得尤为重要。同时，也将面临着许多迫切需要思考和解决的问题。2005年12月，国务院下发了《关于加强文化遗产保护的通知》要求地方各级人民政府和有关部门要从对国家和历史负责的高度，从维护国家文化安全的高度，充分认识保护文化遗产的重要性，进一步增强责任感和紧迫感，切实做好文化遗产保护工作。并将每年6月的第二个星期六定为我国的"文化遗产日"，这表明我国对文化遗产的传承和保护已经上升到空前的高度。由此也就成为一个城市在建设和发展中必须解决好的课题。

一、保护历史文化遗产是城市发展的要求

（一）城市发展中保护历史文化遗产的意义

城市作为一种文化现象，在人类文明史上具有独特的重要地位。回顾城市发展的历史，文化始终是城市最主要的功能之一，城市不仅是一定地域的政治和经济中心也是这一地域的文化中心。历史文化是最能体现城市品位的，也是最具代表性的。

一个城市的历史文化遗存，代表着这个城市各个阶段的历史文化。为了保持城市历史文化的延续，第一，地域有价值的城市历史文化实物必须加以保护，使城市成为城市历史文化的实物见证。历史文化实物比历史记载更为可贵，因为它更加真实确切。第二，城市的发展应在原有历史文化的基础上，不断继承、创新与发展，而不应摒弃历史文化凭空发展。第三，城市与建筑文化是发展城市与建筑的根，城市历史愈长，其根愈深，根深叶茂，城市历史文化的积淀越深厚，这个城市的价值就愈大。第四，城市具有各自的历史文化，要在保持文化特色的基础上进行创新，同时要避免趋于雷同，在 21 世纪的今天我们不仅需要商贸城市、工业城市，更需要人与人、人与社会、人与自然和谐相处的具有丰富历史文化底蕴的城市空间。城市的发展变化要有根可循，这个根是绝对不能丢的。

（二）保护历史文化遗产的法律依据和保护方式

目前，我国已经初步形成了建设一个符合我国文化遗产保护特点的法律法规体系，一个适应我国文物资源分布和类型特点的保护管理体制，一个保障广大人民群众基本文化权益的社会服务机制，一支保证文化遗产事业得以持续发展的人才队伍。

《中华人民共和国文物保护法》《中华人民共和国文物保护法实施条例》《历史文化名城名镇名村保护条例》及国家和地方相关行政法规、规范性文件为保护历史文化遗产提供了有效的法律依据。

目前我们国家保护文化遗产的方式主要有以下几个方面。一是维修保护。对于那些破坏严重的重点建筑要进行抢救性维修，首先保存下来；对于那些保存较好的历史建筑要进行保养型维修，延长建筑寿命。如：天津的独乐寺、广东会馆旧址的保护和维修都取得了显著的成果。二是整体保护。在城市历史文化实物比较完整，历史文化价值高的旧城范围采用整体保护的做法。如：估衣街地区。保护原有的立体轮廓，保持原有建筑的风格，新建区在旧城两面开发使原有的街区得到整体保护的效果。三是重点地段保护。这是在历史文化名城中多被采用的做法。一般来说，大中城市都会有十几个或更多的这样的街区和地段。如：解放北路、马场道、赤峰道地段。这些地段是具有历史文化价值的建筑群，重点保护地段的建筑与环境面貌，要按照原样保护，做到"修旧如旧"，保持原有历史文化的真实性。四是建设控制地带，这个地带大多是在重点保护地段周围的一定范围内或在城市整体保护的旧城范围内的一些地方[①]。如：天津的五大道地区。在此地段内建筑的高度、容积率、形式、内容及其他建设都要有

---

① 中国社会科学院考古研究所、中国社会科学院古代文明研究中心：《中国文明起源研究要览》，文物出版社，2003 年。

控制性的规定，目的是确保重点地段的保护和周边建设控制地带的建设要求，起到过渡地带的作用，使新旧街区整体协调，从而进一步体现出对文化遗产的保护作用。

以上这四种保护做法，在不同的地区、不同的城市、不同的地段，可根据实际情况在《中华人民共和国文物保护法实施条例》的要求内进行适当的调整和灵活的运用，这对于反映城市各自的历史文化将起到积极的、深远的、不可替代的作用。

（三）城市发展中历史文化遗产的保护和合理利用间的关系

1. 单纯保护的发展模式是不可持续的

一是在规模上，因为它在整个城市中所占比例较小，而且相对分散，容易被忽视。二是在外观的美学上，因为它可能会与城市建设的景观不协调而被矫正并视为保护。三是简单化的保护会使保护与未被保护之间产生更大的差距，从而加大不可持续性，因为从古至今的建设发展应当是连贯的、可持续的。

2. 城市环境中的建筑遗产保护不是原封不动地保护建筑周边环境

以发展和历史的观点来看，城市环境的物质功能更新是建筑遗产保护的首要前提。

在风格与形式、历史与文化上延续地方传统特色的同时，应当充分保证城市的现代化进程，使城市的发展跟上新时代发展的脉络，符合新时代的节拍。城市公共交通、城市公共设施、城市生态环境的现代化是保证整个城市现代化发展的必要条件，城市居民生活水平的稳步提高更依赖于现代化的城市管理与发展理念。应当充分应用现代化的科学技术与设计手段，为城市生活真正实现现代化作出努力，使城市居民生活环境得到应有的改善。事物的发展是动态的，不断完善的，从可持续发展的角度来看，建筑遗产保护与更新的发展同样应当是动态的、系统的过程，由此看来，历史文化遗产的保护和合理运用是一个城市不断发展、不断提升、不断增强其竞争力的必然要求，是文化实力在城市建设中的重要体现，是发展的必然趋势。历史文化遗产的合理利用是遗产本身的价值体现，又是文化传承的最好载体。

二、天津历史文化遗产概况、特色与保护

（一）天津历史文化遗产概况

天津有一万年以上的人文史，1000余年的城市史，100余年的近代史，不可移动

文物的年代序列完整，从距今万年以上的旧石器到距今百年的近现代建筑和工业遗产，真实地记录了天津地区人类从山地向海洋不断拓展生产生活空间的历史过程，记录了天津城市发展的空间演变过程及城市发展与环境变迁的关系。具有特色的地理区位和历史进程，使天津成为中国历史文化名城。

截至目前，经天津市文物局登记备案的不可移动文物达两千余处，其中，有世界文化遗产、全国重点文物保护单位、省（直辖市）级文物保护单位、区县级文物保护单位 150 处。这些历史文化遗存的构成和分布，形成了天津历史资源的基本特点。其中具有代表性的有：独乐寺、义和团吕祖堂坛口遗址、大沽炮台、南开学校旧址、利顺德饭店旧址、盐业银行旧址、天妃宫旧址、法国公议局旧址、京杭大运河等。

此外，天津市政府还确认公布了历史风貌建筑 600 余栋。这是天津在历史建筑保护工作中的一个创举。

（二）天津历史文化遗产的特色

天津开埠比较早，又曾有九国租界，近百年来形成了非常独特的城市风貌。其特色为：① 有不同时期、风格各异的传统商业街。比如古文化街、估衣街、劝业场等。② 具有不同国家别具特色的历史风貌建筑区。比如五大道地区、意式风情区等。③ 近代优秀建筑的集中地。比如小白楼地区、解放路金融街等。④ 具有丰富的近现代史迹和文物古迹。比如广东会馆、梁启超旧居、石家大院等。⑤ 独特的城市空间形态。天津九河入海，沿河开建，特别是还有得天独厚的以长城、大运河、海防三大工程为代表的跨地区的大型文化遗产。

同时，天津是中国为数不多的近代工业文化城市，工业发展历史悠久，工业生产门类齐全。

（三）天津历史文化遗产的保护情况

2006 年国务院批准了《天津城市总体规划》①。这一规划综合考虑保护与城市建设的关系，突出强调对历史文脉的保护，将名城保护与城市经济建设相结合。通过名城保护，提高整个城市的综合效益。它注重中心城区保护规划的结构布局，保护文物遗址及历史街区，保护和延续名城的风貌特色，继承和发展城市的传统文化。

其中重点规划了老城乡风貌保护区、古文化街传统商业风貌保护区、估衣街传统商业风貌保护区、一宫花园住宅风貌保护区、解放北路金融建筑风貌保护区、五大道

---

① 单霁翔：《文化遗产保护与城市文化建设》，中国建筑工业出版社，2009 年。

住宅风貌保护区、劝业场商贸建筑保护区、海河自然风貌保护区等一批特色区域[①]。规划明确规定了以上街区的改造要保护历史的延续性和真实性。同时，积极抢救维修了一大批重要的古建筑、纪念建筑。通过抢救维修工作，我市的各级文物保护单位得到了及时有效的保护，并向社会开放，得到合理利用，成为广大人民群众了解历史接受爱国主义教育和旅游观光等场所，得到了国内外的广泛赞誉。

三、处理好天津城市发展与文化遗产保护间的关系

（一）城市建设发展和文化遗产保护上必须处理好以下三方面的关系

一是要处理好眼前利益与长远利益的关系。不能只顾眼前利益，不顾自身的生存和发展条件，有意或无意地剥夺后人对资源的享用权，要采取可持续发展的思路。二是要处理好城市建设与遗产保护的关系，防止出现千篇一律、顾此失彼，片面追求交通道路的改扩建，建所谓的地标性建筑和景观工程的局面。三是要处理好社会效益与经济效益的关系。不能把文化遗产当作一般的经济资源进行开发，把经济效益视为唯一目的，不能只顾赚钱而不顾它的社会功能、社会效益和历史文化的传承。

（二）保护历史文化遗产必须要有过硬的措施

一是要建立和完善保护文化遗产的法律体系。二是各级政府和有关单位和部门要把保护文化遗产同环境保护、生态保护、经济发展的整体规划结合起来，根据各自历史和自然环境的实际情况，对每一处文化遗产都要制定出相应的保护措施，规范保护程序，建立和健全保护机构，落实保护责任制，促使文化遗产保护工作健康有序地进行。三是各级政府有关部门和单位，要加大保护遗产的资金投入。四是要充分利用现代科学技术手段做好文化遗产的保护。五是利用文化遗产必须合理。"有效保护，合理利用，加强管理"是文物保护的原则，也是一切历史文化保护的原则。应该广开思路，充分发挥历史文化遗产的价值。

---

① 中国文物报社编：《中华人民共和国文物保护法以案说法》，文物出版社，2003年。

（三）要进一步发掘我市历史资源，特别是丰富历史文化名城的实物内涵，将新发现不可移动文物及时纳入文物保护体系

对每一处不可移动文物要做到保护标志、保护机构、保护范围的设置。对涉及文物的建设项目要予以指导。

强化文物行政执法，健全文物管理机构。要依据《文物保护法》运用法律武器保护历史文化资源。要强化属地管理制度，建立文物管理快速反应系统。

加大宣传力度，动员全社会力量参与文物保护工作。天津在一个历史文化建筑保护志愿者团队，发挥了积极作用，应大力提倡。要通过各种形式的宣传，引起社会各界和广大人民群众的高度重视，让全社会都参与到文物保护的行列，鼓励各种形式的文物保护行为，在全社会形成保护文物的良好氛围，使文化遗产保护成为全社会的共同行动。

加大对文物保护的资金投入。要体现文物保护的政府主导体制，加大财政投入，同时多渠道筹集资金，妥善保护修缮文物建筑。

对文物建筑进行有效的管理并加强利用，有条件的要对社会开放，在做好文物保护的同时，要发挥历史文化遗产在社会主义精神文明建设中的重要作用。

综上所述，天津城市发展的空间演变、环境变迁、独特的地理和历史进程，都使现在的天津成为中国历史文化名城，赢得了"近代百年看天津"的美誉。城市的发展建设还在继续，不会停歇，历史文化遗产的保护同样一刻不能放松。而且合理的利用，变死建筑为活文化，在保护中传承，在传承中发展是本文的初衷所在。

参 考 文 献

［1］《中华人民共和国文物保护法》，中国法制出版社，2013年。

［2］单霁翔：《文化遗产保护与城市文化建设》，中国建筑工业出版社，2009年。

［3］中国文物报社编：《中国文化遗产保护成就通览》，文物出版社，2007年。

［4］王军主编：《城市记忆　西安30年》，西安出版社，2008年。

［5］中国文物报社编：《中华人民共和国文物保护法以案说法》，文物出版社，2003年。

［6］中国社会科学院考古研究所、中国社会科学院古代文明研究中心：《中国文明起源研究要览》，文物出版社，2003年。

［7］单霁翔：《大运河遗产保护》，天津大学出版社，2013年。

作者简介：赵晓研，天津博物馆，助理馆员，天津市河西区平江道62号，300201。

一批馆藏书画文物的预防性保护

张艳红

（天津博物馆）

摘要： 预防性保护是馆藏文物保护中的一项重要内容。本文针对一批在本馆五楼三展厅展出过的书画文物，从展柜微环境监测、RP 封存保护和低氧消毒三方面，介绍馆藏文物的预防性保护工作。RP 封存保护是一种经济、高效的虫霉病害防治方式，依据文物保护专用的 RP 保护袋特性，RP 封存有效期可达数年之久。随着低氧消毒在文物领域应用越来越广泛，根据文物本体和害虫对气调环境不同的应对机制，深入研究其差异特性，在减小对本体损害的前提下，提高害虫杀灭率。通过多次的经验总结，以期不断提升预防性保护能力，从而更好地服务本馆。

关键词： 预防性保护　书画　文物保护

　　预防性保护概念[①] 是在 1930 年意大利罗马召开的关于艺术品保护国际研讨会上首次提出的，该理论发展至今，已成为世界共识。文物预防性保护，就是采取有效的质量管理、监测、评估、调控等预防措施，抑制各种环境因素对文物的危害作用，努力使文物处于一个"稳定、洁净"的安全生存环境，尽可能阻止或延缓文物的物理和化学性质改变乃至最终劣化，达到长久保存文物的目的。博物馆"稳定"环境，是指控制温度、湿度等环境因素在适宜指标下的"平稳"性，防止出现较大幅度的波动。博物馆"洁净"环境，是指控制文物收藏、展示环境空气中特征污染物浓度达到科学合理的安全极限值以内。预防性保护是博物馆日常工作中的重要内容，贯穿在入馆收藏和陈列展览的过程中。本文针对几件在本馆五楼三展厅展出过的书画文物，从展柜微环境监测、RP 封存保护和低氧消毒三方面，介绍馆藏文物的预防性保护工作。通过多次的经验总结，以期不断提升预防性保护能力，从而更好地服务本馆。

---

　　① 　吴来明、徐方圆、周浩：《预防性保护理念下的博物馆藏品保存环境对策与实践》，《东亚文化遗产保护学会第二次学术研讨会论文集》，科学出版社，2013 年，第 171～187 页。

一、展柜微环境监测

　　馆藏文物保存的好坏，取决于其材料性质，更取决于它所处的环境。为此，博物馆的环境应有益于文物的保存，使之处于一个适宜的环境之中，不论在库藏、陈列、鉴定、研究、修复、保养等各个环节里，都要维持一个使藏品保持相对稳定的条件，阻碍或延缓其老化损坏过程[①]。馆藏文物保存环境[②]是指收藏与展示各类可移动文物的相对独立空间的总体，包括文物库房、展厅、展柜、储藏柜、囊匣等空间，以及其中的物理、化学、生物等影响因素。馆藏文物保存环境可分为四类：室外环境、大环境、小环境和微环境。室外环境指博物馆建筑外的暴露空间；大环境指博物馆建筑物所覆盖的室内空间；小环境指展厅、库房、提看室等存放文物的室内空间；微环境指展柜、储藏柜、囊匣等储存文物的相对密封空间。当文物放置于展柜中展出时，文物裸放于展柜中，展柜必须为文物提供物理防护和环境控制双重保护作用，同时博物馆必须应用可靠准确的温湿度实时在线监测技术。传统的人工方式每天观察并定时记录温度和相对湿度变化情况，或者采用一体化金属片温度计和毛发湿度计自动记录仪，已经不可能满足博物馆必须做到的长期不间断实时记录博物馆内部环境温湿度的要求[③]。

　　根据《天津博物馆珍贵文物预防性保护项目》实施要求，天津博物馆早在 2015 年底就建成了本馆文物保存环境监测站，包括区域中心环境监测实验室和文物保存环境无线传感监测系统。在文物库房和展厅布设了近两百个环境因素传感器，实现对文物保存环境中温度、湿度、光照度、紫外辐照强度、总挥发性有机物含量、二氧化硫、粉尘、室外风速和风向等参数变化的常态监测；安装了五十余台自组网设备，达到了重点区域无线传输信号全覆盖；借助数据终端系统——馆藏文物保存环境监测平台，实现对文物环境监测数据进行整理、分析、评估和预警。

　　这批书画文物是在五楼三展厅展出，均放置于同一平面柜。在其所在展柜内布设了温湿度传感器，每隔四十分钟采集一次数据。2022 年 6 月 13—27 日，该展柜内的温湿度数据趋势图如下（图一）。

　　连续两周的监测结果显示，该展柜内温度变化范围为 22—27℃，相对湿度变化范围为 51.3%—80.6%。6 月 21 日，这批书画文物被撤回，因为该展柜相对湿度持续偏高，柜内环境已不适合书画文物继续展出。6 月 22 日，展柜内相对湿度出现最高值，

　　① 郭宏：《文物保存环境概论》，科学出版社，2001 年，第 25 页。

　　② 中华人民共和国国家文物局主编：《馆藏文物预防性保护方案编写规范：WW/T 0066—2015》，文物出版社，2016 年，第 1 页。

　　③ 张晋平：《博物馆环境监测控制技术》，中国环境出版社，2013 年，第 136 页。

曲线图

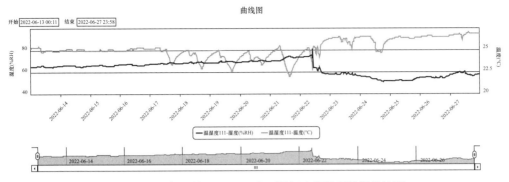

图一　2022 年 6 月 13—27 日书画展柜内温湿度数据趋势图

之后一直低于 60%，环境调控效果显著。尽管展厅安装了中央空调系统，展柜内配置了除湿机，由于五楼是博物馆建筑的顶层，三展厅靠近建筑西侧外墙，受夏季阳光持续照射影响，五楼三展厅内小环境温湿度可能会出现偏高的现象，展柜内温度和相对湿度也会随之变化。

　　文物材质由于其本身的物理化学性能特点，在特定的环境中能处于相对安全的状态，文物材质不会与环境中的其他因素发生反应或反应速度很慢。从环境因素对材质的作用能力方面可以看出，温度和水是直接参与或辅助其他因素发生反应，所以温度和水是最重要的环境因素[1]。英国著名学者加瑞·汤姆森在其专著《博物馆环境》[2] 中提出，博物馆环境根据对象不同可分为两类，其中一级环境标准适用于主要的国家博物馆，无论新馆还是旧馆。对于相对湿度的要求是：全年全天时间在 50% 或 55% ± 5%，范围可稍作调整，但是对于混合放置的藏品来说，其范围应该在 45%—60% 之间，特殊的展品可能需要特别的条件。对温度的要求是：冬天 19℃ ±1℃，夏天 24℃ ±1℃。需要注意的是，如果为了节能，建议在冬季和夏季使用不同的温度范围。

二、RP 封存保护

　　在日本、欧美和台湾的许多图书馆和博物馆中，使用 RP 材料来保护藏品的做法已比较普遍。近年来，国内一些文博单位也逐步开始采用该方法[3]。天津市历史博物馆

---

①　葛丽敏、何娟、阮彰魁，等：《博物馆的预防性保护》，《文物保护与修复的问题》，科学出版社，2005 年，第 286～305 页。

②　〔英〕加瑞·汤姆森著，国家文物局博物馆司、甘肃省文物局译：《博物馆环境》，科学出版社，2007 年，第 212 页。

③　王磊：《浅谈石膏类文物的保护——"RP 材料"在石膏类文物保护中的运用》，《北京博物馆学会保管专业十年学术研讨会论文集》，2010 年，第 360～364 页。

早在 20 世纪 90 年代前后既已引入 RP 材料，并取得成功案例。本次采用的是 RP 系列材料中的 K 型保护系统对这批书画进行密封除氧保存。RP 系统的原理是内部利用"专用脱氧剂"吸收掉密封容器内的氧气，使其浓度降至 0.1% 以下，并吸收各种腐蚀性气体，使其浓度降至 1ppm 以下，同时不吸收环境中的水分。外部采用文物保护专用的高性能"保护袋"，长期而高度地隔绝外部环境中有害因素的影响，袋中氧气指示剂颜色变化可以提醒人们了解袋内的环境状况，以便及时更换保护剂。密封包装后，形成"无氧、无有害气体"的保护空间，这样可使书画文物保持在一个相对稳定的微环境中，从而可防止文物发生"氧化、劣化、虫害、霉变"等问题，达到长期安全保存的目的[①]。

　　在放入 RP 系统之前，须先进行书画文物的表面清理工作，此操作过程在实验室的超净工作台内完成。超净工作台在放入文物前，已完成紫外线杀菌处理三十分钟以上，从而确保无菌的工作环境。保护人员使用无菌棉签轻轻擦拭书画文物表面，直至无菌棉签擦拭不变色为止。然后，将书画文物逐件放入合适尺寸的 RP 保护袋中，同时放入除氧剂和指示剂，最后密封保存（图二）。

图二　书画文物的 RP 封存保护

三、低氧消毒

　　低氧气调杀虫室承担本馆文物消毒工作。在文物正式归库前，须进行低氧消毒，从而确保文物的安全。低氧消毒系统以气密围护结构为基础，用洁净氮气作为保护气体，将储藏空间中原有气体置换出去，通过智能监控设备创造低氧、恒湿的储藏环境，使害虫因窒息死亡，并抑制霉菌繁殖。所需时间随害虫的种类或虫态、危害状况（表

---

　　① 卢燕玲：《深圳铁仔山古墓群出土铁器的保护》，《中国文物科学研究》2012 年第 1 期，第 73～76 页。

面的还是深部的)、温度、湿度等各种因素的不同而不同。因此，很难对所有害虫制定一个统一的处理条件[①]。但是，氧气浓度越低，灭虫所需时间越短[②]。有学者认为，当除氧灭菌设备的氧含量≤2%，充入 99.99% 的高纯氮气，温度严格控制在 18℃ 以下，相对湿度保持在 50%—60% 之间，除氧充氮 10 天可以百分百杀灭书画上的成虫、幼虫、虫卵、虫蛹。对于好氧型菌能百分百杀灭，对于厌氧型菌及丝状霉菌能阻断其生长、孳生、繁殖[③]。本次消毒过程中，低氧设备参数中的氧气设定值为 0.4%，相对湿度设定值为 50.0%，消毒时间持续为 3 周（图三）。

图三　书画文物的低氧消毒

低氧消毒技术作为文物杀虫、抑菌的一种措施，其优势在于符合文物保护"最小干预"原则，对纸质文物本身没有任何不良影响，并且技术本身绿色环保，对人与环境均无毒害副作用[④]。在文化遗产及珍贵档案保护领域，低氧气调技术应用已逐渐成为重要的一种手段，得到了普遍的应用[⑤]。

---

① 木川りか、林正同：《降氧杀虫技术中温度对杀虫效果影响的探讨》，《中国博物馆》2002 年第 2 期，第 80、89～90 页。

② 刘家真：《低氧气调技术在文化遗产保护领域的应用前景及问题》，《国家图书馆学刊》2018 年第 3 期，第 87～91 页。

③ 李晓晨：《古代书画保护修复过程中的霉菌防治》，《文物世界》2015 年第 4 期，第 63～65 页。

④ 张美芳、黄晓霞、郭晓光，等：《低氧气调技术在纸质档案生物病害防治中的应用研究》，《中国档案》2020 年第 1 期，第 70～71 页。

⑤ 黄玉花：《臭氧与低氧气调技术用于档案生物病害防治比较研究》，《档案管理》2020 年第 4 期，第 73～74 页。

四、小　结

本文主要介绍了馆藏文物预防性保护中的环境监测、RP 封存保护和低氧消毒三方面的工作。环境监测是一项文物预防性保护的基础工作，在收集大量监测数据的基础上，如何对数据进行挖掘分析，从而实施有效的调控措施，是保护人员今后研究的重要方向。RP 封存保护是一种经济、高效的虫霉病害防治方式，依据文物保护专用的 RP 保护袋的特性，RP 封存有效期可达数年之久。对于已经被霉菌感染的有机质文物，先要在除去表面霉菌后，在隔离稳定环境中存放观察确保不再发生霉菌后，再转入大文物存放区与其他文物一起存放[①]。RP 系统可为有机质文物提供隔离稳定的环境，避免霉菌扩散感染更多的文物。随着低氧消毒在文物领域应用越来越广泛，根据文物本体和害虫对气调环境不同的应对机制，深入研究其差异特性，在减小对本体损害的前提下，提高害虫杀灭率[②]。

作者简介：张艳红，天津博物馆，馆员，天津市河西区平江道 62 号，300201。

---

① 路智勇、惠任：《纺织品文物霉害预防性控制》，《四川文物》2009 年第 3 期，第 91～94 页。
② 陈菲：《低氧杀灭档案害虫的影响因素研究》，《中国档案》2021 年第 5 期，第 64～65 页。

由古旧折扇修复看折扇揭裱后再装裱形制

郝　婧

（天津博物馆）

摘要： 折扇作为中国传统书画艺术的表现形式之一，在漫长的流传和使用过程中会遇到各种破损情况。本文试图借由两把古旧折扇扇面分揭、修复、重新装裱的修复过程。探讨为更好保存折扇所蕴含的历史价值和艺术价值，对于扇骨破损或缺失的折扇，如何更好地"修旧如旧"，改装为其他形制后在保存和利用上的利弊。

关键词： 折扇　修复　揭裱　装帧形制

一、折　扇

　　扇子作为一种实用工具，在我国已存在 2000 余年。史书中最早关于扇子的记载源于西汉的《春秋繁露》一书中董仲舒"以扇逐暑"的表述。扇子的种类有很多，如羽扇、竹扇、蒲扇、团扇等。汉代班婕妤在其《怨歌行》里写道"新裂齐纨素，皎洁如霜雪。裁为合欢扇，团圆似明月"，这里的"团圆似明月"指的就是团扇[①]。

　　本文所述折扇又叫聚头扇、撒扇、折叠扇，早在宋徽宗时便由朝鲜以贡品形式传入我国，所以又被称作高丽扇。现存考古发掘最早的折扇，被发现于日本奈良时代（710—784 年）的都城平城京遗址，因此折扇又被称为倭扇。折扇开始大量使用始于明永乐年间，明成祖朱棣因喜爱折扇开合简便，携带灵巧，还可作为实用器随时取凉，遂命官匠以竹为骨，薄茧纸做面，折扇制作工艺开始日臻完美[②]。不仅扇骨精雕细琢，扇面也成为文人雅士们展现风雅的工具。他们在扇面上挥毫泼墨，或书法、或绘画，

---

　　① 李新秦：《博物馆书画小品的收藏修复与保管》，《中国文物科学研究》2008 年第 3 期，第 90～92 页。

　　② 魏黎瑾、郭小铨：《古旧折扇的修复》，《文物修复与研究》2007 年第 00 期，第 131～133 页。

形成一种独特的扇面文化艺术①。折扇的制作工艺发展至清代，逐渐鼎盛，先后形成苏、杭、京等折扇制作流派，开始具有强烈的地域风格，形成一面画、一面书法的扇面书画定式，被称为"书画合璧"②。

折扇作为一种实用型艺术小品，是集诗、书、画、印、雕等多种艺术形式于一体的传统艺术表现形式。一把传统折扇，往往要经过砍、刨、贯、碾、糊、绘、光、折等72道工序精制而成③。而折扇又包含扇面和扇骨两部分，扇面大多用较坚韧的纸张或绫、绢等织物托裱后制成，较为坚韧。扇面两面大多绘制不同题材，一般正面题诗作画，反面为书法题字；而扇骨则采用竹子、硬木、骨制品、漆和象牙等材料制作，间或有嵌螺钿、漆雕或镂空雕花等装饰，极尽奢华和繁复，又处处体现出中国传统审美中的雅致与含蓄，是中国传统装裱技艺和书画技艺精髓结合的体现，具有珍贵的历史信息与艺术价值。

作为书画小品的一种形式，由于折扇可欣赏、可把玩，又有硬器制成的扇骨与较为柔软的扇面相互摩擦，极易产生霉变、虫蛀、脆化、折断等损坏。所以折扇的修复在字画揭裱修复中经常可以遇到。

修复行业历来有"一两黄金修一把扇"④的说法，意思是说折扇修复的难度高，由于折扇由纸、绢、竹、木、牙、角等有机类材质组成⑤，所以在修复过程中，不仅要求修复者拥有熟练的字画装裱经验，同时又需要深入了解中国深厚的传统文化及竹木牙雕的修复技艺⑥。可谓是一门综合性修复工作。而折扇的修复因为扇骨的材质较多，而增加了困难。本文试图从实际装裱工作出发，就折扇进行揭裱修复后可以采取的装潢形制进行探讨，就各种装帧形制在保存过程中的优劣情况做一叙述，可供收藏者借鉴。

---

① 郭祖榕：《浅析馆藏纸质文物的修复——以扇面修复为例》，《对联》2022 年第 15 期，第 42～44 页。

② 王博：《残损折扇的揭裱复原》，《中国国家博物馆文物保护修复论文集》，北京时代华文书局，2019 年，第 228～231 页。

③ 白玉：《古代折扇的还原修复——以"文俶""永瑢"扇为例》，《文物保护与考古科学》2020 年第 4 期，第 104 页。

④ 敏娜：《范广畴：情系苏裱 德行天下》，https://www.jianshu.com/p/1ba0922325f7。

⑤ 谢丽：《清宫藏成扇鉴赏》，《收藏家》2013 年第 12 期，第 53～58 页。

⑥ 白玉：《古代折扇的还原修复——以"文俶""永瑢"扇为例》，《文物保护与考古科学》2020 年第 4 期，第 108 页。

二、折扇的修复

（一）文物信息及保存现状分析

1. 李叔同题词折扇基本信息及修复难点

这把折扇共十四折，长53厘米，宽24.5厘米，正面为水墨竹石作品，反面为书法作品。书法一面为李叔同所书，竹石字画一面落款有"耀廷仁兄大人雅教"，查考"耀廷"为徐耀（1857—1946），名恩煜，以字耀廷行世，又字药廷、月廷。祖籍直隶省盐山县，世居天津。徐耀廷自十几岁起，就在李叔同家做账房先生，一直为李家效命近半生。徐之于李，系亦师亦友的忘年交，徐耀廷受其兄徐子明影响，工于书画篆刻，李叔同早年的书法、绘画受其影响颇深（图一、图二）。

图一　李叔同折扇竹石图

图二　李叔同折扇书法题词

这把折扇现存问题在于灰尘堆积，需要清洗和除尘。扇面的材质较为特殊，为细麻布，在收藏过程中因扇面折叠处断裂，曾用细棉线连缀（图三），在修复时需要拆除缝线，并将穿线形成的孔洞补齐。另外，折扇扇骨缺失，且扇面断裂为四部分，已无法还原为原本样貌，需要考虑修复后成品的再装裱形式。

图三 李叔同折扇断裂及缝补痕迹

2. "纸质风景折扇"基本信息及修复难点

这把折扇为纸质，共十六折，长 56 厘米，宽 25.5 厘米，两面分别为水墨山水和书法作品（图四、图五），扇骨为木制。折扇现存的状况为画面整体脏污情况严重，堆积灰尘较多。画面断裂为三部分，无法正常展开，纸张老化情况较为严重，若打开不慎，会有继续断裂的可能。扇骨处未加固，两面均粘贴有大量胶带，胶带粘贴处纸张发黄、发脆等老化现象极为严重，最严重处纸张已呈褐色粉末状（图六）。且折扇的扇骨断裂

图四 折扇风景面

图五　折扇书法面

图六　胶带粘污处

严重，缺损两根，其余扇骨合起时严重变形，折扇无法对齐，亦需要在揭裱后，重新考虑装裱形式，以更好地保存。整体来说折扇破损较为严重，亟须抢救性修复。

　　为起到加固作用，折扇的两面均粘有大量胶带，透明胶带的清除成为这件折扇修复的难点。透明胶带由透明基材和胶质两部分组成，其中胶质主要为丙烯酸酯等[1]，经过长时间的变化，粘贴过透明胶带的纸张会发黄、变硬，酸性胶质物质逐渐腐蚀纸张纤维内部，造成纸张黄化、脆化、老化。且大部分胶带与纸张粘贴紧密，如强行干揭会造成严重的信息缺损。

---

① 王博：《残损折扇的揭裱复原》，《中国国家博物馆文物保护修复论文集》，北京时代华文书局，2019年，第229页。

（二）修复原则及方案制定

　　1982 年颁布的《中华人民共和国文物保护法》中提到"对不可移动文物进行修缮、保养、迁移，必须遵守不改变文物原状的原则"[①]。该内容反映出以《威尼斯宪章》为基础的国际保护理念的影响，即以保护对象的物质特征作为检验真实与否的重要标准并提出了文物保护修复工作应当坚持"可逆性"、"可识别"和"最小干预"三个基本原则，在文物的价值组成方面，除了原有的历史、艺术和科学价值外，增加了对文物具有的社会、文化价值阐释，包括记忆、情感和教育在内的社会价值，以及由文化多样性、文化传统的延续和非物质要素所建构的文化价值[②]。

　　纸质文物的修复需要遵循以上修复原则的同时，还需秉持"修旧如旧"的原则，以保证扇面原始信息的真实性。因此在对扇面进行修复时，切不可采用主观臆断进行人为干预，随意修改[③]。这里主要体现在保证扇面的内容的真实性上。在修复过程中，要尽可能采用技术手段对扇面整体进行修复，以期还原其本来面貌。但在全色过程中，还应该注意保证扇面的整体性，不仅需要保持完整画面布局不变，还应注意不对画面色差进行干扰性调整[④]。对于破损较为严重的画面内容，可以通过接笔、填色等手段进行恢复，但应把握好度。在尽可能恢复其神韵的同时，不可随意补缺、滥用技术来刻意追求完整性的修复效果，尽量减少人为干预，是对折扇历史价值保存的最大尊重。

　　在整体开始修复前，我们对折扇的整体状况进行拍照，详细记录局部病害特征和整体的画意特点。影像资料的留存是修复工作的必不可少的重要参考材料，折扇的修复会经过大量工序，在后续的揭裱过程中，原始影像资料的留存可以为全色等步骤提供准确依据和对比，对修复的完整性提供帮助。

　　除此之外，我们还就扇面纸张的整体属性及机械强度等特性进行检测，如纸张的酸度、白度、老化程度等情况进行检测，并做照片留存。所检测到的数据作为原始检测数据，为后期的修复提供参考性依据。

---

　　① 谢子琪：《传统书画修复中"真实性"的多维建构——〈岁朝清供图〉墨拓折扇保护利用方案研究》，广州大学硕士学位论文，2022 年，第 12 页。

　　② 谢子琪：《传统书画修复中"真实性"的多维建构——〈岁朝清供图〉墨拓折扇保护利用方案研究》，广州大学硕士学位论文，2022 年，第 14 页。

　　③ 郭祖榕：《浅析馆藏纸质文物的修复——以扇面修复为例》，《对联》2022 年第 15 期，第 44 页。

　　④ 白玉：《古代折扇的还原修复——以"文俶""永瑢"扇为例》，《文物保护与考古科学》2020 年第 4 期，第 104 页。

（三）扇面的揭补

　　折扇的修复首先需要为画心进行表面的除尘，再依次进行画心的揭裱、托补、全色、重新裱褙，对其进行专业的书画修复工序 [①]。第一步是拆除扇骨，把两层扇面揭开，后揭掉扇面上端包边的瓷青纸，将扇面从右至左每一折依次揭下，并按原顺序摆放整齐。揭开后对画心进行除尘和消毒处理，用软毛刷将表面的灰尘及污物清理掉 [②]，再用温水对画心进行蘸洗。

　　针对"风景扇"上透明胶带的遗留，经过局部的测试和实验，采取了毛巾热敷揭除和揭裱液揭除相辅助的方法同时进行。首先将除尘后的折扇整体闷润，待纸张舒展后，用干净的热毛巾覆盖在透明胶带上，静置一段时间后打开毛巾，用镊子小心地将透明胶带一点点揭起。由于胶带与纸张粘贴时间过长，胶带表面基材全部揭掉后，大部分胶质仍残留在纸张表面，具有较强的黏性，很难去除，遇冷后还会变硬 [③]。为彻底去除胶渍，可使用揭裱液配合揭裱。具体操作为：在扇面局部涂上揭裱液后，用马蹄刀轻刮，去除附着在纸面上的顽固胶渍，刮时一定要注意力度，不可伤及纸张和墨迹。为了防止揭裱液干燥后胶质硬化，需要边涂边刮，以防揭裱液使用过量，对扇面造成伤害。全部刮完后，需要检查是否将胶渍去除干净，并洗净揭裱液，防止化学药剂残留。部分老化严重的纸张，已脆化变为棕色，纸张完全丧失机械强度，要选择性尽量多地保留原纸张（图七）。

　　针对"李叔同折扇"的缝线痕迹，我们选择用尖头剪刀，轻轻剪去缝线后，用镊子一点点将断裂缝线夹出。操作时需要注意不可损伤扇面，避免因拆除不当造成扇面缝线空洞扩大的二次伤害。

　　两把折扇在分别清理后，用 60 度左右清水清洗 2—3 遍。将洁净的毛巾折叠为圆柱状，轻滚画心，蘸干多余水分。最后一遍吸水之前将扇面破碎的地方拼齐，吸水后固定位置，不再移动。

　　在画心正面覆皮纸，李叔同折扇用水油纸固定，起衬托作用，将画面翻转至正面朝上，逐步轻轻揭去背面命纸（图八）。后重新为画心补配命纸，在画心背面刷薄糨子，把新的命纸粘覆好。刷涂扇面以外的部分。刷浆时向画心中间由外向内刷涂 1—2毫米，再附贴上一张单宣，起到加固隐局的作用。刮裁时主要使用马蹄刀，将没有糨

---

①　郭祖榕：《浅析馆藏纸质文物的修复——以扇面修复为例》，《对联》2022 年第 15 期，第 42 页。
②　郭祖榕：《浅析馆藏纸质文物的修复——以扇面修复为例》，《对联》2022 年第 15 期，第 42 页。
③　王博：《残损折扇的揭裱复原》，《中国国家博物馆文物保护修复论文集》，北京时代华文书局，2019 年，第 229 页。

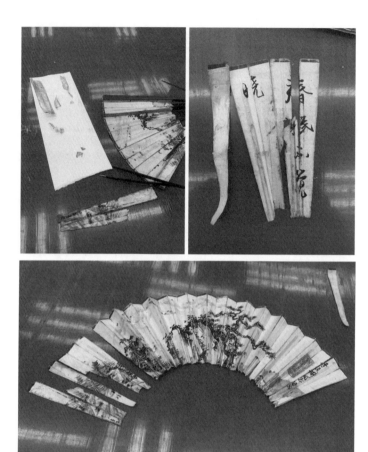

图七　揭除过程及揭除后扇面情况

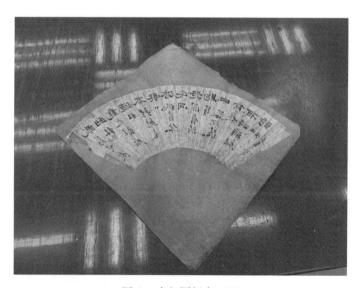

图八　李叔同折扇正面

子的单宣刮掉。

重新托裱好命纸后，将画心翻至正面，揭去皮纸，轻微整理拼对整齐。待完全干透，在背面的命纸后，用与扇面颜色、质地相近的熟宣修补残缺处。在补贴时要注意补纸的帘纹要与原纸方向一致。要求确保修补纸与画心融合为一个整体，避免因技术原因导致扇面受损，如因收卷受力不均而导致修补部位出现裂缝等情况[①]。除扇面破损部分，折扇折痕位置大多断裂，还需要重点用折条连接，折条宽度大约为 3 毫米。在贴补时，需要注意搭口处糨糊和补纸薄厚要均匀，避免因搭口过厚，产生硬化凸显，影响成品的美观。为防止其在清洗过程中掉色，也为了防止重新全色时产生上色不均匀的情况，在扇面画芯的背面使用浓度为 1.5% 的胶矾水均匀涂抹进行固色处理[②]（图九）。

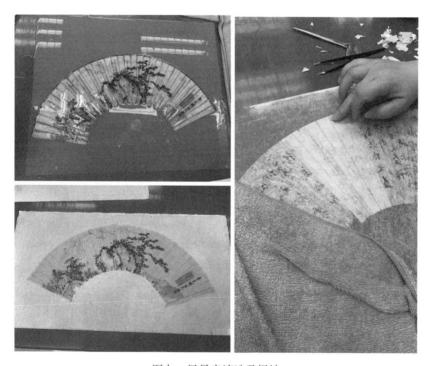

图九　风景扇清洗及揭裱

需要裁大于扇面画心约 2cm 宽的高丽纸，纸张半潮时四周刷稠糨子封挣上墙。待画心完全干透后为缺失处进行全色。全色时要秉持宁淡勿浓的原则，仔细揣摩扇面

① 郭祖榕：《浅析馆藏纸质文物的修复——以扇面修复为例》，《对联》2022 年第 15 期，第 42 页。

② 郭祖榕：《浅析馆藏纸质文物的修复——以扇面修复为例》，《对联》2022 年第 15 期，第 42 页。

书画作品的笔意，墨色必须比相衔接处的原作墨淡一些。如果第一次墨色干后太淡，以致与原作不能衔接，则可以再来一遍，直到相接近而稍淡为止[①]。

三、揭裱后保护形式

折扇的修复大多需要揭裱，揭裱后变为正反相对的两张画心。重新装裱的形制常见有两种情况。在画心修复完成后，若扇骨保存完好或有修复的可能，即可重新回归折扇原样，继续作实用器使用。而另有部分不再使用或书画人比较珍贵的扇面，为更好地保存，可另外装裱为其他形制。常见的有镜心、册页、卷轴三种，每种改装形式视收藏者的不同诉求而定，没有明显的优劣之别。具体的装潢形制需要根据本身的损坏程度和修复要求进行。可以说，扇面的装裱形制与它的收藏保护密切相关，适宜的装潢可以对画心起到保护和装饰的作用，反之则成为最具威胁的隐患[②]。

下面就改装后的形制一一进行探讨。

1. 恢复折扇本身面貌

折扇在揭、补、全等工序完成后，若扇骨保存完整，可重新恢复为折扇。下墙后，用事先准备好的瓷青纸沿折扇外边缘包边。不需要再上墙挣平，静置一段时间后，趁略有潮气把扇面按原来的折痕折叠起来，用重物压牢。待定型后取下重物，展开扇面，这时扇面已经平整定型，按宣纸条留出的空隙依次将扇骨穿入，穿时要注意力度和角度，不要戳伤扇面。扇面左右两侧刷稠糯糊与最外侧两个扇骨相粘，合实折扇，用绳子绑紧，进一步加固和定型。修复后的折扇展合流畅，状态稳定，便于观赏和保存[③]。但经由修复的折扇，因折叠处大多需要隐补折条，所以修补后的地方会较之前更厚，在后续的保存和展开时更易断裂，不利于后续保护。

2. 改为册页装

早在明代，文震亨的《长物志》中就有这样的记载："姑苏最重书画扇……素白金

---

① 李新秦：《博物馆书画小品的收藏修复与保管》，《中国文物科学研究》2008 年第 3 期，第 90~92 页。

② 谢子琪：《传统书画修复中"真实性"的多维建构——〈岁朝清供图〉墨拓折扇保护利用方案研究》，广州大学硕士学位论文，2022 年，第 27 页。

③ 王博：《残损折扇的揭裱复原》，《中国国家博物馆文物保护修复论文集》，北京时代华文书局，2019 年，第 230 页。

面，购求名笔图写，佳者价绝高……纸敝墨渝，不堪怀袖，别装卷册以供玩，相沿既久，习以成风，至称为姑苏人事。"① 可见自那时起，就有将折扇别装为册页的做法。装裱为册页的扇面经墩子加厚，展开平整，无须弯折，不易损毁，更加适合长期收纳。

册页的装裱形式，是将大小相似的书画小品一页页进行托裱，之后装订成册。册页的制作，在唐代就已经出现，最早的纸质书籍借鉴绢帛的形制，大多制成卷轴装，因为卷轴开合不便，为了更加方便阅读，也是受到简牍编缀的启发和佛经装制的影响，逐步演化出了册页装帧。册页在观赏时通常于案上平放展开，扇面小品精巧的绘画风格更适合册页的近距离观赏方式，而除了易于翻阅，收藏时节省空间等优点，平正挺实的外层封面更是增加了画心保存的安全性，在传世的扇面中，大多以册页形制保存最为完好②。盖因扇面装裱为册页，一般采用挖镶手法，这样扇面内窝，旁有覆面，有利于扇面的保护。在完成画心修复工作后将扇面装裱为册页形制，是劣化状况下扇面本体结构保护的较优选择③。

当经过重新装裱、修复后的扇面积攒至一定量后，可以重新整理，将同一题材的扇面根据主题、时代、作者等不同进行汇集，制作成"专题扇集"。将同样题材的扇面集锦成一册，大多以推蓬装为宜，上下翻面，上开版。专题集扇是对藏品的归纳和整理，有利于提升藏品等级。

在博物馆体系中，这样改装后的扇面更加适宜展出。但往往一把折扇揭开后只有正反两面，改装为册页后，只能做成单片裱扇页，或双页为一合。扇面数量过少，因为页子太薄无法集结成册，而扇面一般开本又比较大，不加装封面或护封，会导致因页面开本过大而边角处折损，不利于后续保存。

3. 改为集锦装立轴

折扇通常为正反两面，一字一画组合在一起，改做立轴时通常采用挖镶的手法，将正反两面平铺，装裱为一幅画面。这样装裱后的折扇，有观赏需要时可以于室内悬挂展示，不需要时可以卷为立轴收藏，方便收纳。

在制作立轴时，若遇尺幅较大的扇面，就会变成横画竖裱，影响美观性。遇到这一情况，可在画心上加诗堂。或视折扇宽度，做成两色裱或三色裱，增加上下天头和隔水部分的比重，使画面比例相对和谐。另有将扇面装裱成立轴时，会做成集锦装，

---

① （明）文震亨：《长物志》，商务印书馆，1936年，第56页。

② 谢子琪：《传统书画修复中"真实性"的多维建构——〈岁朝清供图〉墨拓折扇保护利用方案研究》，广州大学硕士学位论文，2022年，第15页。

③ 谢子琪：《传统书画修复中"真实性"的多维建构——〈岁朝清供图〉墨拓折扇保护利用方案研究》，广州大学硕士学位论文，2022年，第15页。

与其他形式的小品画相搭配，即将扇面、斗方、园光等小品镶嵌在同一个立轴内。通过不同的排布方式，使其具有更高的艺术观赏价值。

但扇面画心折缝处并不适合在小尺寸直径的地杆中长期收卷，若扇面折缝处没有做到足够的加强，画心与镶料的厚薄、强度不一致时，便容易在卷曲中产生二次伤害[①]。折扇的二次装裱保护形制中，册页为首选，卷轴次之，原因在于扇面本身纵向裂痕过多，若收卷不当，不仅会让原有裂痕继续恶化，还有可能产生新的横向折痕，进而引发其他不必要的损害[②]。所以将扇面改装为立轴，需要装潢匠人具有较高超的技艺和丰富的材料使用经验。

4. 改为镜心

镜心则是诸多装式中较为简单的一种，托裱后的扇面，经过方裁后可直接镶于镜框，做成特殊装帧的摆件，便于展示。可定制特殊的两面式镜框，将扇面立放其中，正反均可见。或做成上下镶嵌式等形式，是一种简化版的立轴，镶嵌玻璃后亦具防尘的优点，但在南方潮湿地区也容易因此滋生霉菌[③]。

四、总　　结

以往在修裱扇骨缺失的扇面时，大多考虑两种方法，一是将折扇扇面保留，改装成册页、立轴或镜片等形制，以便于保存；另一种是在修复扇面后，为其选配一把全新的扇骨，将其重新还原为折扇的形制。

本文两把折扇在扇骨缺失或损毁的情况下，若回归为原折扇形制，需要为扇面选配新的扇骨。由于缺乏确切的史料佐证，无法得知原扇骨的材质与类别，笔者认为直接在原作上安装新扇骨容易影响其历史信息的准确性[④]，不利于修复后的展示利用。这里考虑到收藏和展陈需求，为更好地展示原作者在扇子上所遗留的时代与个人信息，

---

① 谢子琪：《传统书画修复中"真实性"的多维建构——〈岁朝清供图〉墨拓折扇保护利用方案研究》，广州大学硕士学位论文，2022年，第27页。

② 谢子琪：《传统书画修复中"真实性"的多维建构——〈岁朝清供图〉墨拓折扇保护利用方案研究》，广州大学硕士学位论文，2022年，第15页。

③ 谢子琪：《传统书画修复中"真实性"的多维建构——〈岁朝清供图〉墨拓折扇保护利用方案研究》，广州大学硕士学位论文，2022年，第15页。

④ 谢子琪：《传统书画修复中"真实性"的多维建构——〈岁朝清供图〉墨拓折扇保护利用方案研究》，广州大学硕士学位论文，2022年，第26页。

便于后续的保存和收藏，选择册页装作为二次揭裱后的装潢形制。

一般折扇的制作材料为纸、绢、竹、漆、木等有机材料，画心折叠处经过频繁开合和使用，很容易发生断裂。整体折扇受环境等因素影响较大，保存或取用不当，会发生虫蛀、撕裂、霉菌、老化等多种损害。折扇一旦出现破损，应寻求专业修复人员进行揭裱处理，切不可用透明胶带或化学胶水等进行粘贴，这样不仅对折扇起不了保护作用，反而大大增加有害因素的侵蚀，加速扇面老化，同时也增加了再处理的难度[①]。

折扇的保护，应该在结合传统书画装裱修复技术与现代保护理念，达到藏品可持续保护、保存、展示等目的。尽量做到预防性保护为主，抢救性保护为辅。因此，折扇保存时应注意防虫防霉，避免紫外线及强烈光照，收起后最好用稳定无害的材料包裹，如有条件可按折扇的形状、大小量身定制囊盒[②]。将保藏条件控制在温度10℃到18℃，相对湿度控制在40%至60%之间，可以最为理想地抑制虫害和霉菌的生长。接触折扇时应戴上干净的手套，避免手上污渍沾染扇面。展开时要注意手上的力度，慢慢展开，不要用力抻拉[③]。在进行文物的修复时，需要在综合考虑文化背景、价值内涵及相关影响因素后，依据折扇的实际情况做出合理评估，协商制定解决方案[④]。

折扇虽小，却饱含了无数书画艺术家的才情与技艺，是历史文明和社会艺术、思潮的集中展现，更散发出独一无二的文化气息，为保证文化的传承和技艺的延续，于其保护和修复更应提起相应的重视。

作者简介：郝婧，天津博物馆，助理馆员，天津市河西区平江道 62 号，300201。

---

① 王博：《残损折扇的揭裱复原》，《中国国家博物馆文物保护修复论文集》，北京时代华文书局，2019 年，第 231 页。

② 王博：《残损折扇的揭裱复原》，《中国国家博物馆文物保护修复论文集》，北京时代华文书局，2019 年，第 231 页。

③ 王博：《残损折扇的揭裱复原》，《中国国家博物馆文物保护修复论文集》，北京时代华文书局，2019 年，第 231 页。

④ 谢子琪：《传统书画修复中"真实性"的多维建构——〈岁朝清供图〉墨拓折扇保护利用方案研究》，广州大学硕士学位论文，2022 年，第 15 页。

可移动革命文物的数字化保护

——以天津博物馆为例

刘　翔

（天津博物馆）

摘要：革命文物是开展爱国教育的宝贵财富，天津博物馆开展的可移动革命文物数字化保护工程，通过二维高清拍照和三维扫描技术，完整真实地采集记录革命文物影像信息。本文详细介绍了项目的流程、软硬件要求和实施方法等，对于其他从事可移动革命文物数字化保护工作的人员具有较强的参考借鉴意义。

关键词：博物馆　革命文物　数字化保护

　　革命文物是我国各族人民为中华民族独立解放和伟大复兴而开展革命斗争和建设的实体物证，分可移动和不可移动两大类。从五四运动开启的新民主主义革命，可上溯到第一次鸦片战争、太平天国运动、辛亥革命和同期其他革命活动，对象包含建筑物、遗址、遗迹和各类纪念物等。伴随 2021 年中国共产党成立 100 周年，社会各界对于革命文物的关注达到顶峰。习近平总书记对于革命文物工作多次做出重要指示，就用好红色资源、弘扬伟大建党精神、讲好中国共产党故事提出了新要求和新任务。

　　文物保护工作包含三种方式：① 文物本体的保护。侧重于文物自身的保养与修复。② 预防性保护。侧重于对文物存放设施的安全要求以及存放环境的监测调控，抑制各种不利环境因素对文物的危害[①]。③ 数字化保护。侧重于文物信息资源数字化的采集和存储等。

　　做好文物的数字化工作，可减少日后文物反复提取的磨损，使工作更趋于科学高效，这也是对文物本体保护的延伸。另外建立起来的数字化文物信息，为文物保管、保护、研究、出版、展示、文创开发等提供了科学依据和极大便利，伴随信息产业的

[①]　国家文物局办公室：《国家文物局办公室关于加强可移动文物预防性保护和数字化保护利用工作的通知》（办博函〔2018〕348 号），2018 年 4 月 19 日。

迅猛发展，令人目不暇接的数字云、虚拟现实展示、人工智能服务等新技术又为数字化的发展与应用开辟了更为广阔的空间。因此数字化保护是文物展示、宣传、教育等利用方式多样化的重要物质基础。

天津市可移动革命文物名录（第一批）中，天津博物馆馆藏为 4388 件，其中一级品 55 件，二级品 324 件，三级品 282 件，普通文物 3727 件。这些革命文物材质多样，包含纸质、木质、金属、陶瓷、丝织品等各种有机物和无机物；用途广泛，涵盖文书档案、徽章标牌、武器装备、服饰穿戴、日常用具等。时间跨度从旧民主主义革命至新民主主义革命，再到社会主义建设时期。很多革命文物与中国近现代重要人物或事件密切相关，其中有中共一大代表何叔衡烈士遗物——怀表和长衫；1917 年周恩来在南开中学毕业时的留影；1949 年毛主席在开国大典上穿的绿呢中山装；1949 年天津市人民政府庆祝开国大典升起的第一面国旗；1954 年毛主席题"人民公园"手迹；1955 年天津研制成功的第一只国产手表等。

2021 年天津博物馆启动了可移动革命文物数字化保护项目，本文仅就项目中革命文物数字化的信息采集加以论述。

信息采集工作根据文物利用途径不同，选取具有典型性、代表性的革命文物，913 件／套进行高清图片拍摄，105 件／套进行三维扫描。高清图片主要用于出版、宣传等，三维模型主要用于研究、交互体验等。

在革命文物数字化采集中，应遵循以下 4 项基本要求。

1. 安全性

信息采集工作应以确保文物安全为首要遵循，工作环境的温度、湿度、光照、粉尘等条件都应符合文物保护标准。事前须检测设备安全性，采集人员和设备不得触碰文物，并与文物保持安全距离。工作时应有博物馆文物保管人员在场，采集人员应佩戴口罩，着软底防滑鞋，勿穿戴过于宽松繁琐的服饰，以免刮蹭带倒文物或设备，必要时还需采取措施防止汗液滴落在文物或设备上。此外不得在采集区域内从事饮水、进食等可能对文物安全产生隐患的行为。

2. 真实性

采集的革命文物信息应严格遵从于文物本体，图像清晰，没有畸变，色彩真实，不对文物图像进行艺术渲染。采用功率 18W，色温 6500K 的 D65 光源。采集时文物旁边附有比例尺和色卡，供后期调色处理等参考。

3. 适宜性

选取成熟度和性价比高的采集技术，成品应符合出版发行、宣传教育和其他公众服务等用途，适用于 PC 及移动等互联网端设备。

4. 高效性

在确保文物安全及不影响观众参观的情况下，科学合理安排工作流程，在不影响质量的前提下，快速、高效完成文物信息采集工作。

一、高清图片采集方案

1. 采集设备

采用不低于佳能 6DMarkII 相机进行二维数据采集，同时配备 2 个 24—70mm 标准变焦镜头，2 个 50mm 定焦镜头，2 个微距镜头，1 个（12—24mm）广角镜头，1 个（14mm）移轴镜头，若干数码 CF 存储卡和 SD 存储卡。此外还配置偏振镜、测光表、色温表、反光板、快门线、三脚架、灯架、SB-5000 闪光灯、雷达灯罩等辅助设备，保证文物拍摄的需要（图一）。

图一　拍照工作场景

2. 采集流程

（1）考察工作现场、完成前期准备工作。

（2）进场组装设备。

（3）调试相机参数、完成灯光布置与测光。

（4）拍摄文物。

（5）完成数据存储、整理、现场自检、导出。

（6）数据处理。

（7）输出成品。

3. 采集要求

（1）光路及其反馈调节系统

采集现场布光利用标准光（上午10点晴朗天空标准光效果）进行调试，通过光线检测设备作为调整光源的反馈信息对光源进行测量，调节至符合要求为止。

（2）照相及其反馈调节系统

采用德国进口施耐德镜头（每个像素三基色各自灰度等级最高可达14bit）拍照，为方便后期处理，相片存储格式为TIFF。为实现对书面材料等准确定位和拍照，采用龙门架式扫描平台。拍摄之前，须对标准样张图片进行试拍，并对比专业色彩检测仪器的取样结果，调试设备，修正误差。

（3）合成及其反馈调节系统

合成后图片每英寸可达600—1200点（PPI=800—1200），每平方米纸质、丝、棉麻纤维的高清数字化后文件存储高达5—10G。使用标准样张图片，进行合成。对合成后的照片抽取一定数量的关键点与专业色彩检测仪器取样结果进行对比，验证合成效果并修正误差。

（4）主要技术指标

针对不同文物的特征和体量，选取相应设备，以真实还原文物高清面貌（表1）。

表1　采集高清照片主要技术指标表

指标名称	指标值／状态／精度
光路指标	光线采用符合国家标准的标准光
单张图片	不低于4000万像素
照相指标	三基色的灰度等级最高可以达14bit
合成指标	使用标准样张图片，实现无痕合成
显示参数	还原原始现场的显示环境
存储参数	TIFF、JPG格式存储
网络传输参数	高清文件压缩格式传输

（5）主要技术规范

1）拍摄基本技术规范

为拍摄不同色系的文物，须准备深浅不同的两块灰色背景。拍摄对象尽量充满画面，构图合理、主次分明，背景干净，色调准确、光线柔和、层次丰富。此外注意视点的选择，减少因镜头透视产生的视差[①]。

2）平面文物拍摄技术规范

相机镜头与拍摄平面垂直，保证画面无畸变。图像清晰，色彩准确，布光均匀，影调丰富，画面内明暗对比适中，亮度差别。

3）立体文物拍摄工作规范

立体文物必须拍摄一张主视角全形图像，此外分别拍摄正视图、侧视图、俯视图、底部图、局部图 5 个部分的信息图片，总数不得少于 6 张。画面主题清晰、色彩准确，无明显透视畸变，除文物与参照标识外无其他杂物。对于扁平形器物（如钱币、徽章等）一般拍摄正反两面，如边沿有特殊信息，加拍边沿影像。成套文物除拍摄组套图像外，每一件物品均须独立拍摄全形图像。对具有纹饰、标识、题款、附件或其他特殊情况的，各相应部位须进行局部拍摄，环绕器物表面的，每隔 30°—45°拍摄 1 张[②]。

4）一级品中平面文物每件拍摄 2 张；其他未定级的重要文物每件拍摄 2 张。

5）单张照片像素需要在亿级以上的，可使用拼接融合技术。亿像素拍摄时，采用移轴拍摄模式拍摄文物局部，以文物左上角为起点，先拍摄一张照片，然后水平向右移动相机，拍摄第二张照片，两张照片重合度根据实际情况可设为 15%—30%，记录相机在轨道移动的距离，根据文物的宽度计算出相机移动的次数（文物横向拍摄照片的张数）。同理根据文物的高度计算出相机移动的次数（文物纵向拍摄照片的张数），横纵数量相乘即为完整文物拍摄的照片数量。单张照片不低于 4000 万像素，使用高清晰压缩比 TIFF 格式。

4. 成品规格

每张文物照片采用 TIFF 格式，每个原色的灰度等级不低于 64 级。图片尺寸不低于 4000 万像素。直接数值化采集数码影像时，每帧不小于 300 万像素[③]（图二、图三）。

---

① 刘钢强：《现代影像技术在创立博物馆档案中的应用研究》，中国美术学院硕士学位论文，2010 年。

② 刘钢强：《现代影像技术在创立博物馆档案中的应用研究》，中国美术学院硕士学位论文，2010 年。

③ 胡江、陈晴、刘健，等：《馆藏文物数字影像指标体系的规范、管理与应用》，《文物保护与考古科学》2007 年第 3 期，第 37～43 页。

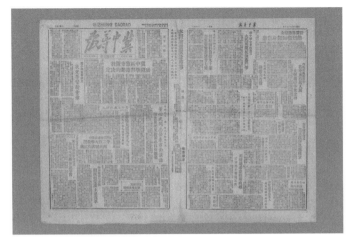

图二　1947年《冀中导报》

图三　1920年天津各界人士赠给
为周恩来等人被捕而义务辩护
律师的景泰蓝花瓶

二、三维扫描数据采集方案

1. 采集设备

三维信息获取方式一般有三种：第一种是利用建模软件构造三维模型；第二种是利用图像或视频重建三维模型；第三种是通过仪器设备获取三维模型[①]。本项目采用第三种对文物无接触、无损害的工作方式，其原理主要是将高密度、高分辨率的激光投射到被测物体上，将捕获到的实体点云数据和三维坐标，经相关软件处理后生成实体模型。其特点是扫描采集精度高，不受被测物体积和环境条件的限制，但在采集过程中需要人工干预，对三维点云拼接，因此对相关操作者的要求较高[②]。

本项目根据采集文物的外部特征以及后期数据用途，采用2种手持式三维激光扫描设备进行数据采集。

第一种：Artec Space Spider

光源为蓝色LED；3D数据精度0.05mm；3D数据精度与距离每100cm降低0.03%；工作距离0.17—0.35m；近距离扫描范围90mm×70mm；远距离扫描范围180mm×140mm；扫描角度范围30×21°；实时融合的3D重建速率8fps；3D曝光时间0.0002s；数据获取最高速度100万点/秒；输出格式OBJ、PLY、WRL、STL、

---

① 闫雯：《基于图像的三维建模算法与实验研究》，西安理工大学硕士学位论文，2007年。

② 张嘉欣：《实物档案三维数字化研究》，湖北大学硕士学位论文，2018年。

天津博物馆论丛（2022）

AOP、ASC、PTX、E57、XYZRGB。

第二种：Artec Eva

光源为镁光灯（无激光）；3D 分辨率 0.5mm；3D 数据精度 0.1mm；3D 数据精度与距离每 100cm 降低 0.03%；工作距离 0.4—1m；近距离扫描范围 214mm×148mm；远距离扫描范围 536mm×371mm；扫描角度范围 30×21°；实时融合的 3D 重建速率 16fps；3D 曝光时间 0.0002s；数据获取最高速度 200 万点 / 秒；输出格式 OBJ、PLY、WRL、STL、AOP、ASC、PTX、E57、XYZRGB。

2. 采集流程

利用非接触式三维激光扫描技术和高清拍摄技术可全面、精确地采集文物形态、质地、纹理、色彩等数据，再根据精准点云数据建立三维模型并贴图。其流程主要为三部分：三维信息采集、三维数据处理、三维模型优化（图四、图五）。

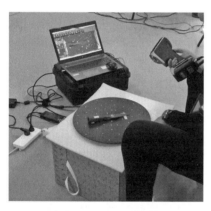

图四　三维扫描工作场景

（1）数据加工

现场采集的数据信息，无论是三维激光扫描仪的点云数据，还是倾斜摄影和照片矩阵拍摄的图片，均需要经过后期专业软件的数据处理才能进一步转化为模型及材质信息。

1）点云数据处理

在实际操作中由于各种不可预知因素的影响，在测量结果中经常混有噪音，因此首先需对点云数据进行平滑、滤波处理，在此基础上优化误差点云，通过对数据进行分割、合并、压缩、统一等，精减冗余，创建点云网格。根据需要生成面数高、细节丰富的三维模型，供后续模型加工使用。

2）照片建模处理点云数据

利用 Autodesk 123D Catch 照片建模软件，根据物体多角度照片计算出每一张照片相对拍摄位点，根据照片信息，还原照片矩阵，进而生成模型点云数据，后期通过照片纹理细节信息，为点云着色，并通过相邻最近点的连线生成模型及贴图。

3）手动建模

有些物体只通过三维扫描完成建模具有一定难度，以下 3 种情况便是如此。

第一种：高透光、高反光材质。如玻璃、玉、水晶、瓷器、镜面等，扫描效果会打折扣。虽然可以对物体表面喷涂显像剂来解决，但考虑到文物安全与保护问题，显然不适用该方法。

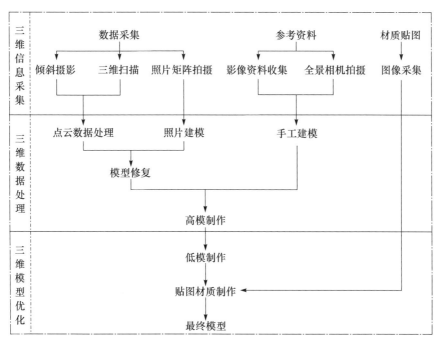

图五　三维数字化采集流程图

第二种：结构复杂或特殊的物品等，如平面的物体过薄，带有尖刺、绒毛等体积过于细小部分，因扫描仪精度所限，也都不太容易采集。

第三种：物体本身或某部分无法保持相对固定。如含有锁链、扣环、吊坠等物品在从不同角度扫描整体的过程中，无法确保易动部分始终处于原始位置，这样就会造成从不同角度采集的数据信息无法完美拼合，所以扫描该类物品也具有一定难度。

因此，以上情况还是需要结合传统建模方式解决，通过前期采集到的信息作为参考，运用 3DMAX、Maya、Zbrush、Mudbox 等三维软件人工完成三维扫描中难以采集的部分建模工作。

4）模型修复及高模制作

前期通过扫描得到的高模经常会出现一系列杂面，需要后期比对实物调整和修复细节特征，通过照片建模的细节及特征比较准确，但面数过多，而且也会存在杂面，后期同样需要修复。这一步骤的主要任务就是对模型精雕细琢，塑造最终形态。

（2）模型优化

1）低模制作

原有高模面数多，虽然精细，但在进行动画处理时，会给计算机带来繁重的负担，大大降低处理速度，因此需要对高模重新拓扑。拓扑就是对高模线面进行重新整理，制作出资源与效果平衡兼顾的低模，从而得到保留了从高分辨率工作中获得的细节，但仍可以在动画中流畅运行的模型。

2）贴图制作

模型的形态确立后，自身表面的纹理质感则需要通过贴图来体现。贴图的信息来源于前期图像采集的数据。所谓贴图就是将二维图形的纹理覆盖在模型表面，从而产生逼真的质感、纹理和颜色等，包括反射、折射等三维视觉效果，因此贴图这一步非常重要，其质量高低直接影响模型最终呈现出来的效果[①]。

3. 采集标准要求

（1）文物三维数据采集标准

采集时不接触文物，也不在文物上粘贴任何介质或标志物；根据采集数据构建完整的全视角模型；运用各种技术解决高反光、高透光文物的扫描和纹理采集；三维模型包含实际尺寸数据；三维数据采集精度误差≤10μm；点云数据噪音点<15%；三维模型形态误差≤10μm；扫描面对物体外表面覆盖率≥90%。

（2）文物色彩与纹理采集标准

色彩还原以自然光照条件下物体表面色彩为标准；文物可视范围内，影像拍摄采集完整率≥90%；采集设备单反相机像素>1200万；纹理无缝拼接，过渡完好；纹理分辨率≥4096×4096；纹理贴图尺寸误差≤0.02mm。

（3）文物三维模型数据处理标准

三维模型格式为通用OBJ、PLY、MAX格式；独立可拆分文物均单独建模；三维网格模型封装，结构合理，无重叠面和交叉面，无网格锐角；UV展开均匀，切线位置合理、无重叠，摆放充满UV格；模型贴图根据实际纹理贴图类型需要输出，格式为jpg、Tga、Png、TIF等；模型法线贴图具有体积感；贴图边缘融合自然、无接缝；高模单张贴图分辨率为8192×8192，中、低模贴图分辨率为4096×4096；贴图精度位置偏移≤文物最长边尺寸×1%。

4. 成品规格

（1）数据规格

根据文物三维模型的不同用途，提交三种规格数据（图六、图七）。

第一种：文物真实详细的高精度三维模型原始数据，可用于天津博物馆馆藏革命文物数据综合管理平台数据存储备份和文物复制、研究等。

---

① 王冬：《关于次世代游戏3D高精模型制作与表现的研究》，《山东工业技术》2015年第4期，第226页。

图六　1950年天津市人民政府条印三维演示截屏

图七　吉鸿昌生前使用的笔筒三维演示截屏

第二种：包含文物全方位高清细节的高精度三维展示数据，交互自然、浏览流畅，格式为超文本格式，兼容主流浏览器浏览，无须安装插件。

第三种：保留文物清晰度和重要细节的低精度三维展示数据，单个文物数据小于5MB。数据用于互联网展示时应交互自然、浏览流畅。在浏览器端无须安装插件，并可流畅观看文物的三维模型数据，格式为超文本格式，须兼容主流浏览器访问。

（2）数据要求

①数据文件命名应符合规范，按成果类型分类后提交归档。

②文物三维模型的展示数据需要加密，普通用户只能浏览，不能解析或者反编译数据。

③支持浏览器终端，不需要下载任何插件，直接可以在PC端、手机APP、微信

公众号，展示体验三维数据，并能实时渲染光影效果。在文件压缩至规格要求的前提下，须保证文物的清晰度和细节。

④ 界面设计美观，体验舒适，模型可进行缩放、移动、720° 旋转等操作。

⑤ 除模型数据外，其他须包括但不局限于模型名称、编号、文物说明等。

三、余　　论

革命文物由于其材料质地包罗万象，形态结构五花八门，自身大小千差万别，决定了其数据采集的复杂性，因此需做好充分的准备工作，例如，采集信息时文物如何摆放固定，就是一个重要问题，一些纸质文献适合用磁珠吸附在金属板上拍摄，旗帜类适合悬挂拍摄，某些衣物适合穿在假人模特身上拍摄，还有一些不规则文物需要支架、鱼线等辅助工具固定拍摄，这些准备工作都应提前安排到位。在工作流程的安排上可按照革命文物的材质、大小等做好分类，如何分类可根据自己实际情况决定，按类采集能避免设备的反复布置与调试，可大大提高工作效率。此外，保管员熟悉文物情况，采集员精于采集工作，双方应加强交流沟通，便于解决一些不可预见的实际问题。

目前三维技术逐渐进入文博行业，各大馆也纷纷尝试其与博物馆的结合与应用，但因设备、制作等成本较高，尚无法普及到基层。此外，近年来三维扫描尚无突破性发展，在技术上还无法适用于所有目标，扫描对象仍受一些因素制约，如高透光、高反光材质，结构复杂或体积过于细小部分，都不易采集。后期处理需要大量时间编辑，专业性强。总体来说，三维扫描是一项耗时耗力耗钱的工作，目前尚无法全面推广实施①。

尽管如此，数字化对于博物馆的积极意义仍显而易见，其优势和广阔前景也被大家公认。做好革命文物数字化保护是功在当代、利在千秋的重要工作。首先，文物二维与三维图像信息被完整真实地记录下来，这对于文物档案是极大的充实与完善，为文物的保管与维护工作打下坚实的基础。其次，飞速发展的计算机技术实现了展览的虚拟化，观众可在网上全方位欣赏文物，对局部细节随意缩放和切换视角，观展体验甚至优于博物馆。最后，文物三维模型对文物修复工作起到了如虎添翼的作用，运用计算机软件对三维模型结构的分析，可计算模拟出文物残缺部位的实体数据，通过 3D 打印技术，快速制作出所需模型，极大提升了修复精度与效率。

博物馆珍贵的革命文物是开展爱国教育的宝贵财富。它们记录了中华民族所经历

---

① 邵壮：《馆藏文物三维数字化探究——以中国国家博物馆为例》，《文物鉴定与鉴赏》2020 年第 24 期，第 97～103 页。

的半殖民地半封建的苦难历程，也展现出中华儿女为争取民族独立、实现国家富强而浴血抗争和艰苦奋斗的革命精神；是不同历史时期党、国家、军队、人民发展壮大、由弱到强的时代见证。如何将革命文物数字化保护工作更好地普及与发展，也是我们文博工作者传承革命精神、赓续红色血脉的重要职责。

作者简介：刘翔，天津博物馆，副研究馆员，天津市河西区平江道62号，300201。

清玄烨行书唐诗轴修复概述

李 炯

（天津博物馆）

摘要：玄烨行书唐诗轴的装裱材料老化糟朽，裱工经过多次修复现已无法悬挂展示，急需修复。此书画的装裱有明显的宫廷风格，在修复时本着书画修复的最小干预原则和最大信息保留原则，尽量使原装裱材料在揭裱修复后进行还旧使用以及还原它流传信息的完整度。修复清洗时还需要注意保护诗堂的手绘纹饰金粉不能流失。制定修复和实施时要为后续收藏保存排除安全隐患能更长地延续其保存时间。在修复过程中采用现代科技检测与传统书画修复技艺相结合的方法进行病害分析和对本体的修复保护。

关键词：书画修复 揭裱 还旧处理 保护

清圣祖仁皇帝爱新觉罗·玄烨即康熙帝，清朝第四位皇帝、清定都北京后第二位皇帝，年号康熙。玄烨的书法成就很高，其作品形态多样，有临摹兰亭序，亦有抄经楷书、榜书题匾等。无论哪种书法，在康熙的笔墨行运下，都透露出厚重感，颇具辉辉然的皇家气派。清玄烨行书唐诗轴是天津博物馆的馆藏书画。这件文物为书法立轴，画心为康熙行楷"朝辞白帝城"的诗句。左下方盖有两方朱文印章。整体为两色裱，画心为绢本材质，上镶有用金粉手绘海水、云龙纹图案的笺纸质地的诗堂。

书画付装，先须审视气色。如遇重裱整修古旧书画，须先审视纸绢气色，察看破旧污损，辨明纸绢式样，透视画心底子。旧画必然有气沉色暗、尘积落色、虫矢霉渍、虫蛀鼠蚀、残损破碎的情况；也有的历经装裱，心纸"揭荒"，不容再揭，表面无从看出，必须对着灯光或日光透视照看，方可鉴明内症，制订治疗计划①。

以前装裱前只能通过肉眼观察，分辨病害，但是现代我们可以利用一些科学仪器来辅助我们判断分析书画的病害情况，并制定出合理的修复方案。

从保存现状观察可见，清玄烨行书唐诗轴裱工多处有明显污渍和硬折痕，局部有残缺。且天地头绫子已老化糟朽，天头经过多次修补粘贴，已不能进行悬挂展示。地头老化，脏污严重，两个轴头丢失。画心也多处变色，局部有断裂痕迹。

---

① 杜秉庄、杜子熊：《书画装裱技艺辑释》，上海书画出版社，2010年，第17页。

清玄烨行书唐诗轴的裱工材料具有明显的宫廷特征。绫子为一种云凤纹（图一），在目前馆藏品中比较少见，具有一定的研究价值。其诗堂纹饰为金粉手绘海水云龙纹图案，两个龙爪举一明珠托于头顶，明珠内绘有"御书"二字。

我们通过仪器检测，来分析其病害情况。在画心的右上方和左下方分别选取了两个固定点位进行检测分析。用 HPG-2132 便携式色差计，检测文物色度。用天津精科 JKGZ60 便携检测仪进行光泽度测试。用 APOLLO 红外反射成像仪检测文物隐藏信息与病害，发现并无其他隐形痕迹。

图一　云凤纹绫子（局部）

通过便携式数码显微镜（三光型）检测文物和附着物的材质，在放大 60 倍（图二）和 200 倍（图三）镜头下观测纤维显示，纤维里灰尘脏污多，纤维断裂和遭腐严重。因此天地头的裱工材料需要更换新的。

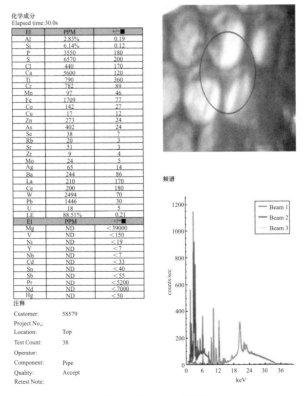

化学成分
Elapsed time:30.0s

El	PPM	+/-
Al	2.83%	0.19
Si	6.14%	0.12
P	3550	180
S	6570	200
Cl	440	170
Ca	5600	120
Ti	790	360
Cr	782	89
Mn	97	46
Fe	1709	77
Co	142	27
Cu	17	12
Zn	273	24
As	402	24
Se	38	7
Rb	20	3
Sr	51	3
Zr	9	4
Mo	24	5
Ag	65	14
Ba	244	86
La	210	170
Ce	200	180
W	2494	70
Pb	1446	30
U	18	5
LE	88.51%	0.21
El	**PPM**	**+/-**
Mg	ND	<39000
V	ND	<150
Ni	ND	<19
Y	ND	<7
Nb	ND	<7
Cd	ND	<33
Sn	ND	<40
Sb	ND	<55
Pr	ND	<5200
Nd	ND	<7000
Hg	ND	<50

注释
Customer: 58579
Project No,;
Location: Top
Test Count: 38
Operator:
Component: Pipe
Quality: Accept
Retest Note:

频谱

Beam 1
Beam 2
Beam 3

counts/sec

keV

图二　放大 60 倍情况

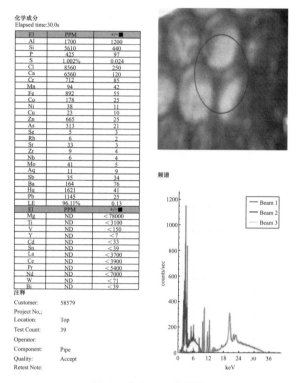

图三　放大 200 倍情况

通过 OLYMPUS VATA 便携式 X 荧光能谱仪在画心点位检测文物和附着物的材质。手持 X 荧光元素分析仪检测此幅书画中主要为轻元素碳，其他成分多的元素主要为灰尘粉尘所形成的 Ca、S 和 Ci 元素。说明书画表面脏污主要为灰尘沉积所致。我们可以采用传统清洗方式进行清洗。

经检测分析，可见天地头的绫子已经老化糟朽，其强度已不能起到保护书画的作用，鉴于天地头和隔水的花纹是一样的，隔水的绫子较天地头要好些。以保护画心为首要目的，本着优先选用原装裱材料的原则，所以采用部分还旧处理方法，保留其隔水部分的绫子。以新的云鹤纹绫子托染旧色作为天地头的材料。隔水与绫边虽然较天地头强度较好，但边缘也已糟朽，因此两个边缘糟朽处各裁掉一寸半，并镶一条新绫边加以保护。

书画修复的主要步骤就是挑选修补装裱材料，清洗，揭裱，修补，全色，恢复装裱。对于玄烨行书唐诗轴这幅书画的修复，难点在于老绫子的修复后的还旧处理，以及清洗时对诗堂描金图案的保护。所以修复重点就在于清洗、揭裱和修补步骤。

1. 清洗

一般清洗前，先检测换面墨色和颜料是否掉色，有掉色情况先进行固色处理再进行清洗即可。但是，由于玄烨行书唐诗轴的诗堂为笺纸，而且是用金粉手绘海水云龙纹图案，用水浸泡或用温热水清洗容易使其脱胶掉色。清洗时应控制水量和水温，即使是提前固色了，也不可与书画其他部分一起浸泡。因此清洗时要提前进行处理。

先将诗堂四周用毛笔蘸清水潮润（图四），直至诗堂四边可以用针锥挑开。四边打开2厘米左右，用裁刀顺着揭开的诗堂四周裁下后面的覆被。然后将诗堂拿下。再采取天地头部分的裱工，这样就可以清洗画心和绫子了。

图四　将诗堂四周用毛笔蘸清水潮润

由于玄烨行书唐诗轴的画心和绫圈灰尘沉积较重，需要重点清洗，尤其是右侧绫边，脏污严重，所以要重点清洗。本着安全性原则，玄烨行书唐诗轴的画心和绫圈在清洗时，采用持排笔用温水淋洗，同时用排笔上下挤压，洗去了一些浮尘。但是一些顽固污渍还是未能清洗掉。因此需要继续清洗，先用毛巾盖住画心和绫圈（图五），用90℃左右的热水，淋浇在毛巾上，闷5分钟左右。让绫、绢经纬丝线间沉积的灰尘软化，再用排笔向下反复挤压，直到挤压出黄色的脏水，再用毛巾把水分吸干，反复两次，画心已相对干净了。这时右侧绫子上的顽固污渍还比较明显，所以再用毛笔蘸取皂角水进行清洗。反复几次，污渍见消，用清水将皂角水清洗干净。由于部分污渍已经渗透到绫子纤维内部，无法完全清洗干净，但是已不会影响整体观赏效果。本着保护文物安全和修旧如旧的原则，确保绫子的强度，不再使用化学药剂进行彻底清除。

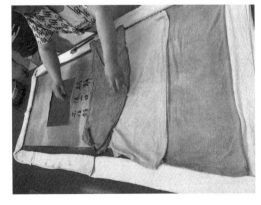

图五　用毛巾盖住画心和绫圈

2. 揭裱

明代周嘉胄在其《装潢志》中曾言："书画性命，全关于揭。绢尚可为，纸有易揭者，有纸质薄，糊厚难揭者。糊有白芨者尤难。须仗良工苦心，施迎刃之能，逐渐耐烦，致力于毫芒微渺间，有临渊履冰之危。"可见揭裱对于书画的重要性，也是最需要耐心谨慎和慎重考虑的步骤。

玄烨行书唐诗轴由于需要保留绫圈，所以揭裱时应该一一拆解，揭裱后完成修复，然后在恢复装裱时再镶接到一起。但是揭裱时发现，画心和绫圈的绢和绫子在镶口处断裂严重，甚至有不同程度的残缺。这样在修复时必然要先进行贴补，这样边缘同时贴补的位置就会有双倍的厚度，厚度两差加大，装裱后会给以后的保存留下隐患。如果太厚将来贴补的位置会更容易断裂。为排除将来可能出现的安全隐患，所以在反复研究后，决定把画心诗堂和绫圈作为一个整体进行揭裱修复，不再另行拆开修复后再镶接。这样所有残破的拼接镶口的地方只补一层就可以了，而且重叠的托纸也会少一层，整体也会更薄软平整。

为保证绢和绫子的经纬正直，花纹不走形，在揭裱之前要先翻水油纸。具体操作是将清洗完的书画用毛巾把水分吸干。因为诗堂提前裁下来了，后期还要镶回去，为避免水油纸的浆子粘住诗堂的纸面和金粉，要先裁出一块比诗堂四周大出 1 厘米的宣纸附在诗堂的位置，再进行翻水油纸的步骤。

先将水油纸用清水潮润，在刷上略稠一点的浆糊，放置一边，让其渗透一会儿。为了便于从画首顺口起台，从画心下边始，依次将浆面水油纸，扣放整齐并刷合、排牢。为了安全起见，在水油纸上刷一层稀浆，再托合一层宣纸后翻身刷平排实，然后开始揭裱。

揭裱时需注意画心的断裂、残损处，应当顺着茬口去揭，如果逆着茬口去揭可能会将绢、绫带起，从而拉动丝线的伸缩，会形成不好回还的情况，甚至会使其花纹变形。揭裱时一边揭一边用湿毛巾覆盖，保持湿润使画心保持平整。

揭裱时镶口的地方要提高注意力。因为绢和绫子边缘容易脱丝，如果脱丝严重，恢复装裱后镶口就会不整齐。因为是整体揭裱不再拆分。所以在揭完命纸后，所有接口都要用毛笔蘸上略稠的浆糊进行填充。

单独裁下来诗堂质地为笺纸，又有描金图案，清洗时不可用大水，所以只能用面团在纸面上粘碾去除浮尘。然后在诗堂正面刷胶矾水对金粉进行加固，放置一边等其自然干透。揭裱诗堂时，要潮润着揭，不能大水湿揭。先把化纤纸湿透平在案子上，再把水分吸干，作为诗堂揭裱的衬纸。把诗堂正面朝下，背面喷洒少许水雾，再用半干的毛巾覆盖，使诗堂闷润。然后一点点地把背纸和命纸揭下来。将揭完的诗堂重新镶回原来的位置。

3. 修补残缺

根据画心绢本的经纬度，挑选了与其经纬宽度相同，厚度相似的老绢，染色后作为补绢。补绢的染色不能染得和画心一样，因为绢和绫的丝质缝隙不像纸张那么密实，他的经纬线是有空隙的，所以补料的颜色会透过来。如果补料染的颜色同画心颜色是一样的，那么残破地方露出来的颜色和画心颜色是一致的，但是破洞四周重叠的地方颜色叠加上画心原本的就会变深，形成一个黑圈。但是颜色也不能染得太浅，同样的道理，颜色太浅了补料和画心重叠的部分也会比其他地方的颜色浅，形成一个白圈。因此染色的时候一定要掌握这个色差的度。要达到补完以后补料和画心重叠的地方与周边颜色无明显色差，然后再补全残破位置颜色即可。

将绢和绫子贴补完成，托覆染好的棉连纸为命纸，四周出隐局条加以保护。排实后翻身，揭掉正面的水油纸，等到半干时进行搓浆。画心太湿，搓起来打滑，浆子滚不起来。同样画心太干了，浆子就粘牢了，同样搓不起来。画心半干时可先用手中间三个手指，在画心完整、没有画意的地方轻轻地试着搓拭画面，如果画面的浆子能随着手指搓离画心形成小碎条，就可以开始搓浆了。通常是从一边开始，依次、顺丝搓摩，尤其是断裂、残破的地方，要注意搓摩的走向和力度。搓掉的干浆要及时清除干净，手指也需要及时地用湿毛巾擦拭干净，避免手指上的浆子干透变硬而划伤画心。

绢本画心和绫子在托命纸之前已经贴补完整，但是诗堂还有多处折痕断裂的地方（图六），所以在画心和绫子搓浆晾干后还要对诗堂进行贴折条加固的步骤。

接下来是全色的步骤。先要调兑出胶矾水，将其用排笔刷在画心上，刷完胶矾水后垫着隔护用棕刷排刷一遍，以促进胶矾水的渗透。胶矾水干透后封挣上墙时要注意安全问题。因为现在的"画心"不是单纯的纸本画心或是绢本画心。它本身的材料都较为脆弱了，而且还有多处镶口，所以封挣时要注意安全问题。首先封挣的材料选

图六　诗堂有多处折痕断裂

用韧性较高纤维含量在 80% 以上的高丽纸。而且避免用常规尺寸 1 米 ×1 米的高丽纸进行裁切、拼贴。选用了 1 米 ×2 米的整张高丽纸进行裁切，保证了纸张的整体性，避免有接口，安全度更高。上墙时要看水，随时观察湿度的变化，保证镶口和修补处的安全，直至完全干透。

将露出补料地方的颜色补全完整。使整幅画面看起来完整统一无破碎感（图七）。

图七　将露出补料地方的
颜色补全完整

4. 签条的修复

玄烨行书唐诗轴原裱件没有粘贴签条纸，而是在签条位置直接书写在覆被上的。签条为赵又梅题字"康熙御书行楷直轴"，落款为"居敬轩主藏　又梅题"，左下角盖有"赵"字朱文印。签条的信息也是这件书画的重要的流传信息，因此应保留。

修复时，将题字裁切下来，重新托裱成签条。由于原件没有包首，所以签条位置磨损较严重（图八、图九）。所以在全色的时候需要将残缺破损的地方的颜色补全完整，并延长了上下的底色，以方便裁切整齐。修复完成后再贴回原位置（图十）。

这件文物的修复是局部还旧装裱，将隔水部分的绫子以及诗堂和画心作为了一个新的画心为整体进行的保护修复。将断裂、残缺地方的补全完成以后并补全颜色，恢复装裱完成修复。整体裱工基本还原了原始尺寸和形制。只是绫圈两侧多了两条 2 厘米的新绫条加以保护。

古人云旧画重装如病笃延医，修复完后完成的书画，不但要保证书画作品的完整性还要去除病害，延长其使用年限。此次修复采用传统书画修复技艺与现代科技检测分

图八　修复前签条状况（一）

图九　修复前签条状况（二）

图十　修复后签条状况

析相结合的方法进行了修复方案制定和实施，修复完成的书画保证了画心的完整，并最大限度地保留了原装饰材料及流传信息，整体裱工平软整洁。

作者简介：李炯，天津博物馆，馆员，天津市河西区平江道 62 号，300201。

论绢本书画的材料特性对其修复流程的影响

——以王原祁《山水图轴》的修复为例

祝一宁

（天津博物馆）

摘要：清代王原祁《山水图轴》现藏于天津博物馆，绢本立轴，两色裱，青绿设色山水画；诗堂为板绫质地，有清代王奕清所作题跋；其余裱工部分为花绫质地，无文物信息。由于文物历时弥久，多处滋生了程度不一的霉变、残缺、污染与空壳等病害，并存在进阶恶化的可能性，亟待修复。本文以《山水图轴》的全过程修复为具体实例，讨论有关绢与绫等丝织品的材料特性对绢本书画修复流程的影响。

关键词：绢本书画　绢　板绫　文物修复　王原祁

一、丝织品在书画应用范围中的材料特性

现今对于丝织品材质的书画文物定名，大多采用"绢本书画"这一统称，这与绢应用于中国书画的时间长度和范围广度密不可分。绢与纸同为书画材质的一类，但因为二者截然不同的材料特性，其修复流程和难点也不尽相同。

探究绢的材料特性要结合中国美术史和中国丝织业史。《说文解字》记载了"绢"的字源："绢，缯如麦稍。"汉代之前，早期丝织物统称为"缯帛"。后来，两汉逐渐被"绢"所概括代称。再到后来纺织技术的提升，织造类型增多。根据不同织法，丝织品有了绫罗绸缎锦等各式品类。

丝织品常见组织有三种被称为"三原组织"，即平纹组织、斜纹组织与缎纹组织（另有其他复杂组织）（图一、图二）。绢属于平纹组织，特点是坚固耐磨，重量较绫与绸等织物轻，但是手感较硬。作用于书画载体，其细腻的纹理利于画面细节的刻画，改进后的绢也可经过多次渲染展现出丰富的色彩层次。"绫"则是在平纹织物"绮"的基础之上发展而来的斜纹组织，后来逐渐取代了"绮"。其特点是表面更为鲜亮，质地更为紧密，同时能够在丝织物表面织就精美的花纹，装饰美观的作用极强。绫自宋代就作为书画的装裱用料而被大量使用。到了明代之后，纺织技术不断进步完善，兼具

绢与绫特点的板绫生产规模开始扩大。板绫在托纸后以其细腻的质地、亮丽的表征、多变的墨色和流畅的书写，被大量作为书画尤其是大字行草的载体使用，这一使用习惯也延续至清以后。

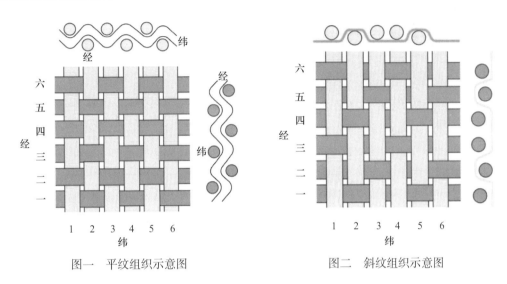

图一　平纹组织示意图　　　　　图二　斜纹组织示意图

绢的生产技术革新始终关联着美术表达技法的具体应用，并与美术史发展相互契合。考古发现最早的帛画为 1949 年湖南省长沙市陈家大山楚墓出土的《龙凤人物帛画》（图三）。1973 年湖南省长沙市子弹库又发现一座楚墓，出土了一幅和《龙凤人物帛画》内容相似的《人物御龙帛画》（图四）。两幅画作白描的技法，用简洁、洗练而圆滑自然的线条勾画，有着十分洒脱的画风。造成画面呈现简洁、无多层次以及缺乏细节的原因，除了早期绘画艺术技法不成熟等因素外，这一时期的缯帛因为纺织技术有限，

图三　战国　佚名《龙凤人物帛画》

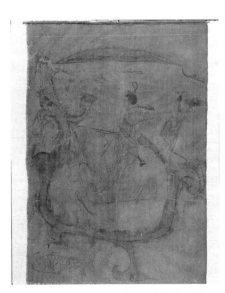

图四　战国　佚名《人物御龙帛画》

质地较为稀松，作画者无法对画面作多层次的渲染和深入腠理的描绘。虽是如此，在纸张尚未经过改造并大规模生产之前，缯帛相对其他材料，其用笔的流畅性、尺幅和相对利于保存的条件成为中国书画早期最重要的载体之一。

东汉造纸技术改进之后，纸张因为其相对低廉的成本，纸本纤维的平滑和利于保存等特点，在一定程度上取代了动物纤维构成的丝织品的材料优势。内外因相互作用下，丝织品纺织技术提高。与此同时的书画艺术新风，共同推进了绢本书画的革故出新。

自唐初之后，绢有了"生熟"之分。宋代米芾在《画史》中记："古画至唐初皆生绢。至吴生、周昉、韩干后来，皆以热汤半熟入粉，搥如银板，故作人物，精彩入笔……"① 这里"生绢"多指未经处理过的绢，而相对"熟绢"就是米芾提到盛唐之后吴道子、周昉与韩干等人所用之绢（图五）。这里的新工艺具体指的是，热汤之中的植物纤维可以很好地渗入绢动物纤维的间隙之中，再加入粉末捶打进去。"熟绢"特点是相较于"生绢"更为细密，方便进行细节刻绘；不易渗水渗墨，由此画家可以对画面进行反复的、多层次的渲染；具有金属质感，硬挺光亮。

宋元时期，绢经过改进生产技术，再次拥有了纸张难以企及的材料优势。宋元画家体察入微，将包括白描和渲染等技法的艺术表达推向了高峰，这是他们在与绘画材质互相熟悉与磨合促进的历程中实现的（图六）。

图五　唐 周昉《簪花仕女图》绢本

图六　宋 张择端《清明上河图》绢本

明清两代，书画家的题材和技法不断积累丰富，不同风格的作品层出不穷。但对书画载体的需求始终不离流畅与层次关系之间的平衡。书画家依据自己描绘的题材、艺术技法及思想境域相契合的材质，选取适合自己的材质。这一阶段，纸本与绢本的使用场景趋近于平衡。值得一提的是，绫在书画史上极少作为书画载体使用。但是晚明以来流行起来的板绫，因其特点受到广大书家的钟爱。板绫在托纸之后，兼顾绫的

---

① （宋）米芾：《画史》明津逮秘书本·不分卷·十三。

花色图样之美，同时还要绢的细腻流畅，能够适应行草书写，还能具备纸张难以体现出的肌理感，其表面的纹饰也极具美观装饰作用。板绫成为书法艺术的载体之一，填补了唐代之后，书家少用丝织品作为书写，尤其是书写行草材料的空白。也是在此之后，许多高规格的书画作品，往往不计成本地使用绢和板绫。本文撰写主体清代王原祁《山水图轴》，在同一作品中就应用了绢与板绫两种材质，分别完成了画心与诗堂两部分，足以说明此画规格之高。

总之在艺术表达上，丝织品经过技术的不断改良，其特性能够与纸张互相弥补，故而绢与绫等丝织品自先秦至今经用不辍。绢本书画相较于纸本书画有着可渲染性强、附色层次多及细节刻画便利等特点，但是其流畅性和对写意自然的笔触表现较为弱势（板绫在一定程度上能够起到补充作用）。故而多用于表现渲染层次多、细节入微的书画作品。

常言道"纸寿千年，绢寿八百"，这从侧面说明了绢本书画相较于纸本书画更难以保存。丝织品材质虽然有很多优点，但是这些优点同样也会成为书画作品保存方面的缺陷，可能滋生的病害类型和纸张也不尽相同。丝织品与纸制品从材料属性上的根本差异在于，前者为动物纤维构成，而后者为植物纤维构成。首先值得肯定的是，丝织品天然的肌理感和独特的笔触是趋近于平面的纸制品无法模仿的。但是，动物纤维之间粗间的缝隙更容易藏污纳垢，形成污渍、水渍、霉菌等病害。其次，在经纬接缝处，受力不均、过度触碰也会使得绢本书画滋生断裂、折痕等病害。再次，熟绢不易渗水，所以在装裱时浆糊容易干裂形成画面中空壳的病害。最后，还有一些特殊情况会加剧病害滋生，比如绢本书画在装裱过程中，加入的胶矾水比重过大、浆糊掺入白芨、命纸或覆背纸太厚，以及经纬错位等装裱中不慎的操作。所以，绢本书画的常见病害包括污渍、水渍、霉变、变形、破裂、糟朽与空壳等，这些材料特性和病害类型也切实影响着绢本书画修复具体流程的制订和技艺的运用。

二、文 物 信 息

本文文物修复实例为清代画家王原祁所作《山水图轴》，绢本，设色青绿山水，整体尺寸为 287 厘米 × 53 厘米，画心尺寸为 146.5 厘米 × 50 厘米，立轴两色裱（图七）。天头与地头为蓝色花绫，上下隔水与两边为米黄色花绫。画心上方有题跋两则，为王原祁本人所作。画心钤印六方，分别是右上角钤朱文"画图留与人看"；第一则题跋后方钤白文"王原祁"、朱文"麓台"；第二则题跋后方钤白文"石师道人"、朱文"茂京"；左下角钤白文"西庐后人"。画心上方的诗堂为板绫材质，附有清代王奕清所作题跋一则，后钤白文"奕清之印"和朱白间文"拙园"两方。

王原祁（1642—1715），清初山水大家"四王"之一，在山水画史中享有盛誉。清

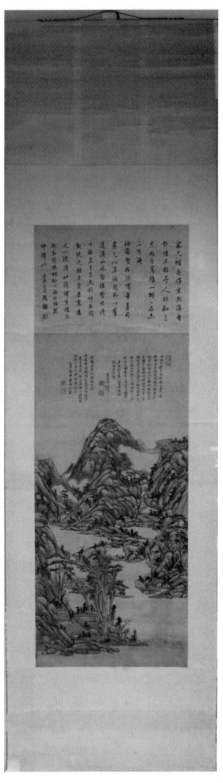

图七　清　王原祁《山水图轴》

代冯金伯所作《国朝画识》中清晰地记录了王原祁的生平以及对他画品的评述：

公童时，偶作山水小幅黏书斋壁。奉常询知，大奇曰："此子业必出我右！"间与讲求六法之要，古今异同之辨，及南宫、隽奉。常曰："汝幸成进士。宜专心画理，以继吾学。"于是笔法遂大进。而于大痴浅降尤为独绝，熟不恬，生不涩，淡而厚，实而清，书卷之气盎然楮墨外。是时，虞山王翚以清丽之笔，名倾中外。公以高旷之品，突过之世，推大家非虚也。琅琊元照见公画，谓奉常曰："吾两人当让一头地。"奉常曰："元季四家，首推子久。得其神者，惟董宗伯；得其形者，予不敢让；若形神俱得，吾孙其庶乎？"元照深然之。①

该段记述中提到的奉常即王原祁的祖父王时敏。王原祁绘画受到王时敏的家学熏陶和亲身指点，年幼时即画艺大显。后以一生追崇文人画之祖黄公望的高古笔意，临习不辍，终成清初文人山水巨擘。

《山水图轴》为文人画风的小青绿山水。画面中，王原祁用笔轻盈幻化，真率而意韵高古。皴笔之中兼用墨色、浅绛和青绿色，最后再用湿笔填色。累见绛翠斑驳，累见笔笔交叠，色色相浸之处，全然不拘小节而直渲天然真趣。山水画至清初技法以几近完善，较之前代青绿和墨笔技法上的明确分野，各种技法已经能够融洽地出现在画面中。清初四王尤其是王原祁极其擅长用青绿色进行皴染，体现在画面中就

① （清）冯金伯编：《国朝画识》清道光刻本·十七卷，卷五五三·王原祁。

是设色由淡向浓反复晕染，用笔由疏向密频加皴擦。最后干湿并用，将山石描绘得浑然一体，体现了文人山水技法的至高水准。

画心上方有两则王原祁自作题跋（图八）。字体行草兼用，笔意润燥变化多端，多用方笔瘦笔，行字之间牵连不多。行气自然，笔法有度，与王原祁晚年画艺纯青之境相得益彰。右起第一则题跋，证明该作为其去世前一年七十二岁时所作。文中作者记自己终身临习黄公望笔意，在随性绘制此画中对文人山水用笔之法的抑扬顿挫与浓淡干湿的处理"颇觉有会心处"，并希望他人看到能与他产生共鸣。而后一年，王原祁于此题跋后又加一跋，写明该图原为侄"燮均"所作，但王原祁随后言及"汝霖贤侄酷嗜余画，且欲速得"，不得已即将此画转赠汝霖。从题款时间看，此时已值新秋。不久之后，王原祁于同年离世。该作应为目前所见王原祁题款最晚的作品，对于研究王原祁晚年生活及其绘画面貌具有重要价值，佐证了王原祁晚年无论是技法还是艺术理论都已臻至化境。

图八　清　王原祁《山水图轴》
画心部分

画心上方诗堂处有王原祁堂弟王奕清的题跋（图九）。王奕清，字幼芬，号拙园，江苏太仓人。王时敏孙，颛庵相国王掞之子，父子二人喜翰墨与珍本，常见"颛庵相国父子图书"钤印。康熙三十年（1691 年）进士，官詹事府詹事。善书，工绘事。题跋之中，王奕清首先阐述了王原祁一笔一墨"深自矜，惜不轻予人"的状况。接下来和王原祁自题内容相恰，叙述"汝霖贤侄"索画成功一事。文末，他就王原祁晚年绘艺大成终至于形成了"溪山林壑经营惨淡之极，直与子久形神无间""怡然神释"的境遇。明末清初，太仓王氏家族山水大家辈出，族人也大都中意于此。至王原祁，同族之中求画者甚多。不止文中提到的"燮均"和"汝霖"二人，王奕清也尝索画于王原祁。《吴越所见书画录》中著录一幅《王石谷仿一峰石壁浮峦意立轴》中记王原祁题跋："为王宫詹，名奕清，字幼芬，拙园。吾乡颛菴相之子。"①

综上所述，王原祁《山水图轴》画艺纯熟，青绿设色但又不失文人皴染笔墨之意。三则题跋所包含的信息极其丰富。该作不只是王原祁晚年代表之作，同时也是研究王原祁晚年艺术生活和王氏家族艺术传承和交往的重要史料，具有极高的文物价值。

---

① （清）陆时化：《吴越所见书画录》清乾隆怀烟阁刻本·卷六三一五·王石谷仿一峰石壁浮峦意立轴。

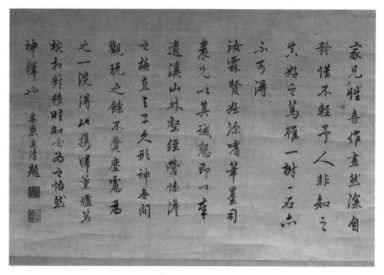

图九　清　王原祁《山水图轴》诗堂部分

三、制订修复方案

前文论述了绢的材料特性，进而分析了绢本书画易滋生的病害类型及其发生的原因。清王原祁所作在制订修复方案时，也要综合考虑到画心的绢与诗堂板绫的具体修复流程要在不破坏丝织品的特性的基础上，尽可能利用修复流程延长期生命。《山水图轴》的修复方案主要分为三个部分。即目测分析、科学检测和制订修复流程。

1. 目测分析

目测分析阶段，笔者要依靠对于绢本书画常见病害的了解和对该件文物病害的目测判断，初步判定其存在如下病害。

首先，画心存在污渍等病害，亟待进行修复；其次，裱工损坏严重，其中天头、地头、上下隔水等部分存在水渍、污渍、残缺、折痕、糟朽与断裂等病害，诗堂部分存在折痕与断裂等病害。裱工部分已经失去保护画心和美化画心的作用，除了诗堂之外并没有文物信息存留且并不存在较高的工艺价值。

2. 科技检测

科技检测部分要依据目测分析的结果，针对性地开展科技检测，同时也依靠科技检测手段对目测可能遗漏的部分进行补缺。检测的内容依次是文物色度检测分析、文物光泽度检测分析、文物红外成像扫描分析、文物显微观察分析与文物 X 荧光探测分析。

其中文物色度检测分析与文物光泽度检测修复完成前后需要各做一次，并确保二者在检测点位上的一致并记录检测数据，修复完成后核验修复前和修复后的数据变化，参看数据变化是否超过安全范围，进而推测此次修复是否完成了对文物最小干预的修复指导原则。文物红外成像扫描分析的目的在于探测文物中肉眼难以觉察的隐藏信息，尤其是绢本书画较之纸本书画更厚，红外成像扫描的作用就更为突显。文物显微观察分析是结合目测与红外成像扫描的结果，选取画面之中病害比较严重或尚未探明情况的部位，显微放大开展细致分析。文物 X 荧光探测分析的作用有两方面，一是针对绢本书画中设色颜料的性质作出判定，二是能够探查绢本书画中附着物的性质。在所有检测完成之后，笔者依据纸质文物保护修复管理规范[①]与丝织品文物保护修复管理规范[②]，将文物病害的位置、范围、程度及类型以病害图的形式作出说明，并将前文提到各个结果与各类数据作统一汇编。各项检测结果与病害图绘制如下（表1—表6）。

表1　清王原祁《山水图轴》色度检测分析表

检测地点	天津博物馆
检测名称	纸（绢）质文物色度检测
检测部位	左上角印章下方 左下角
检测目的	检测文物色度，待保护修复完成后计算色差变化情况
检测设备	HPG-2132 便携式色差计
检测单位	天津博物馆实验室
检测结果	左上角印章下方　L：62.31　a：10.00　b：24.71 左下角　L：60.63　a：10.22　b：23.88

表2　清王原祁《山水图轴》光泽度检测分析表

检测地点	天津博物馆实验室
检测名称	纸（绢）质文物光泽度检测
样品描述	采用天津精科 JKGZ60 便携检测仪在文物上选取两点（右上角印章下方、左下角）进行光泽度测试
检测目的	检测文物色度，待保护修复完成后计算色差变化情况
检测设备	HPG-2132 便携式色差计
检测单位	天津博物馆实验室
检测结果	右上角印章下方　检测数据：1.6 左下角　检测数据：1.2

① 中华人民共和国国家文物局：《馆藏纸质文物病害分类与图示》，文物出版社，2010 年。

② 中华人民共和国国家文物局：《馆藏丝织品病害与图示》，文物出版社，2009 年。

表3 清王原祁《山水图轴》红外成像扫描分析表

检测地点	天津博物馆
检测名称	纸（绢）质文物红外成像扫描
检测部位	整体
检测目的	检测文物隐藏信息与病害
检测设备	APOLLO 红外反射成像仪
检测图像	
检测单位	天津博物馆实验室
检测结果	画心和诗堂处无底稿与底纹；诗堂处折痕与断裂病害较为严重，贯穿正面与背面。画心有多处残缺

表 4 清王原祁《山水图轴》显微观察分析表

检测地点	天津博物馆
检测名称	纸（绢）质文物显微观察
检测部位	画心点位
检测目的	检测文物和附着物的材质
检测设备	便携式数码显微镜（三光型）
检测结果	 左下山石处 中间山峰处 画心下方 画心题跋上方 诗堂折痕处 诗堂钤印处
检测单位	天津博物馆实验室
检测结果	在放大 60 倍和 200 倍镜头下观测纤维显示，可以清晰地观察到画心上的污渍、断裂和糟朽等病害的具体形态

表 5　清王原祁《山水图轴》X 荧光探测分析表

检测地点	天津博物馆
检测名称	纸（绢）质文物 X 荧光检测
检测部位	画心点位
检测目的	检测文物和附着物的材质
检测设备	OLYMPUS VATA 便携式 X 荧光能谱仪

检测结果：

左侧：

化学成分　Elapsed time:30.0s

El	PPM	+/-
Al	5200	13 00
Si	1.335%	0.064
P	1390	130
S	3420	150
Cl	7120	220
Ca	7610	130
Cr	935	95
Mn	71	45
Fe	1373	69
Co	185	28
Ni	40	11
Cu	65	11
Zn	788	26
As	351	23
Se	3	3
Rb	2	2
Sr	46	3
Zr	10	4
Mo	31	4
Nb	4	4
Ag	9	9
Ba	174	77
Pb	1255	27

El	PPM	+/-
Mg	ND	<80000
Ti	ND	<3300
V	ND	<140
Y	ND	<7
Cd	ND	<34
Sn	ND	<41
Sb	ND	<56
La	ND	<3700
Ce	ND	<3800
Pr	ND	<5400
Nd	ND	<7000
W	ND	<32
Hg	ND	<17
Bi	ND	<39

注释
Customer: 58579
Project No.;
Location: Top
Test Count: 37
Operator:
Component: Pipe
Quality: Accept
Retest Note:

右侧：

化学成分　Elapsed time:30.0s

El	PPM	+/-
Al	2500	1200
Si	6420	460
P	286	90
S	2680	130
Cl	6410	200
Ca	5370	110
Cr	947	89
Mn	68	42
Fe	934	55
Co	162	24
Ni	48	11
Cu	5897	97
Zn	559	24
As	376	24
Se	5	3
Rb	2	2
Sr	51	5
Zr	7	4
Mo	35	4
Sb	39	36
Ba	210	86
Pb	1402	29
Bi	24	21
LE	96.55%	0.13

El	PPM	+/-
Mg	ND	<100000
Ti	ND	<4300
V	ND	<160
Y	ND	<7
Ag	ND	<0.1
Cd	ND	<34
Sn	ND	<41
La	ND	<3500
Ce	ND	<3700
Pr	ND	<5200
Nd	ND	<6800
W	ND	<31
Hg	ND	<16

注释
Customer: ■721
Project No.;
Location: Top
Test Count: 38
Operator:
Component: Pipe
Quality: Accept
Retest Note:

频谱（Beam 1、Beam 2、Beam 3，counts/sec 对 keV）

检测单位	天津博物馆实验室
检测结果	通过元素分析仪检测分析成分最多的为 LE。LE 为不明物质成分或者是轻元素，沟通画面分析为碳元素含量最多，其次为 Ci、Ca，这些元素是粉尘脏污里面含有的

表6　清王原祁《山水图轴》病害状况调查表

登录号	74.3831	名　称	山水图卷

现状描述
（附现状照片）

整体

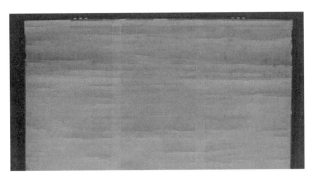

天头

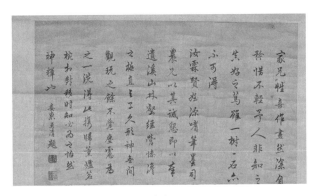

诗堂

画心下方

续表

病害描述 （附病害图）				

病害类型	画心 病害	水渍	■无	□少量	□大量
		污渍	□无	■少量	□大量
		皱褶	■无	□少量	□大量
		折痕	■无	□少量	□大量
		变形	■无	□少量	□大量
		断裂	■无	□少量	□大量
		残缺	■无	□少量	□大量
		烟熏	■无	□少量	□大量
		炭化	■无	□少量	□大量
		变色	■无	□少量	□大量
		粘连	■无	□少量	□大量
		空壳	■无	□少量	□大量
		微生物损害	□无	□少量	■大量
		动物损害	■无	□少量	□大量
		糟朽	■无	□少量	□大量

病害类型	画心	絮化	■无	□少量	□大量
		病害	■无	□少量	□大量
	写印色 料病害	脱落	■无	□少量	□大量
		晕色	■无	□少量	□大量
		褪色	■无	□少量	□大量
		字迹扩散	■无	□少量	□大量
		字迹模糊	■无	□少量	□大量
		字迹残缺	■无	□少量	□大量
	裱工 病害	裱工残破	□无　□轻微　■较重　□严重		

病害的综合评估	□基本完好　□微损　■中度 □重度　□濒危

3. 修复流程

笔者将王原祁《山水图轴》的修复流程以表格的形式列出。

综述（材料、工艺步骤）

准备材料：蓝色花绫 8 尺（染旧色）、黄色花绫 8 尺（染旧色）、2010 年红星四尺棉料 8 张、2010 年红星六尺棉料 16 张，并准备绢、扎花、高丽纸、水油纸若干与其他修复工具等。

工艺步骤：

全面清洗、托命纸、隐补、全色、镶活、上墙、下墙、压活装成轴。

关键步骤：对《山水图轴》的尺寸进行调整，对画心去污和隐补，再校正产生的硬折，最后装裱成轴。

修复要点及步骤：

清王原祁《山水图轴》为书画立轴，裱工残破，天头地头已经过多次修补，通体霉斑。画心多处折痕，霉斑，局部污渍。由于裱工糟朽严重，且绫子没有时代代表性，因此不保留原裱工，画心修复后采用新料做旧进行重新装裱。根据病害分析修复方法和步骤如下：

（1）挑选与画心薄厚、纹理相同或相近的修复用纸。根据画心颜色托染、裁切。挑选与天头隔水相近似的花绫，进行托染裁切以备用。打浆糊放清水沉淀去火性备用。

（2）进行除尘处理。然后拆解旧裱工。

（3）检查画面墨迹和颜色是否掉色，如果掉色则要进行固色。

（4）在案子上铺老绢以衬画心，潮润画心拼接，展平。

（5）备蒸馏水进行淋洗，对于顽固污渍则覆盖白毛巾可准备 60℃左右温热水进行闷洗。

（6）揭裱，揭去背纸和命纸。

（7）用染好的命纸托画心，用隐局条以保护画心。

（8）修补画心，在背面打折条，晾干后刷胶矾水固定，晾干，掸水上墙，挣平。

（9）清洗，揭裱，修复天头、隔水和签条。

（10）全色。

（11）重新装裱，还原立轴形式。

四、修复实操流程

清王原祁《山水图轴》修复实操流程分为八个步骤。

1. 备料

备料配色在追溯原貌的基础上略染旧色，包括补绢 0.5 米（略染旧色）、红星 05 年六尺棉料 8 张（染仿古旧色）、蓝色花绫 8 尺（加墨和花青）、米黄色花绫 8 尺（加墨）、天地杆一幅。

2. 拆分清洗

将画心与裱工拆分开来。画心已经出现空壳现象，故不能以温度过高的水进行清洗。结合之前的目测与科技检测，针对需清理的重点区域和病害问题，采取渐次增温、增量的开始清洗的方式。清洗期间要规避以水流直接冲击画心脱丝松散的部位，采取以排笔引导分散水流。对于画心中霉菌滋生较为严重的部位，用 1% 的高锰酸钾与 45% 的草酸加水制成清洗液，温度控制在 60℃左右，这样既可以清除霉斑，又能把对画面颜色的副作用减少到最小，还能避免吝惜画面时由于水温过高画面颜色胶质软化而出现的起泡现象 ①。

3. 对接画面

因为绢本的伸缩率较高，且旧绢还存在纤维松动的潜在危险。《山水图轴》画心存在脱丝错位，在遇水之后要仔细对齐绢丝的经纬、粗细和纹路。

4. 固定画面

与纸本书画相比，绢本书画对于维持原有结构的要求更为具体。由于经纬线不可错位，所以"翻水油纸"这一绢本书画特殊的修复工序就被传承下来了。其具体操作是，在将画心对接完成后，为了对画心完成进一步保护，需将水油纸覆在画心上，固定画心位置。当然，在揭画心等步骤结束之后还需再揭去水油纸，所以浆糊的涂抹厚度和黏稠度都要适度，避免在后续揭水油纸和搓去浆糊的过程中增加困难。

5. 揭画心

《山水图轴》原覆背纸和命纸都比较薄，在揭取时需格外小心轻捻慢剥，在有些画心与命纸分层不明显区域轻搓即可。对于没有揭完的部分，需用半干毛巾覆盖保湿。明代周嘉胄《装潢志》中记："书画性命全关于揭。绢尚可为，纸有易揭者；有纸质薄，糊厚难揭者，糊有白芨者尤难。须仗良工苦心，施迎刃之能，逐渐耐烦，致力于毫芒微渺间，有临渊履冰之危—得奏功，便胜沘水之捷。"② 周嘉胄这段叙述不难看出，揭裱对于书画修复的重要性。同时也不难看出揭裱技艺的困难性。尤其是绢本书画在揭裱的过程中，要注意不可动摇经纬线结构，还要小心附着在绢丝之间的颜料。如若揭过，画面神采陡失，就是失败的揭裱。

揭裱《山水图轴》时，因为其断裂和空壳较多。故而多用手指搓和摩擦，将命纸揭下。到了断裂接口处，则应顺着断口揭，切不可反向揭取扩大断裂面。

---

① 于子勇主编：《故宫博物院文物保护修复实录》，紫禁城出版社，2007 年，第 226 页。

② （明）周嘉胄：《装潢志》·清道光十一年六安晁氏木活字排印学海类编本·不分卷二·揭。

6. 补绢、隐补

鉴于《山水图轴》画心整体状况尚属完整，仅对画心几处缺绢严重部分进行补绢。此举能最大限度地保留画心原貌，且能够保证画心厚度与原裱尽量保持一致。

除了修补外，绢本书画贴"折条"的要求也与纸质书画修复不同，需分两次进行。《山水图轴》中王奕清所题诗堂部分折痕较多，是需要贴"折条"的。具体操作是托裱画心前以绢质折条加固，绢质折条贴完后，还需在托完画心后从托心纸的后面用纸折条对折口进行第二次加固，才能保证折口的美观，同时达到相应的支撑力度。

7. 封绫、全色

在补绢和隐补完成后，将之前染好的命纸托在画心上。再将胶和矾按照 1∶3 的比例配制好，不漏一处地反复涂抹在背面，待到干透之后正面再罩一层稀释的胶矾水。随后封绫上墙。在补绢和漏色处进行全色。

8. 完成装轴

全色完成之后下墙镶嵌之前备好的材料，随后覆背。覆背完成后再次上墙，4 个月之后再行下墙。下墙之后，用川蜡涂在覆背纸表面，再用砑石反复碾压覆背纸，再将之前遴选好的天地杆取出，装杆完成。装配完成后，还要再利用科技检测复验文物色度检测和光泽度检测的数据，并确认其是否在合理范围之内。最后拍照留档（图十；表7—表9）。

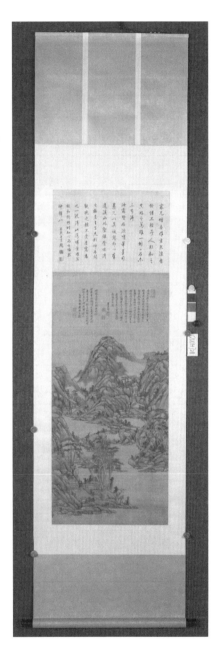

图十　清王原祁《山水图轴》
修复完成

表7 清王原祁《山水图轴》修复后色度检测分析表

检测地点	天津博物馆
检测名称	纸（绢）质文物色度检测
检测部位	左上角印章下方 左下角
检测目的	检测文物色度，对比修复前计算色差变化情况
检测设备	HPG-2132便携式色差计
检测单位	天津博物馆实验室
检测结果	左上角印章下方　L：64.31　a：11.00　b：26.71 左下角　L：63.63　a：13.22　b：24.88

表8 清王原祁《山水图轴》修复后光泽度检测分析表

检测地点	天津博物馆实验室
检测名称	纸（绢）质文物光泽度检测
样品描述	采用天津精科JKGZ60便携检测仪在文物上选取两点进行光泽度测试
检测目的	检测文物色度，对比修复前计算色差变化情况
检测设备	HPG-2132便携式色差计
检测单位	天津博物馆实验室
检测结果	右上角印章下方　检测数据：1.7 左下角　检测数据：1.2

表9 清王原祁《山水图轴》修复前后局部对比图

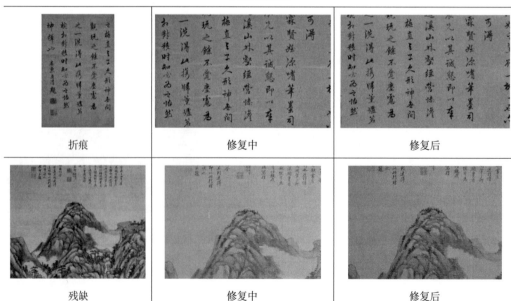

作品局部照相		
折痕	修复中	修复后
残缺	修复中	修复后

作品局部照相

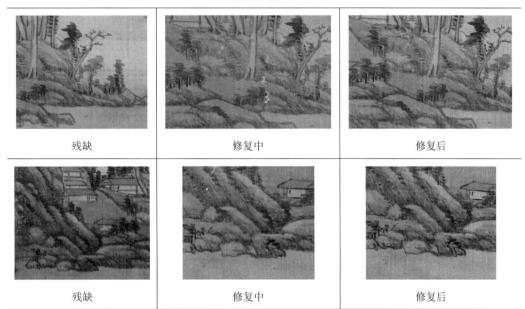

| 残缺 | 修复中 | 修复后 |

结　　语

清王原祁《山水图轴》修复几乎涵盖了绢本书画修复所用到的所有技艺，涉及流程也都符合文物修复的准则和标准，是一次成功的绢本书画修复案例。绢的材料特性决定了其比纸本更易受到各种病害的危及。所以，绢本书画的修复流程要比纸本更为复杂，技艺要求更高。

作者简介：祝一宁，天津博物馆，助理馆员，天津市河西区平江道 62 号，300201。

四、历史学研究

汉代武帝台考略

胡晓文

（天津博物馆）

摘要：在今河北省沧州市中捷农场境内，留存有武帝台遗址一处，相传乃汉武帝为求仙所建，距今已有两千余年的历史，具有丰富的人文内涵。以武帝台修建传说为引，分析出武帝台有可能并非孤立存在，而是广泛分布于环渤海沿岸；武帝台具有多种重要功能，汉武帝有充足的理由修建；汉武帝第二次东巡时经过今中捷境内，时间上也完全来得及修建。

关键词：汉代　武帝台　求仙　沧州

在今河北省沧州市中捷农场三分场武帝台小学西 200 米，有一座遗址，台型，下宽上窄，底边长 120 米，高出地面五六米，相传乃汉武帝为求仙[①]所建，当地人称之为"武帝台"，2008 年底被确定为河北省省级文物保护单位。在武帝台附近广为流传着一则与其修建相关的传说："汉武帝带领着几十万大军路过武帝台附近时，人困马乏，暂时休整了一会儿，士兵们把自己鞋里进的土都倒在地上，就成了武帝台。"这听起来颇有趣味，但若想考证中捷武帝台是否为汉武帝所建，还需从史料出发，严谨地分析汉武帝是否到过今中捷境内，是否有理由、有时间修建武帝台。

一、史载南北武帝台所在位置及建台原因考证

《魏书》记载："章武二汉属勃海，晋属章武，后属。治章武城。有汉武帝台。"[②] 可见武帝台确实为汉代所建。《水经注》记载，"北魏土地记曰：章武县东百里有武帝台，南北有二台，相去六十里，基高六十丈，俗云：汉武帝东巡海上所筑"[③]。《盐山新志》记载："武帝台有二，其一无考，岿然独存者，惟盐山之一台。"[④] 可见武帝台为汉武帝

---

① 汉武帝求仙原因学界已多有研究，本文不再赘述。

② （北齐）魏收：《魏书》，中华书局，1997 年，第 2472 页。

③ （北魏）郦道元著，陈桥驿校证：《水经注校证》，中华书局，2013 年，第 231 页。

④ 孙毓琇修，贾恩绂纂：《中国方志丛书·盐山新志》，台北成文出版社，1976 年，第 132 页。

所建这一传言由来已早，且武帝台分为南北二台，其中一座无法确定具体位置。

《旧唐书》记载："冬十月丙辰，入临渝关，皇太子自定州迎谒。戊午，次汉武台，刻石以纪功德。"[①]《盐山新志》又载："台余基三成，旁有祠室茔域，地俯大海，长阔接天，岸多峻石，奇险错列。"[②]《水经注》中所提到的南北武帝台所在地古今皆为沿海冲积平原，周围无山石，与《旧唐书》描述差距较大。且临渝关在今河北抚宁东榆关镇，查询可知"十月丙辰"是夏历十月二十一日，"戊午"是二十三日[③]，很难想象唐太宗能够丙辰日入临渝关，仅仅间隔一日于戊午日就行军近300公里到达了今中捷农场武帝台附近，显然《旧唐书》中提到的"汉武台"与今中捷境内的武帝台并非同一建筑。学者考证此"汉武台"位于今秦皇岛市联峰山公园附近中联峰山龙山顶，且今秦皇岛市范围内有三处"汉武台"遗址，另外两处分别在今碣石、今黑山头[④][⑤]，巧合的是，碣石汉武台距龙山顶汉武台、龙山顶汉武台距黑山头汉武台直线距离均为六十里左右，与《水经注》提到的南北二武帝台间隔距离相同。

《畿辅通志》记载："（武帝台）在盐山县东北七十里，韩村镇东三十里，此南台也。"[⑥]按《盐山县志》记载，盐山县城为明洪武九年（1376年）移治后修建，至今没有改治[⑦]，而"韩村镇"按《黄骅县志》、《京兆直隶分县新图》、《河北省明细地图》（1937年）等资料记载，在今黄骅市市区。有学者研究，东汉时一里约为433.56米[⑧]，明清时一里大概为444米，相差不多[⑨]。今中捷农场境内武帝台遗址的确在黄骅市区东30清里左右，但距离盐山县城足有110余清里，笔者对此有两点疑惑：其一，110里与70里距离相差太大，字形又完全不同，抄录过程中应不易讹误；其二，在同一条记载中，后半句对于距离把握相当准确，前半句不应有如此误差。

推断其缘由，概因这段史料其实指出的分别是两处武帝台的地理位置。恰好在盐山县城东北七十里处，有今海兴县马骝山（俗称小山），当地也有武帝台的传闻，互联

---

① （五代）刘昫等：《旧唐书》，中华书局，2011年，第58页。

② 孙毓琇修，贾恩绂纂：《中国方志丛书·盐山新志》，台北成文出版社，1976年，第131~132页。

③ 林道心：《中国古代万年历》，河北人民出版社，2003年，第213页。

④ 岳辰、郭泽民：《中峰顶与汉武台》，《文物春秋》1995年第2期，第72页。

⑤ 康群：《北戴河"汉武台"考》，《社会科学论坛》1994年第5期，第23页。

⑥ （清）田易等：《畿辅通志（雍正本）·卷五十三》，出自《影印文渊阁四库全书·史部十一·地理类》，上海古籍出版社，2003年，第158页。

⑦ 盐山县地方志编纂委员会编：《盐山县志》，南开大学出版社，1991年，第70页。

⑧ 蓝勇：《对古代交通里程记载的运用要审慎》，《中国历史地理论丛》1995年第1期，第200页。

⑨ 尤明庆：《古今路程一里长度换算考》，《河南理工大学学报》（社会科学版）2021年第5期，第80页。

网资料称"南台近几年经海兴文化工作者据相关文物和文献考证，已准确定位在小山正东 6 公里处"①，不知是何论据，但笔者推测马骝山应为武帝台南台，理由有三。

第一，依秦皇岛三处"汉武台"遗址都在山顶的现状，相比在小山东部平原上再夯土修建新台，以马骝山为基础建台或者以马骝山为台显然更加合理。

第二，海兴马骝山、黄骅海丰镇遗址②③、中捷武帝台基本位于同一经度，三者所处位置在汉武帝时期位于渤海海岸线附近，马骝山以东 6 公里处很可能不存在陆地。

第三，按《水经注》记载及秦皇岛三处"汉武台"遗址分布推测，汉武帝所筑求仙台的间隔距离有相应的规定，即大概以六十里为限。《史记》载汉武帝第二次东巡时"上乃遂去，并海上，北至碣石，巡自辽西，历北边至九原"④，其中碣石的位置有学者考证在山东省无棣县马谷山（俗称大山）附近，而汉武帝时马谷山处于黄河入海口出⑤。可见汉武帝在蓬莱附近求仙无果后，继续乘船至今渤海沿山东沿岸搜寻，到达马谷山后仍不愿放弃，又沿渤海沿岸巡行至辽西。综合上述情况，我们可以进一步推测，汉武帝在从山东至辽西的广大海岸线上每间隔六十里就修建了一座求仙台，有山则依山，无山则夯筑。既然汉武帝每间隔六十里建一座求仙台，而马骝山与马谷山是西汉渤海沿岸、冀东平原上仅有的两座山峰，并且马骝山距中捷武帝台六十里，距无棣县马谷山也有将近六十里，那便恰好满足了条件。所以汉武帝很有可能在马谷山、马骝山、中捷武帝台都建造了求仙台。

至于汉武帝每间隔六十里就建一座求仙台的原因，首先是因为求仙台具有多种重要用途。它一来可以成为汉武帝的休憩之所，二来可以让汉武帝登高远眺寻找神仙踪迹，三来能够表现出汉武帝求仙的真诚与敬意，四来还可以作为仙人降临时的神圣接待场所。在中捷武帝台及秦皇岛境内的"汉武台"，都发现了建筑遗迹以及生活用品残片可以证实这一点。

其次这些求仙台的修建肯定也受到神秘学思想的影响，料想汉武帝身边定有方士进言建议，指出"六"在《易经》中为阴之极，《说文解字》中也讲"《易》之数，阴变于六"，汉武帝自身也欲借"六"之阴变，希望能与仙人相遇。甚至这些求仙台的修建或许还有某种阵法意义在。

总的来说，笔者推测史载北武帝台应为中捷武帝台，南武帝台应在海兴马骝山。

---

① 百度百科·马骝山，https://baike.baidu.com/item/%E9%A9%AC%E9%AA%9D%E5%B1%B1/1824261?fr=aladdin。

② 据考证，秦汉时期海丰镇位于渤海沿岸。

③ 马冬青：《海丰镇的兴盛与衰落》，《文物春秋》2014 年第 5 期，第 22 页。

④ （西汉）司马迁：《史记》，中华书局，2013 年，第 1398 页。

⑤ 张长铎：《渤海湾西岸海陆变迁及禹贡碣石考略》，《沧州师范学院学报》2020 年第 3 期，第 88 页。

汉武帝也有充足的理由在山东至辽西渤海沿岸的海岸线上，每间隔六十里左右建一座求仙台。

二、汉武帝修建中捷武帝台时间考证

汉武帝平定南越之后，开始巡视东部沿海一带。据《史记》卷二八《封禅书》载，汉武帝曾六次东巡海上[1]。

（1）元封元年（公元前110年）春，"东巡海上，行礼祠八神"。"宿留海上，与方士传车及间使求仙人以千数。……四月，还至奉高。……丙辰，禅泰山下阯东北肃然山，如祭后土……天子从封禅还，坐明堂。"[2]

（2）元封元年（公元前110年）夏，"天子既已封泰山，无风雨灾，而方士更言蓬莱诸神若将可得，于是上欣然庶几遇之，乃复东至海上望，冀遇蓬莱焉。奉车子侯暴病，一日死。上乃遂去，并海上，北至碣石，巡自辽西，历北边至九原。五月，反至甘泉"[3]。

（3）元封二年（公元前109年）春，"公孙卿言见神人东莱山，若云'欲见天子'。天子于是幸缑氏城，拜卿为中大夫。遂至东莱，宿留之数日，无所见，见大人迹云。复遣方士求神怪采芝药以千数……乃祷万里沙，过祠泰山。还至瓠子，自临塞决河，留二日，沈祠而去"[4]。

（4）元封五年（公元前106年）冬，"北至琅邪，并海上"[5]。

（5）太初元年（公元前104年）"十一月甲子朔旦冬至……天子亲至泰山，以十一月甲子朔旦冬至日祠上帝明堂……东至海上，考入海及方士求神者，莫验，然益遣，冀遇之……临渤海，将以望祠蓬莱之属，冀至殊廷焉……十二月甲午朔，上亲禅高里，

---

① （西汉）司马迁：《史记》，中华书局，2013年，第1355～1403页。

② 班固在《汉书》卷六《武帝纪》中有对应记载，见于班固：《汉书》，中华书局，2012年，第155～215页。《汉书》卷六《武帝纪》，"春正，行幸缑氏……遂东巡海上。夏四月癸卯，上还，登封泰山，降坐明堂"。

③ （东汉）班固：《汉书》卷六《武帝纪》，"行自泰山，复东巡海上，至碣石。自辽西历北边九原，归于甘泉"。

④ （东汉）班固：《汉书》卷六《武帝纪》，"（元封二年）春，幸缑氏，遂至东莱"。

⑤ （东汉）班固：《汉书》卷六《武帝纪》，"（元封）五年冬，行南巡狩，至于盛唐，望祀虞舜于九嶷。登潜天柱山，自寻阳浮江，亲射蛟江中，获之。舳舻千里，薄枞阳而出，作《盛唐枞阳之歌》。遂北至琅邪，并海，所过礼祠其名山大川。（六年）春三月，还至泰山……夏四月，诏曰：'朕巡荆、扬，辑江、淮物，会大海气，以合泰山'……还幸甘泉"。

祠后土……上还，以柏梁灾故，朝受计甘泉"[1]。

（6）太初三年（公元前102），"东巡海上，考神仙之属，未有验者"[2]。

另外，《汉书》卷六《武帝纪》还记载了汉武帝此后又曾四次东巡海上的情况[3]。

（1）天汉二年（公元前99年）春正月，"行幸东海"。

（2）太始三年（公元前94年）春二月，"行幸东海，获赤雁，作《朱雁之歌》。幸琅邪，礼日成山。登之罘，浮大海。山称万岁"。

（3）太始四年（公元前93年），"夏四月，幸不其，祠神人于交门宫，若有乡坐拜者。作《交门之歌》"。

（4）征和四年（公元前89年）春正月，"行幸东莱，临大海"。

第一次东巡，在元封元年（公元前110年）春，汉武帝"东巡海上，行礼祠八神"。"八神"，即齐地八神主。《史记·封禅书》记载，八神者"一曰天主，祠天齐。天齐渊水，居临菑南郊山下者。二曰地主，祠泰山梁父。盖天好阴，祠之必于高山之下，小山之上，命曰'畤'；地贵阳，祭之必于泽中圜丘云。三曰兵主，祠蚩尤。蚩尤在东平陆监乡，齐之西境也。四曰阴主，祠三山。五曰阳主，祠之罘。六曰月主，祠之莱山。皆在齐北，并勃海。七曰日主，祠成山。成山斗入海，最居齐东北隅，以迎日出云。八曰四时主，祠琅邪。琅邪在齐东方，盖岁之所始"。天主、地主、兵主在山东内陆，其他五位神主均在山东半岛沿海一带。"留宿海上"，则肯定是从山东的港口入海，不会到今中捷境内。

第三次东巡，在元封二年（公元前109年）春，汉武帝"幸缑氏城……至东莱，宿留之数日"。东莱，指汉代东莱郡，辖今胶东半岛北部及东部沿海地区。这次东巡是因为公孙卿说在东莱山（今龙口市莱山）见到了仙人，那仙人说"想见天子"，汉武帝才特地来到了缑氏、东莱。后文提到的万里沙在东莱曲城，瓠子在甄城以南濮阳以北，然后就返回都城了。依行程路线看，断然不会到达今中捷境内。

第四次东巡，在元封五年（公元前106年）冬，汉武帝依次巡幸了九嶷山、天柱山、寻阳、枞阳、琅琊、泰山，最后回到了甘泉宫。元封六年（公元前105年）夏四月的诏书中也仅提到"朕巡荆、扬、辑江、淮物，会大海气，以合泰山"。所以汉武帝这次巡幸也没有到达今中捷境内。

第五次东巡，在太初元年（公元前104年）十一月，《史记·封禅书》虽记载"临

---

① （东汉）班固：《汉书》卷六《武帝纪》，"（太初元年）十二月，禅高里，祠后土。东临勃海，望祠蓬莱。春，还"。

② （东汉）班固：《汉书》卷六《武帝纪》，"（太初）三年春正月，行东巡海上。夏四月，还，修封泰山，禅石闾"。

③ （东汉）班固：《汉书》，中华书局，2012年，第155～215页。

渤海，将以望祠蓬莱之属，冀至殊廷焉"，但据前后文中"亲至泰山""禅高里（为山名，在泰山下）"等记载，可以确定汉武帝此次出巡仍到山东境内，"临勃海"也是指山东北部沿海一带，并未来到今中捷境内。

第六次东巡，在太初三年（公元前102），据《汉书·武帝纪》记载，汉武帝在正月"行东巡海上。夏四月，还，修封泰山，禅石闾"。可见巡幸地仍为今山东境内，是在山东沿海周边甚至入海"考神仙之属，未有验者"的情况下，返回泰山周边的。

八次东巡，《汉书·武帝纪》记载的都是"行幸东海"，依《汉书》对于第五次东巡"临渤海"的记载，可知"渤海"和"东海"指的并不是一片海域。再依第八次东巡《汉书》下文记载"幸琅邪，礼日成山。登之罘，浮大海"，其中成山在今威海东，之罘在今烟台北部。可以确定汉武帝第七、第八次东巡地为今山东境内及今黄海上。

第九次东巡，在太始四年（公元前93年）夏四月，汉武帝"幸不其"。"不其"指不其县，不其县城在今即墨市境内，今崂山、城阳一带都在不其县的辖区内。这次汉武帝仍未到今中捷境内。

第十次东巡，在征和四年（公元前89年）春正月，汉武帝已经是68岁高龄，仍不愿放弃求仙"行幸东莱，临大海"。汉代东莱指东莱郡，其地在今山东烟台、威海一带。

将其他选项排除后，再来仔细分析汉武帝的第二次东巡。这次巡幸的路线应如前述，因为从山东马谷山到辽西郡（今锦州义县）的最短路线需要沿渤海岸行进，更何况汉武帝东巡的主要目的是求仙，而在东部沿海的燕齐之地，三神山和神仙传说最胜，为期与仙人相遇汉武帝更需要沿渤海岸巡行。所以汉武帝第二次东巡时必然到过中捷境内，中捷武帝台一定是在汉武帝第二次东巡时或者汉武帝第二次东巡前修建的。但是，通读《史记》及《汉书》有关记载的上下文，没有发现汉武帝提前准备第二次东巡的迹象，只提到"方士更言蓬莱诸神若将可得，于是上欣然庶几遇之"，是被方士说动临时起意而为。所以中捷武帝台只能是在汉武帝第二次东巡路过该地时修建的。

《史记》载汉武帝第一次东巡元封元年（公元前110年）四月结束回到奉高（今泰安市岱岳区境内），四月丙辰日（二十日）在肃然山（今莱芜市西北附近），然后"坐明堂"。而《汉书》载"夏四月癸卯（七日），上还，登封泰山，降坐明堂"，两处"明堂"指的都是泰山附近，但是时间上确有冲突。按《史记》记载即使汉武帝四月二十一日就开始第二次东巡，元封元年（公元前110年）五月三十日才结束回到甘泉宫，第二次东巡总共时长最多也只有39天，按《汉书》记载第二次东巡总共时长最多会有52天。

依照两书记载，汉武帝第二次东巡的路线是这样的：从今山东泰山附近出发，东到山东烟台蓬莱区附近，然后乘船至山东马谷山黄河入海口，继续沿渤海沿岸到达辽西郡（今锦州市义县附近），再沿北部边疆至九原郡（今包头市九原区附近），最后回到长安甘泉宫。总的路程大约有 3000 公里，如按《史记》记载，则时间太过于仓促，疑似有误，所以汉武帝应该是元封元年（公元前 110 年）四月八日后开始的第二次东巡。虽然时间的最大值是 52 天，但实际时间肯定有所减少，这里我们不妨暂定为50 天。

汉武帝在不同路段的巡幸速度肯定是不同的，在泰山至蓬莱、蓬莱至马谷山段，应该是正常的行军速度。而从马谷山至义县段大约 600 公里，因要抽出时间修建求仙台，每日只能行进约 27 公里（60 汉里），这段路程就需要花费 20 天左右的时间。那么汉武帝及其随行人员需要在其他路段每天行进 80 公里（即 180 汉里）左右[①]。从泰山附近至蓬莱区约 400 公里，从蓬莱区渡海至马谷山约 200 公里，即汉武帝在元封元年（公元前 110 年）四月八日出发后经 9 天左右到达并修建了今中捷武帝台。因以上推论皆取约数，宜将中捷武帝台的修建时间定为元封元年（公元前 110 年）四月十五日至四月二十日间。

三、结　　论

汉武帝有充足的理由修建武帝台，又能够满足筑台的时间和空间条件，我们完全有理由相信，今天中捷境内的武帝台遗址，确实为汉武帝所筑。两千余年的时光洗礼，让武帝台失去了原先磅礴的身姿，但这座古台仍是那段历史的见证者，在当时渺无人烟的渤海边，留下了深深的印记。它让我们能够有机会去接触历史，与古人对话。作为中捷乃至沧州境内为数不多的汉代遗存，我们有责任继续把它的来历梳理清楚，将它好好保存下去，这样才不负历史的重托。

作者简介：胡晓文，天津博物馆，助理馆员，天津市河西区平江道 62 号，300201。

---

① 这个速度在当时是完全可以达到的，河北师范大学王志松在其硕士论文《两汉军事训练研究》中就提到汉武帝时代骑兵数量很多，每次征发数万匹战马。《后汉书·岑彭列传》里甚至有"晨夜倍道兼行二千余里"的记述。

天津博物馆早期的财、物、人问题

郭　辉

（天津博物馆）

摘要：财、物、人即经费、藏品、人才等问题是当前我国博物馆，特别是中小博物馆面临的重要挑战之一。1918 年成立的天津博物院为解决经费、藏品和人才匮乏等多方面的问题，在实践探索中走出了一条独特的发展之路。在经费问题上，以公办民助方式，在依靠政府和相关公立单位拨款的同时，建立董事会制度吸纳社会各界的资助，并积极开展经营创收，扩大经费来源。在藏品方面，以采集、寄赠、寄陈、购买的方式来应对藏品匮乏的状况。在人员方面，以直隶商品陈列所专业人员为基础，积极吸收天津热心教育和文化事业的知名人士充任常任董事和管理者，打造了一支实力雄厚的筹建和博物院运营团队。这些举措和经验至今仍有着现实意义。

关键词：天津博物院　经费　藏品　严智怡

　　博物馆的财、物、人即经费、藏品、人才等问题是我国早期博物馆史研究中的关键性议题。1918 年成立的天津博物院 [①] 是我国较早的省级公立博物馆之一。自成立之始，其与当时许多国人自办博物馆一样同样面临着上述问题。从现有材料看，最早论述天津博物馆早期财、物、人问题的是 1936 年中国博物馆协会编辑出版的《中国博物馆一览》一书，书中对天津博物院（当时改为河北博物院）及其他全国各主要博物馆的经费来源、藏品情况、主要人员构成等情况专门列出条目进行了介绍 [②]。但这些介绍只是当时的馆情资料汇编，内容十分简略，并未系统阐述。新中国成立后，天津博物馆早期历史研究得到推进，1963 年天津历史博物馆编印出版《天津博物馆史料（1900—1955）》一书，其中收录了建馆元勋陆文郁的《天津的博物院事杂谈》和俞祖鑫的《回忆"河北博物院"》两篇文章，文中从亲历者的角度在论述天津博物馆早期历史的过程中，对藏品征集、经费来源和专业技术人员培养进行了介绍 [③]。近些年来，

---

① 天津博物馆的前身是 1918 年 6 月 1 日成立的天津博物院，1928 年 11 月更名为河北第一博物院，1935 年 1 月更名为河北博物院。

② 中国博物馆协会：《中国博物馆一览》，1936 年，第 1～82 页。

③ 天津历史博物馆：《天津博物馆史料（1900—1955）》，1963 年，第 6～98 页。

随着博物馆史研究热潮的到来，相关问题研究得到进一步深化。徐坚的《名山：作为思想史的早期中国博物馆史》一书在论述天津博物院筹建和运行情况时，对经费来源进行了简要介绍，并以院刊为中心对藏品征集情况进行了梳理①。余慧君的《与世相接——严智怡与天津博物院的诞生》一文对以严智怡为首的天津博物院团队在推进博物馆建设中的重要作用进行了深入研究，并以"天津博物院的捐赠者网络"角度，从文物捐赠者与博物馆的互动出发，对藏品征集等相关问题进行了阐述②。陈卓的《阐明文化，发扬国光——天津博物馆早期历史回眸》一文专门列出"藏品征集与展示：博物院创立之基础"一节，对天津博物馆早期建立庞大的典藏体系和利用天津当地深厚的收藏文化征集与借用藏品做了简要介绍③。赵依凡、鲁鑫的《民国时期河北博物院藏品征集工作研究》一文从河北博物院藏品征集制度、从社会征集到自行采集、藏品征集工作的适应性选择三个方面，介绍了天津博物馆早期的藏品征集工作④。但以上著作主要是在论述天津博物馆早期历史或运营情况时，捎带介绍藏品征集、经费和人才等问题，亦或是关注其中一个问题开展单独研究，并未就这三方面问题进行全面系统的研究和详细论述。随着天津博物馆早期档案的整理与发掘，新的档案资料不断出现。从这些材料中可以发现，为应对经费、藏品、人才匮乏等问题，天津博物院在实践探索中走出了一条符合自身实际情况的独特发展之路，为我们了解民国时期我国国人自办博物馆在筹建与运营过程中解决这些问题提供了一个重要范例。

一、公办民助多渠道扩展经费来源

天津博物馆早期从筹建到开馆后的正常运行，首先要解决的是经费问题。在建馆初期，天津博物馆的创建者们为了筹集经费，在当时进行了多方面的探索。

作为我国较早的省级公立博物馆，天津博物院创办初期的经费主要来源是政府及下属机关的拨款。1916年2月，在严智怡与直隶省署教育科、天津县劝学所及省立各学校达成建立天津博物院的共识后，将立案文件呈请直隶巡按使朱家宝，并获批准。天津博物院"其经费则以省立各学校任之，取常年经费百分之二为开办费，复按月各

---

①　徐坚：《名山：作为思想史的早期中国博物馆史》，科学出版社，2016年，第208～211页。

②　余慧君：《与世相接——严智怡与天津博物院的诞生》，《新史学》2016年第3期，第101～104页。

③　陈卓：《阐明文化，发扬国光——天津博物馆早期历史回眸》，《博物院》2018年第3期，第6～12页。

④　赵依凡、鲁鑫：《民国时期河北博物院藏品征集工作研究》，《文物春秋》2020年第6期，第69～74页。

取其百分之一为经常费"①。也就是说，从省立各学校的常年经费中调拨百分之二为天津博物院的开办经费，各学校再按月抽调百分之一为日常经费开销。1918 年 3 月，直隶实业厅呈准省长，以天津总站东旧劝业道署划拨天津博物院作为馆址和办公用房。1920 年 7 月，"实业厅通令直辖机关各以经费百分之一，按月补助本院经费"②。天津博物院又得到了直隶实业厅的固定拨款。此时博物院来自各学校和各机关的补助经费每月共计 350 余元③。

1922 年，直隶省实业厅厘定通过《天津博物院章程》和《天津博物院董事会简章》。《天津博物院章程》规定，该院常年经费来源包括三个方面：即"一、各学校常年捐款，二、各实业机关常年捐款，三、其他捐款"④。这里的各学校常年捐款和各实业机关常年捐款其实就是来自政府的官方拨款。为了表达对各学校教育机关和实业机关补助博物院经费的感谢，在《天津博物院董事会简章》中特别规定，在天津博物院董事会的董事人选中，"现在担任常年经费之各学校及实业机关每机关一人"，"拨给天津博物院房屋之主管官署一人"。在设立的九位常任董事中，从董事会人选中"由各学校推举二人，由各实业机关推举二人"⑤，拨给房屋主管官署再出一人。政府拨款和支持部门占去一半多的常任董事会席位。虽然此时博物院的经费并非直接来自省政府的财政拨款，而是从各教育和实业机关经费中转拨而来，但这些经费归根到底仍来源于政府拨款，并且最终从制度层面使博物院的经费有了稳定和可靠的保障。

1928 年 6 月，国民政府北伐成功，形式上统一全国，天津定为河北省府。7 月，天津博物院首任院长严智怡在河北省政府委员会提议，为天津博物院请求经费。11 月，在河北省政府委员会第 41 次会议通过省教育厅提出的以天津博物院直隶省政府，更名为河北第一博物院，仍保存董事会制，每月由省库拨给费 367 元⑥。修改后的《河北第一博物院章程》规定："本院经常费由省库拨给，特别费由各学校机关团体或个人捐助，及其他所收款项，前项特别费应专款储备作为本院扩充之用。"⑦由于此时河北省实业机

① 严智怡：《本院沿革要略》，《河北第一博物院半月刊》1931 年第 1 期。
② 河北博物院：《河北博物院沿革及概况》，《中国博物馆协会会报》1936 年第 5 期，第 21 页。
③ 河北第一博物院：《河北第一博物院募集基金捐启》，天津博物院藏。
④ 天津博物院：《天津博物院简章》，《天津博物馆史料（1900—1955）》，天津历史博物馆，1963 年。
⑤ 天津博物院：《天津博物院董事会简章》，《天津博物馆史料（1900—1955）》，天津历史博物馆，1963 年。
⑥ 河北博物院：《河北博物院沿革及概况》，《中国博物馆协会会报》1936 年第 5 期，第 24 页。
⑦ 河北第一博物院：《河北第一博物院董事会章程》，《天津博物馆史料（1900—1955）》，天津历史博物馆，1963 年。

关方面因农工并厅，局面未定，请求实业机关恢复补助经费实难有效[1]。因此在原有教育机关支持经费作为特别费保留的前提下，河北省政府新增了财政直接拨款，进一步加大了对博物院的拨款支持，博物院的经费来源有了更加可靠的保障。1932年11月，复以在津之省立各院校经费，近来递有增加，其每月补助本院之费，函准省教育厅，转请酌加。1933年1月，博物院又新得到了河北省第一女子中学、民众教育实验学校、天津公立商科职业学校三个学校的资助，较前新增加经费共计113.5元。此外，河北省立法商学院由原来的每月补助22.5元增加到了30元，河北省立工业学院由原来每月补助19.6元增加到了50元，河北省立第一中学由原来每月补助9月增加到20元，河北水产学校由原来每月资助8.3元增加到15元，河北省立模范小学校由原来每月补助5元增加到10元[2]。1933年3月，准河北省教育厅函博物院经费自1932年度起，月支409.5元。博物院第16次常任董事会会议将博物院每月所领省款经费改为补助费。函准教育厅提经河北省政府委员会第439次会通过[3]。博物院经费随着各学校经费增加和政府拨款的进一步提高，每年经费总额有了很大的提升。到1935年，博物院经费全年为11366元[4]。

在政府固定经费之外，河北省政府和天津市教育局也会为博物院提供临时性拨款。1931年3月，博物院又申请获得河北省政府拨给临时修理费1592元，修缮房屋，扩充陈列。1932年5月，天津市教育局拨市立民众补习学校经费余款2000元，为博物院临时补助费，用为扩充事务之用。1934年10月，天津市教育局复拨给博物院临时补助费2000元，用为采集制造征集调查出版等项之需[5]。可见，在博物院遇到修缮馆舍、扩充陈列、采集征集等特别之需时，政府会临时性地给予大额专项拨款，以支持博物院的建设和发展。

在政府拨款之外，博物院的第二个经费来源是社会捐款。1922年通过的《天津博物院简章》就规定博物院常年经费来源就有其他捐款。《天津博物院董事会简章》中也规定"特捐天津博物院款项在二百元以上者"[6]为博物院董事会董事。积极鼓励社会各界为博物院捐款。1930年12月，为进一步解决博物院的经费紧张问题，在河北第一博物院第七次常任董事会上，提出拟按募捐办法，预备捐启，募集款项，作为基金，

①　河北第一博物院：《1931年河北第一博物院第八次常任董事会纪录》，天津博物馆藏。

②　河北第一博物院：《1933年1月19日河北第一博物院第十五次常任董事会纪录》，天津博物馆藏。

③　河北博物院：《河北博物院沿革及概况》，《中国博物馆协会会报》1936年第5期，第23页。

④　中国博物馆协会：《中国博物馆一览》，1936年，第48页。

⑤　河北博物院：《河北博物院沿革及概况》，《中国博物馆协会会报》1936年第5期，第22页。

⑥　天津博物院：《天津博物院董事会简章》，《天津博物馆史料（1900—1955）》，天津历史博物馆，1963年。

储存生息，即以息金作为博物院扩充之用。并计划将开滦矿务局、芦纲公所、启新洋灰公司、华新纺纱厂、电车电灯公司、张学良等作为重要的募集资金对象①。1931年6月，河北第一博物院第九次常任董事会通过了《募集基金办法》，规定："一、基金由本院指定之银行永久存储，每月由本院取用息金。二、捐款人于捐启列名认捐后，请将捐款延送本院指定之银行代收，再取本院收据。经募人及本院均不直接收款。三、每个月终，本院将收到捐款数目发报宣布一次。四、组织基金保管委员会保管基金。"②基金会的成立扩展了博物院资金的来源渠道，为博物院的发展提供了新的资金保障。

博物院的第三个经费来源是门票和经营性创收。1918年，天津博物院在河北公园举办成立展览会时就采取了售票进场方式，当时陈列场入场券铜元六枚、游艺馆入览券铜元三枚。展览会开幕第一天还特地举行了陈列馆第一票售卖活动，为博物院筹集资金。最终严智怡以500元购得此票③。此外，博物院还将《陈列品说明书》《古器拓本集存》《秦砖拓本》《珂罗版印天然物类纪念明信片》《直隶风景摄影》等出版物在展览会上进行售卖。1923年2月25日，博物院正式对外开放后，售票纵观，票价每张仍铜元六枚，继续对外销售出版物创收。由于票价对学校团体参观是免费的，这项收入在当时来说也只是杯水车薪，非常少，而且并不稳定，不能为博物院发挥太大作用。

二、藏品征集手段灵活多样化

藏品是博物馆业务活动的物质基础。天津博物院在建馆之初就建立了庞大的典藏体系。据1917年10月，天津博物院筹备处编辑发行的《天津博物院陈列品说明书》记载，分天然和历史两部。天然部包括动物类、植物类、矿物类三个方面。历史部包括美术类、货币类、人种风俗及古迹风景类、文字类、掌故类、科举类、纪念类、礼器类、宗教类、武器类、陶瓷类等④。1931年10月25日公布的《本院征集物品分类及手续》对藏品征集门类又进行了扩充，分为动物、植物、矿物及岩石、化石、礼器、货币、简书、符牌、玺印、陶瓷、武器、舟车、建筑、日用器、衣服、佩饰、农具、渔猎器、工用器、方伎用器、宗教用器、丧葬婚娶用器、古迹风景像片、民俗像片、

---

① 河北第一博物院：《1930年12月河北第一博物院第七次常任董事会会议记录》，天津博物馆藏。

② 河北第一博物院：《募集基金办法》，《1931年6月河北第一博物院第九次常任董事会》，天津博物馆藏。

③ 天津博物院筹备处：《本会特别启事》，《天津博物院成立展览会临时日刊》第二号，1918年。

④ 天津博物院筹备处：《天津博物院陈列品说明书》，直隶教育图书局，1917年。

世界人种风俗、度量衡、掌故、纪念、其他共 29 项①。1936 年出版的《中国博物馆一览》中所列藏品仍为自然、历史两部，但根据实际情况又进行了局部调整。自然部分动物、植物、矿物、岩石、化石共 5 项；历史部分文字、骨器、石器、陶器、瓷器、玉器、礼器、武器、掌故、科举、巨鹿出土宋代器物、货币、宗教、人种风俗、古迹风俗共 15 项②。是典型的自然和历史综合性博物馆。

为了完成如此庞大的典藏体系，博物院在藏品征集上采取了多项措施。首先是自行调查采集。早在 1914 年冬，严智怡受委派赴美国旧金山参加巴拿马万国博览会时，就注重搜集相关藏品。自美国归来，"携回印第安人用品等物"③，"将在津筹设博物院，用为陈列品"④。到 1918 年，经营两载，搜集天然物品 1400 余件，古物 2300 件⑤。1919 年 4 月，天津宁河县蛏头沽获座头鲸一尾，博物院运其至天津，于金华商场开观鲸会三日，并将鲸鱼骨骼最后入藏。1920 年，派李详耆、张厚璜前往巨鹿县进行考古调查，收集出土陶瓷文物资料。1921 年，又派李详耆从内丘县搜集金承安二年石狮一对。1932 年 7 月，派员赴北戴河海滨采集海产及植物标本。10 月，派员赴北平植物学研究所植物园、天然博物院，采集植物昆虫标本。1933 年 10 月，与天津广智馆联合采集植物标本。1933 年 9 月至 12 月，严智怡借巡察河北各县县政之便，分三次赴定兴、涿县、良乡、三河、保定、易县、涞水、徐水、井陉、平山、灵寿、正定、定县、新乐共 14 县调查古迹古物、搜集照片和拓片。1935 年 2 月，呈请省政府并由天津市政府省会公安局协助，将天津新开河旱桥旁发现的《元大都路总治碑》移至博物院陈列保存⑥。

其次是与其他研究机构合作采集或征集。1934 年，向国立北平研究院生物部征集动物标本，向实业部地质调查所征集河北岩石矿物标本。同年 5 月，静生生物调查所组织河北等省植物采集队，邀同博物院合作，由博物院出补助费，分给本院植物标本⑦。1935 年 1 月，与静生生物调查所达成技术合作办法，并于是年 7 月与静生生物调查所联合会派研究员赴磁县、邢台、邯郸、广平等县采集植物标本，并委派本院技术员到平山、灵寿、磁县等县调查古迹、采集植物标本⑧。

---

① 河北第一博物院：《本院征集物品分类及手续》，《河北第一博物院半月刊》1931 年第 3 期。

② 中国博物馆协会：《中国博物馆一览》，1936 年，第 48 页。

③ 河北博物院：《河北博物院沿革及概况》，《中国博物馆协会会报》1936 年第 5 期，第 21 页。

④ 严智怡：《本院沿革要略》，《河北第一博物院半月刊》1931 年第 1 期。

⑤ 河北博物院：《河北博物院沿革及概况》，《中国博物馆协会会报》1936 年第 5 期，第 21 页。

⑥ 河北博物院：《河北博物院沿革及概况》，《中国博物馆协会会报》1936 年第 5 期，第 23 页。

⑦ 河北博物院：《河北博物院沿革及概况》，《中国博物馆协会会报》1936 年第 5 期，第 23 页。

⑧ 河北博物院：《河北博物院沿革及概况》，《中国博物馆协会会报》1936 年第 5 期，第 23～24 页。

此外，据1931年制定的《本院征集物品分类及手续》规定，博物院还有以下藏品征集和借用方式。

一是移存，即拨交。凡国有（如历代历年因索抄没存于各县各处之器物及有清以前之卷宗）或地方所公有之物（如一县一村一镇一庙者皆是），希望移存本院陈列，比较研究以益社会，可运送博物院展出。

二是寄赠，即捐赠。凡为一人一家所有之物，希望赠送博物院陈列。由博物院出具收据入藏，如所赠之藏品估值确在200元以上者，认为博物院董事会董事。如1931年8月，严智怡先生赠介壳一件，姚品侯先生赠鼻烟壶二件、和田子玉石二件、元瓷片一件、桦树根笔架一件①。1931年11月，收李详耆先生赠清光绪二十一年督理街道衙门执照一纸。实业部地质调查所赠北京猿人头盖骨化石模型一件。李毓先生赠清光绪七年国子监监照一件。华君逸先生赠符秦瓦当拓片二张。沈琴砚先生赠清请安折万寿折各一件。张德孙先生赠徐水出土铜印文一张。王汉章先生赠五代磁造像照片、恐龙齿化石照片各一张。历史博物馆赠三盆山十字寺景教石刻拓片一份②。

三是寄陈，即借展。凡为一人一家或公共团体（如学校庙宇等皆是）之藏品，不欲移存或寄赠者可暂存本院陈列作为寄陈，由博物院给予收据，随时可凭收据取回，以期公私两益。如1931年8月，张德孙先生寄陈货币拓本一幅。杜印三先生寄陈陶瓷器各一件③。

四是价购，即购买。凡为一人一家一团体所私有之物与学理历史确有重要关系，而有此物之人以经济之故，不愿照上二三项二种办法者，亦可请其将该物之详细说明直接通函本院酌商价购。如1931年9月，博物院购决拾一件、元押二件、清泉二件、藏泥佛像九尊、各种徽章廿二枚④。

在《河北第一博物院半月刊》《河北第一博物院画报》《河北博物院画报》的《本院重要纪事》中有大量有关采集、寄赠、寄陈、价购藏品的记载。截至1935年5月底，博物院共收藏有各种藏品28357件⑤。其中"寄赠品约百分之二九，寄陈品约百分之二七，其余百分之四四则本院采集购置者也"⑥。可见，博物院藏品来源主要还是采集、购买、寄赠和寄陈四个方面。

---

① 河北第一博物院：《本院重要纪事》，《河北第一博物院半月刊》1931年第1期。

② 河北第一博物院：《本院重要纪事》，《河北第一博物院半月刊》1932年第8期。

③ 河北第一博物院：《本院重要纪事》，《河北第一博物院半月刊》1931年第1期。

④ 河北第一博物院：《本院重要纪事》，《河北第一博物院半月刊》1931年第4期。

⑤ 中国博物馆协会：《中国博物馆一览》，1936年，第48页。

⑥ 河北博物院：《河北博物院沿革及概况》，《中国博物馆协会会报》1936年第5期，第24页。

三、汇集各方力量打造博物馆专业团队

严智怡（1882—1935），字慈约、此玥，后改持约，天津人。我国近代著名教育家、近代博物馆事业的重要先驱严修的次子。早在 1902 年，严智怡就曾随其父严修赴日本考察，对日本的博物馆事业有了深入了解[①]。1903 年，严智怡赴日留学，入日本东京高等工业学校学习，1907 年毕业，1909 年归国。1913 年，严智怡奉命将天津劝工陈列所改组为直隶省商品陈列所，并任所长。在直隶省商品陈列所组织全省商品调查时，他与华学涑在一次会议上谈到天津应该建设自己的博物馆，以辅助教育。并提出在整理商品陈列所的过程中，为筹建博物院打下根基[②]。由此，严智怡开始以直隶商品陈列所为依托，充分借助陈列所在调查征集、陈列展览中有相关经验的专业人员，开始打造天津博物院筹建团队。

1914 年，严智怡作为直隶省代表偕同直隶商品陈列所乐采澄、陆文郁等赴美国参加巴拿马万国博览会。他们充分利用此次机会，借机接触和学习美国博物馆陈列知识和管理经验。严智怡回国后还将在美考察和学习心得专门整理出版了《东美调查录》一书，书中记载：1915 年 4 月 17 日，严智怡考察了芝加哥艺术博物馆。对该馆的开放时间、会员制度、参观制度、陈列内容进行了详细介绍[③]。4 月 18 日，到兹堡参观了卡内基自然历史博物馆参观[④]。4 月 24 日，参观了科科伦美术馆。4 月 28 日，参观纽约市博物馆，了解了该馆的董事会制度、人员组织构成、博物馆各部门设置及分工、经费及藏品来源等内容[⑤]。6 月 2 日，参观美国自然历史博物馆，并对该馆历史、经费捐赠来源、会员制度、藏品类别等相关的内容进行了解[⑥]。这些考察所得为严智怡回国后主持筹建天津博物院发挥了十分重要的借鉴和指导作用，随行人员也开阔了眼界，在博物馆专业技术方面得到了很大提升。1916 年 4 月，在严智怡的领导下，以直隶商品陈列所专业人员为基础天津博物院筹备处成立，全所人员兼办筹建工作。

在筹备时期，直隶商品陈列所人员工作较多的是陆文郁先生。他是画家，也是生物学家。他充分发挥所长和在美国考察学习的知识，所有动物、植物、昆虫等标本定

① 严修撰，武安隆、刘玉敏点注：《严修东游日记》，天津人民出版社，1995 年。
② 陆文郁：《天津的博物院事杂谈》，《天津博物馆史料（1900—1955）》，天津历史博物馆，1963 年。
③ 严智怡：《东美调查录》，《巴拿马赛会直隶观会丛编》第 14 册，1921 年，第 17～18 页。
④ 严智怡：《东美调查录》，《巴拿马赛会直隶观会丛编》第 14 册，1921 年，第 21 页。
⑤ 严智怡：《东美调查录》，《巴拿马赛会直隶观会丛编》第 14 册，1921 年，第 31～32 页。
⑥ 严智怡：《东美调查录》，《巴拿马赛会直隶观会丛编》第 14 册，1921 年，第 53～54 页。

名说明，大半由陆先生考订。动物标本的陈列，需要做出生活背景的模型，也由陆先生设计并绘图。此外编辑课课员李详耆先生协助他一起编各类陈列品说明书，也帮助画图①。接收寄陈、寄赠品工作，先由所里文牍员王子香负责，后来事务逐渐繁忙，遂由所外添加人员，如关清泉、姚仲矩、孟亶甫等负责收品、登记、储藏各事。所中技士李莆田、调查课课员邓子甫等皆出力甚多。以严智怡为核心的天津博物院筹建团队随之形成并壮大。

1918 年 6 月 1 日，天津博物院举办成立展览会。1920 年 10 月，华石斧才由实业厅派为筹备主任。1922 年，直隶省实业厅厘定通过《天津博物院章程》和《天津博物院董事会简章》，成立董事会，进一步为博物院的发展汇集社会贤达。从 1922 年 9 月 24 日开第一次全体董事大会到 1937 年全面抗战爆发前，博物院董事会曾召开四次董事大会，产生四届常任董事会。分别为：1922 年 9 月 24 日，召开第一次全体董事大会，公推严智怡为院长，华学涑为副院长及常任董事九人，此届常任董事名单无从可考。1930 年 7 月，召开第二次全体董事大会，公推严智怡为院长，姚彤章为副院长，常任董事为齐国梁、李金藻、董如奉、张锡周、李凤石、张厚璋、邓庆澜七人。1933 年 7 月，召开第三次全体董事大会，公推严智怡为院长，姚彤章为副院长，举常任董事为齐国梁、董如奉、李凤石、邓庆澜、张锡周、孙壮、李金藻、张厚璋、魏元光九人。1936 年 7 月 26 日，第四次全体董事大会，推举姚彤章为院长，严智开为副院长，常任董事为齐国梁、魏元光、董如奉、邓庆澜、张锡周、张厚璋、李金藻、李凤石、王汉章九人②。其中齐璧亭、魏明初、董杏村、邓澄波、张用陈、张德孙、李琴湘、李凤石、王汉章等人长期担任常任董事，严智怡、姚彤章相继任院长，华学涑、严智开曾任副院长，俞祖鑫长期担任主任之职。天津热心教育和文化事业的知名商绅、学绅及收藏家纷纷被吸纳充任天津博物院董事或馆长、副馆长、主任。他们不仅赞助博物院经营经费，还捐赠或寄陈个人藏品，从而形成了一个因博物馆而建构的城市文化精英人际关系网络③。共同推动天津博物馆早期的建设与发展。

四、结　语

在当前形势下，面对百年未有之大变局和全球新冠疫情及其所带来的经济下行影响。我国诸多博物馆特别是中小博物馆和行业、民营博物馆资金来源结构单一、运营

---

①　俞祖鑫:《回忆"河北博物院"》,《天津博物馆史料（1900—1955）》,天津历史博物馆,1963 年。

②　郭辉:《天津博物馆早期董事会制度初探》,《博物院》2018 年第 3 期,第 16 页。

③　余慧君:《与世相接——严智怡与天津博物院的诞生》,《新史学》2016 年第 3 期,第 94 页。

经费逐渐吃紧，馆藏薄弱，藏品征集乏力，专业技术人才匮乏，人才流失严重，与百年前中国博物馆建设起步初期一样仍面临着财、物、人即经费、藏品、人员等诸多棘手问题。以天津博物院为代表的早期中国博物馆在建设与发展中结合自身实际情况探索出了一条特色鲜明的发展道路，这些举措和经验至今仍有着现实意义。

作者简介：郭辉，天津博物馆，副研究馆员，天津市河西区平江道 62 号，300201。

浅析晚清时期基督教会学校对天津传统教育和近代教育的影响

涂小元

（天津文博院）

摘要：基督教传教士进入中国后主要从事两项事业：一是盖教堂，二是办学校。这些教会学校主观上是为了培养一批能够更好地传播基督"福音"的中国籍传教士，是一种文化侵略行径；但客观上，由于这些教会学校将西方国家的教学理念和教学内容传入中国，对中国的传统教育和近代教育亦产生了一定的影响。由于时间跨度百年、通商口岸众多，限于篇幅，笔者仅以晚清时期的天津为研究对象。本文主要从天津的传统教育简述、天津的近代教育梗概、天津的基督教会学校概述、基督教会学校对天津传统教育和近代教育的影响四个方面加以研究。

关键词：晚清时期的天津　传统教育　近代教育　基督教会学校　影响

　　基督教主要分为三大教派，即天主教、东正教和新教。汉语中的"基督教"特指新教（俗称"耶稣教"），创立于1517年德国马丁·路德（Martin Luther）发起的宗教改革。本文所涉及的"基督教"即指"新教"。

　　清嘉庆十二年（1807年），英国基督教伦敦会派遣罗伯特·马礼逊（Robert Morrison）牧师到达中国广州[①]。马礼逊是笔者所见史料中记载最早来华的基督教传教士。他的到来，标志着基督教传教士正式进入中国。

　　由于清廷继续实行康熙五十九年十二月二十一日（1721年1月18日）颁布的"禁教令"[②]，马礼逊无法传教，被迫离开中国。此后，虽仍有基督教传教士来到中国，但囿于"禁教令"的束缚，依然无法传教。

　　咸丰八年四月十四日（1858年5月26日），英法联军进入天津，清政府被迫与俄、

---

① 容闳原著，张叔方补译，徐凤石、恽铁樵原译，杨坚、钟叔河校点：《西学东渐记》，湖南人民出版社，1981年，第7页。

② "禁教令"的具体内容请见〔英〕马戛尔尼原著，刘复译：《康熙与罗马使节关系文书·乾隆英使觐见记》，台湾学生书局，1973年，第70~71页。

美、英、法四国分别在天津的海光寺签订《天津条约》。在中美《天津条约》第十二款中规定："大合众国民人在通商各港口贸易，或久居，或暂住，均准其租赁民房，或租地自行建楼，并设立医馆、礼拜堂及殡葬之处。"①在中英《天津条约》第八款中规定："耶稣圣教暨天主教原系为善之道，待人知己。自后凡有传授习学者，一体保护，其安分无过，中国官毫不得刻待禁阻。"②之后，基督教会凭借这些不平等条约大肆进入中国。

为便于传教，基督教传教士进入中国后主要从事两项事业，即盖教堂和办学校。为"培植英杰"，使之"上达朝廷，下达草野"③，基督教传教士们在各个通商口岸兴办了众多的教会学校。这些教会学校，主观上是为了培养一批能够更好地传播基督"福音"的中国籍传教士，是一种文化侵略行径；但客观上，由于这些教会学校将西方国家的教学理念和教学内容传入中国，对中国的传统教育和近代教育亦产生了一定的影响。

由于时间跨度百年、通商口岸众多，限于篇幅，笔者仅以晚清时期的天津为研究对象。为此，拟从天津的传统教育简述、天津的近代教育梗概、天津的基督教会学校概述、基督教会学校对天津传统教育和近代教育的影响四个方面加以研究。如有不当之处，敬请方家指正。

一、天津的传统教育简述

所谓"传统教育"，其内涵以儒学教育与举业教育为主。

自明永乐二年（1404 年）设立天津卫以来，天津一直是一座军事重镇。随着人口的不断增长，子女的教育成为迫在眉睫的紧迫问题。正统元年（1436 年），明王朝谕令：全国凡设"卫"的地方都要设卫学。同年，"天津卫学"在今文庙之府庙成立，教学内容为礼、射、书、数四科。"卫学"是儒学的一种，称为"文学"。这是天津市内最早的学校。

万历二十年（1592 年），为使盐商灶籍子弟就学，长芦巡盐御史黄卷设"长芦运学"。"运学"的教学内容与"卫学"相同。

随着天津屯田事业的发展，天启元年（1621 年），主管京畿地区屯田事宜的御史左光斗在天津成立了"屯学"，专为解决屯农子弟的教育问题。"屯学"以读经、应策为教学内容。

---

① 王铁崖编：《中外旧约章汇编》第一册，生活·读书·新知三联书店，1957 年，第 91 页。
② 王铁崖编：《中外旧约章汇编》第一册，生活·读书·新知三联书店，1957 年，第 97 页。
③ 李楚材：《帝国主义侵华教育史资料——教会教育》，教育科学出版社，1987 年，第 39 页。

　　清雍正三年（1725 年），清廷将天津卫改为地方行政建置——天津州和天津直隶州，"卫学"改为"州学"。雍正九年（1731 年），清廷又将天津直隶州升为天津府（附郭置天津县），"州学"改为"府学"。雍正十二年（1734 年），又增建"天津县学"，设于今文庙之县庙。

　　随着经济的发展，为了满足读书士子考取功名的需要，天津还陆续成立了一些书院，如成立于康熙五十八年（1719 年）的"三取书院"、成立于乾隆十七年（1752 年）的"问津书院"、成立于道光七年（1827 年）的"辅仁书院"，等等。为普及教育，还设有"五经馆"、"义学"和"私塾"。

　　可以说，近代以前的天津传统教育与全国其他地区基本一样，均以儒学教育与举业教育为主。

二、天津的近代教育梗概

　　所谓"近代教育"，主要具备如下特征：建立完整的小学、中学等基础教育体系；有目的有步骤地将近代自然科学转化为课程形态；重视教育立法，以法治教。本文所述"天津的近代教育"时间为清咸丰十年十二月初十（1861 年 1 月 20 日）至宣统三年八月十八日（1911 年 10 月 9 日）。按照时间前后顺序，分为"洋务运动"时期和"北洋新政"时期。

1. 洋务运动时期的天津近代教育

　　洋务运动时期[①]，为求"自强"，李鸿章、盛宣怀、袁世凯等人于天津创办了北洋电报学堂、北洋水师学堂、北洋武备学堂、北洋水雷电气学堂、北洋管轮学堂、北洋医学堂、北洋中西学堂（后更名为"北洋大学堂"）、新建陆军行营兵官学堂等洋务学堂，在全国曾起到过示范作用。

　　洋务运动时期的天津近代教育主要呈现五个特点：第一，以军事学堂为主，性质比较单一；第二，因受传统文化以及科举制依然存在的影响，本地学子们仍然重视儒学教育与举业教育，这些洋务教育并不被社会认可；第三，不重视小学、中学等基础教育；第四，办学形式只有官立一种，不重视、不鼓励民间办学；第五，漠视女子教育。

---

　　① 洋务运动时期为咸丰十年十二月初十（1861 年 1 月 20 日）总理各国事务衙门的成立至光绪二十七年六月初八（1901 年 7 月 23 日）总理各国事务衙门改为外务部止，具体内容见夏东元：《洋务运动史》，华东师范大学出版社，1992 年，第 28、486～487 页。

2. 北洋新政时期的天津近代教育

光绪二十六年十二月初十（1901 年 1 月 29 日），逃至西安的慈禧太后以光绪帝的名义颁布"变法上谕"，实行自上而下的改革①。"清末新政"正式开始。

光绪二十八年七月十二日（1902 年 8 月 15 日），直隶总督兼北洋大臣袁世凯代表清廷从"八国联军"成立的"都统衙门"手中收回对天津华界的管辖权之后，天津正式实施"新政"。因天津地处"北洋"地区②，所以，天津的"清末新政"时期又称"北洋新政"时期。

为满足政治、经济、军事等方面对人才的需要，袁世凯实行了一系列教育方面的改革。主要有：第一，建立教育行政机构，以适应近代教育的发展；第二，多方筹措教育经费，广开办学资金；第三，重视人才的培养和使用，调动了天津一批热心教育的仁人志士；第四，开始重视女子教育。

经过袁世凯及其继任者杨士骧、那桐、端方、陈夔龙等人的努力，天津的近代教育蒸蒸日上。据不完全统计，至宣统三年八月十八日（1911 年 10 月 9 日），天津共建立了 147 所学堂，包括高等学堂、武备学堂、宪兵学堂、陆军小学堂、军医学堂、巡警学堂、陆军测绘学堂、电报学堂、电讯学堂、幕僚学堂、吏胥学堂、中学堂、小学堂、女子学堂、女子小学堂、女子师范学堂、女医学堂、师范学堂、法政学堂、工艺学堂、工业学堂、农业学堂、医学堂、商业学堂、艺徒学堂、客籍学堂、图算学堂、半日学堂、夜校学堂等类型③。数量之多、分类之广，领全国一时之先河。

北洋新政时期的天津近代教育主要具有四个特点：第一，办学形式有官立、公立、民立、私立等；第二，重视基础教育；第三，开始重视女子教育；第四，门类较齐全。

三、天津的基督教会学校概述

基督教在天津最早的办学活动始于清咸丰十年（1860 年）的美国"差会"④。当年，英法联军攻入天津后又进逼北京，美国公理会传教士柏亨利（Henry Blodget）于八月

---

① "变法上谕"全文请见（清）朱寿朋编：《光绪朝东华录》第 4 册，中华书局，1958 年，第 4602 页。

② "北洋"地区包括山东、直隶（今河北省）和奉天（今辽宁省），归北洋大臣管辖。

③ 统计数字请见张大民主编：《天津近代教育史》，天津人民出版社，1993 年，第 136～139 页。

④ "差会"（Foreign Missions），是西方各国基督教差遣传教士进行传教活动的组织。诞生于十七世纪中叶。因其主要工作是差遣传教士，中国人简称为"差会"。

十四日（9 月 28 日）从天后宫前面的海河上岸。他首先占用了天后宫的一间大殿，挪去了神像，将此开辟为一个临时进行礼拜的活动场所，对象主要是英法联军的官兵和外国商人。因为柏亨利只能讲很少的汉语，无法向中国人传教，为此，他成立了一个小书房，招收了几名中国籍学生①。这是基督教在天津最早的办学活动。但从严格意义上来说，柏亨利成立的小书房还不能算作学校。

天津第一座基督教学校成立于同治元年（1862 年）。咸丰十一年（1861 年），英国圣道堂传教士殷森德（Innocent）、郝韪廉（W. Nelthorpe Hall）先后来津，于天后宫北购买了一所宽大的房屋作为礼拜堂。同治元年（1862 年），郝韪廉在紫竹林（今和平区吉林路与承德道交叉口西侧）附近购地两处建筑楼房，作为会堂、传教士住宅和学道班使用。同年，殷森德在学道班内办起了"中国女童学堂"②。

从此之后，美国的公理会、美国的美以美会、英国的圣道堂、英国的伦敦会、英国的圣公会华北教区、基督教青年会北美协会、日本的基督教信仰者团体等各种差会纷纷来津兴办学校。

1. 美国公理会的办学情况

同治元年（1862 年），美国驻华公使馆秘书卫三畏（S. W. Williams）购买了鼓楼东仓门口一所民宅后转卖给了公理会。柏亨利在此开办了一所男书房。第二年，又增设了女书房。柏亨利建立男女书房的目的还是为了解决传教的语言问题，虽然仍不是学校，但却为美国公理会在天津创办学校奠定了基础。

同治二年（1863 年），公理会派传教士山嘉利（C. A. Stanley）夫妇与江代德（L. D. Chapin）夫妇来津协助柏亨利进行传教工作。次年，柏亨利离津前往北京，教会和书房的工作遂交给山嘉利夫妇与江代德夫妇负责。其中，山嘉利夫妇负责教会工作，江代德夫妇负责书房工作③。同治五年（1866 年），山嘉利夫妇在杨柳青镇创办一所小学堂。该学堂设四个班，学生多为信徒子女。光绪十五年（1889 年），山嘉利夫妇将该学堂迁至紫竹林海大道（今和平区大沽路）。该学堂规模甚小，分为男女两部，每部各有一名教员，食宿由公理会供给，教学以宗教教育为主，兼设算术、地理、自然和以讲授"四书五经"为主的中文语文课。光绪三十二年（1906 年），公理会利用"庚子赔款"在西沽北运河西岸购建新校舍，将该学堂迁至此处，并将原男女两部分别扩充为小学。男部为"究真小学"，女部为纪念当年去世的山嘉利夫人而称"仰山小学"④。两

---

① 天津宗教志编辑室编：《天津宗教资料选辑》第一辑，1986 年，第 85 页。
② 天津宗教志编辑室编：《天津宗教资料选辑》第一辑，1986 年，第 108～109 页。
③ 天津宗教志编辑室编：《天津宗教资料选辑》第一辑，1986 年，第 86 页。
④ 河北区教育局校史编辑组：《河北区中小学校史选》第一集，1987 年，第 2 页。

校学制均扩为六年制。两年之后，两校增设初中，男校更名为"究真中学"，女校更名为"仰山女子中学"。

2. 美国美以美会的办学情况

同治十一年（1872 年），美国美以美会传教士达吉瑞（G. R. Davis）来到天津。同治十三年（1874 年），达吉瑞兴办布道训练班，专门培训中国籍传道人。光绪六年（1880 年），他建立了免费膳宿的男女学校——"蒙学馆"（相当于初小），招收男生 12 名，女生 30 名。光绪八年（1882 年），他又创立了女学道房，专门培训中国籍女传道人。光绪十七年（1891 年），他还兴建了"成美馆"（相当于高小和初中）。因上学而入教的占全体学生的 7%—8%，受家长影响而入教的占全体学生的 2%—3%[①]，基本上达到了办学的目的。

宣统元年七月二十四日（1909 年 9 月 8 日），美以美会还曾在法租界海大道（今和平区大沽路）的马家口教堂内建立"天津中西女中"。该校校舍简陋，中国籍学生只有十数人，课程有英语、音乐等。

光绪二十三年（1897 年），达吉瑞在美以美会华北年议会上曾得意地表示："现在天津……有几个神学院，两个兴盛的膳宿兼备的男女学校，并有一些小学和一个女学道房。""我们美以美会虽然进入这个地区最晚，已经和其他差会同样兴盛了。"[②]

3. 英国圣道堂的办学情况

同治六年（1867 年），英国圣道堂在水梯子购得民房一所，建立布道所和小学。后又在马家口及芦庄子购民宅两处，设立学校和传教士住宅。

为严加管理中国籍学生，圣道堂制定了《天津圣道堂学馆条规》。条规共 12 条，主要有：学生"进馆先行聚祷诵经，或牧师，或传道先生主讲，必须一体肃静"，"学生功课……总以新旧约圣经为主。中国经书诗文次之"，"学生皆受洗奉教者，平日居心作为，固宜恪遵圣经真训，无犯教规"，"学生读书，当专心讲求"，"至于暇时间看书籍，亦不得杂乱无章，更不得观无益之书"，"生徒学道，原为造诣传教之才，以望圣会兴隆。或有不遵循教规者，必难任传教之职，或有不用心习学者，必难获传道之才，如见其人，劝之不听，即令早为出馆"，"为学生者，则以听命为本，无论事之巨细，不当任意苟简，如有不率教者，即行戒饬；再劝而不听者，斥退可也"[③]。

① 天津宗教志编辑室编：《天津宗教资料选辑》第一辑，1986 年，第 97 页。
② 天津宗教志编辑室编：《天津宗教资料选辑》第一辑，1986 年，第 99 页。
③ 李楚材：《帝国主义侵华教育史资料——教会教育》，教育科学出版社，1987 年，第 88～90 页。

光绪二年（1876 年），郝韪廉在天津设立神学院，有中国籍学生 20 人，毕业后分配至各地教会工作 ①。

光绪十四年（1888 年），殷森德的妻子以其故去的长女 Annie Edkins Innocent 的名字在天津兴办了一所女子小学 ②。

光绪二十七年（1901 年），圣道堂将被义和团焚毁的宫北教堂原址出售，另购东马路新址，于光绪三十一年（1905 年）建成教堂、学校和传教士住宅。该处建筑将楼房建得十分高大，礼堂亦很宽阔。该处因地点适中，来往行人众多，所以教会活动十分兴旺，学校也得到了较快的发展，该处逐渐成为圣道堂在天津活动的中心 ③。

4. 英国伦敦会的办学情况

同治三年（1864 年），英国伦敦会传教士理一视（Jonathan Lee）在法租界海大道建立了一所圣经学校，并按照中国人的习惯称之为"养正书院"，专门培养中国籍传教人员 ④。光绪二十八年（1902 年），"养正书院"第二任院长、英国伦敦会传教士赫立德（S. L. Hart）将"养正书院"扩建为"新学书院"，以培养通晓洋务的中国籍青年知识分子 ⑤。光绪三十三年（1907 年），"新学书院"设预备部和专科部。其中预备部设预备班（学制两年）和中学班（学制四年），专科部（学制四年）设化学科、格致科、文学科、工程科等。当年，两个部共有 300 名中国籍学生 ⑥。

5. 英国圣公会华北教区（又名"安立甘会"）的办学情况

光绪十九年（1893 年），英租界工部局将坐落在英租界咪哆士道（今和平区泰安道）与马厂道（今和平区浙江路）拐角处的一块空地（实为大坑），以出租（实为赠与）的名义交给圣公会华北教区使用。圣公会华北教区将此填平后，兴建教堂和传教士住宅。为解决英侨子女的教育问题，于光绪二十一年（1895 年）和光绪二十三年（1897 年）在马厂道 6 号和 8 号分别建立男、女学校各一所，并从英国请来女教员任教 ⑦。

---

① 天津宗教志编辑室编：《天津宗教资料选辑》第一辑，1986 年，第 109 页。

② 天津宗教志编辑室编：《天津宗教资料选辑》第一辑，1986 年，第 111 页。

③ 天津宗教志编辑室编：《天津宗教资料选辑》第一辑，1986 年，第 112 页。

④ 天津宗教志编辑室编：《天津宗教资料选辑》第一辑，1986 年，第 90 页。

⑤ 天津宗教志编辑室编：《天津宗教资料选辑》第一辑，1986 年，第 91 页。

⑥ 涂培元：《我所知道的新学书院》，《天津租界谈往》，天津人民出版社，1997 年，第 266～277 页。

⑦ 天津宗教志编辑室编：《天津宗教资料选辑》第一辑，1986 年，第 105 页。

位于咪哆士道与马厂道拐角处的教堂最多只能容纳 60 人，随着教徒的增多，该处教堂就显得太小了。光绪二十四年（1898 年），圣公会华北教区主教史嘉乐（C. P. Scott）决定在原址建造能够容纳 300 人以上的大教堂。此时，因女生人数大增，男生人数太少，史嘉乐决定将两校合并，成立一所男女生混校，命名为"安立甘教会学堂"，并在教堂院内兴建新校舍。后因义和团运动爆发，该项目被迫停工。光绪二十七年（1901 年）继续建造，光绪二十九年（1903 年）建成。第二年，圣公会华北教区决定将"安立甘教会学堂"迁至怡丰道（今和平区湖北路），校名亦更名为"天津英国文法学堂"。

"天津英国文法学堂"是一所专供西方国家子女上学的学校，招收年龄从 6 岁到 16 岁，从幼儿园开始，然后升至两个过渡班级和五个年级。高年级为准备通过"英国剑桥大学地方考试"而学习。一旦及格，则可使学生免试进入英国国内大学学习。该校一学年分三个学期，每学期大约为 13 周[1]。

6. 基督教青年会北美协会的办学情况

基督教青年会于 1844 年 6 月 6 日由英国人佐治·威廉（George Williams）在英国伦敦创办。基督教青年会在瑞士日内瓦设有"世界协会"机构，而真正掌握实权的则是设在美国纽约的"北美协会"。"北美协会"的工作范围不仅包括北美洲的美国和加拿大，还包括亚洲的中国、日本及印度。所以，在中国的"基督教青年会"均属"基督教青年会北美协会"管辖。

"基督教青年会北美协会"的主要力量虽然并非放在创建学校上，但在光绪二十九年（1903 年），天津"基督教青年会"总干事格林（R. R. Gailey）还是在津海关道唐绍仪的支持下，于仓廒街开办了一所普通中学，专门招收天津地区的文人与士绅的子弟[2]。

7. 日本基督教信仰者团体的办学情况

光绪二十四年七月十三日（1898 年 8 月 29 日），日本政府强迫清廷签订《天津日本租界条款》[3]，日本在天津设立了日租界。随着居住天津的日本人越来越多，为解决子女的教育问题，光绪二十八年（1902 年），在天津的日本基督教信仰者团体将日租界闸

---

①　转引自张大民主编：《天津近代教育史》，天津人民出版社，1993 年，第 150 页。

②　天津宗教志编辑室编：《天津宗教资料选辑》第一辑，1986 年，第 122 页。

③　条款的具体内容请见王铁崖编：《中外旧约章汇编》第一册，生活·读书·新知三联书店，1957 年，第 796～799 页。

口街（今和平区辽北路）旧商谈会会场的一部分作为校舍，成立了一所家庭私塾式的私立天津普通高等小学校（亦称寻常高等小学校）。开学之初只有 14 名日本籍学生，3 名女教师[①]。

天津的基督教会学校主要具有五个特点：第一，注重基础教育；第二，重视女子教育；第三，办学资金较为雄厚；第四，师资水平较高；第五，在学校管理方面具有较丰富的经验。

四、基督教会学校对天津传统教育
和近代教育的影响

基督教在天津开办学校的目的主要有两个：一是通过外语和近代科学知识的教学，培养对华文化侵略的骨干；二是利用传播科学知识作为传教和对华文化侵略的掩护。

但是，基督教开办的招收中国籍学生的学校对天津的传统教育和近代教育确实也产生了一定的影响。

首先，基督教会学校对天津近代教育中基础教育的课程设置有一定影响。

洋务运动时期，由于科举制依然存在，天津并没有兴建中、小学。当时所谓的"基础教育"主要是"五经馆"、"义学"和"私塾"等为学子们参加科举考试而兴办的学堂。虽然基督教建立学校是"为能应用教育方法，以实现传教之目的"[②]，但在基督教会学校中，除以教授新旧约圣经为主之外，还开设英语、算术、自然、地理、音乐等课程。这些课程的设置，确实给当时的天津教育界吹来了一股清新之风，以至于在"北洋新政"时期，特别是在清廷下诏废科举、兴学校之后，天津建立的中、小学校中普遍开设了上述课程。

其次，基督教建立的女子学堂有助于推动天津女子教育的发展。

中国的历朝历代都不重视女子教育，故有"女子无才便是德"之说。清廷于光绪二十八年七月十二日（1902 年 8 月 15 日）颁行的《钦定学堂章程》（亦称"壬寅学制"）[③]和二十九年十一月二十六日（1904 年 1 月 13 日）颁行的《奏定学堂章程》（亦称"癸卯学制"）[④]，均将女子教育排斥于外。袁世凯在多道要求废科举、办学校的上奏

① 万鲁建：《近代日本在天津设立的学校》，《消费导刊》2009 年第 8 期，第 228～229 页。
② 李楚材：《帝国主义侵华教育史资料——教会教育》，教育科学出版社，1987 年，第 44 页。
③ "壬寅学制"具体内容请见璩鑫圭、唐良炎编：《中国近代教育史资料汇编·学制演变》，上海教育出版社，1991 年，第 243～296 页。
④ "癸卯学制"具体内容请见璩鑫圭、唐良炎编：《中国近代教育史资料汇编·学制演变》，上海教育出版社，1991 年，第 300～530 页。

中，对女子教育也是只字未提。后受到著名教育家严修和傅增湘、著名翻译家严复、著名报人英敛之等人的劝导，尤其是看到基督教在天津举办了多所女子学堂，对幼儿的家庭教育确有益处之后，才逐渐改变了原来的想法，重视并支持兴办女子学堂。据不完全统计，在"北洋新政"时期，天津共建有北洋女师范学堂、北洋高等女学堂、长芦女医学堂、天津女子公学、天津县官立第一女子小学堂、天津县官立第九女子小学堂、天津县私立女子小学堂、天津县普育女学堂、天津县民立第四女子小学堂等[①]，涵盖小学、中学、大学、医学、师范等门类，当时在全国处于领先地位。

最后，基督教会学校传播了西学和西艺，并培养出一批中国籍的著名学者。

基督教会学校尽管以传教为目的进行文化侵略，但同时亦传入了西学和西艺。基督教会学校比中国学堂教授的天文、物理、化学等近代科学技术知识要多而扎实，其程度也要深和广。由于中国籍学生的刻苦努力和强烈的求知欲，基督教会学校确实也培养出一批中国籍的著名学者，如著名教育家罗光道、著名物理学家袁家骝、著名翻译家杨宪益、著名戏剧家黄佐临、著名医学家金显宅等均毕业于基督教开办的新学书院。

作者简介：涂小元，天津文博院，研究馆员，天津市河西区平江道 62 号，300201。

---

① 张大民主编：《天津近代教育史》，天津人民出版社，1993 年，第 136～139 页。

《游盘日纪》中的盘山摩崖题记

杨 新

（天津市文化遗产保护中心）

摘要：国家图书馆藏乾隆八年（1743年）查为仁《蔗塘未定稿·游盘日纪》记录查为仁与朱岷等4人由天津出发，入盘山游历的经过及诗文。游历中，于盘山题写并镌摩崖题刻3处，对盘山摩崖石刻及盘山历史文化研究具有一定的史料价值。

关键词：游盘日纪 盘山摩崖题记

国家图书馆藏乾隆八年（1743年）查为仁《蔗塘未定稿》包括外集在内，收录诗稿12编，其中外集第4编《游盘日纪》全程记录乾隆五年（1740年）查为仁（莲坡）与朱岷（导江）、陈皋（对鸥）和陆宗蔡（染香子）① 由天津出发，经贾家口、北仓、杨村、崔黄口、大口屯、宝坻城至邦军，再入盘山游历的经过及诗文。

《游盘日纪》共记录3处摩崖石刻。

第一处："玉龙涧"题字，应位于天成寺东通往西甘涧路旁崖壁。

二月七日，一行人由莲花岭登山至天成寺，午后至万松寺。由攀天成寺后翠屏峰下山，晚宿天成寺。

按《游盘日纪》：二月七日午后少息"岷符向导而前出山门，东上渡大涧，徘徊石桥上。僧言当夏秋雨后，西涧之水尽出于此。奔腾湃湃，如走玉龙，相语不能闻声。

---

① 查为仁（1695～1749），清代诗人，字心谷，号蔗塘、莲坡，又号莲坡居士、花影庵主人、澹宜居士。天津人。出身书香门第，其父曾建查氏园林别墅水西庄。查为仁于此广置图书金石鼎彝，结纳国内著名文人、学者。与厉鹗合笺《绝妙好词笺》被收入《四库全书》。著有《蔗塘未定稿》9卷、《外集》8卷、《莲坡诗话》3卷等。

朱岷，字导江，号客亭，江苏武进人。清代画家、书法家，游幕南北，后在津占籍，是客寓水西庄的重要江南艺术家。

陈皋，字江皋，号对鸥，钱塘人。陈章之弟，诗人、书法家。乾隆四年（1739年）来津居水西庄，乾隆七年（1742年）归扬州，是水西庄重要寓客，为查氏兄弟写样、刻版。

陆宗蔡，号染香子，吴县人。少贫苦，几致沦落，居水西庄，从查为仁学诗，不数月解吟。又与查为仁同游盘山、西山。善吹笛，水西庄有艺事，常以笛伴奏。

因觅对涧崖上大石题'玉龙涧'三字，倩导江隶书书之，字可斗大。命石工镌焉"。

2016 年 3 月做盘山摩崖石刻调查时，未发现此摩崖石刻，可补盘山摩崖石刻文字之缺。

第二处："乾隆五年庚申二月八日，新安朱岷、钱塘陈皋、宛平查为仁、元和陆宗蔡同游"题记，应位于西甘涧净土庵附近崖壁。

二月八日，一行人出天成寺东行至西甘涧，经东甘涧、盘古寺至云罩寺并登顶，后东行至东竺庵，晚宿此。

按《游盘日纪》：八日……予与同人间行于来时溪口，倩导江摩崖题名镌之。题云："乾隆五年庚申二月八日，新安朱岷、钱塘陈皋、宛平查为仁、元和陆宗蔡同游"二十八字（误，实为 30 字）。

《盘山摩崖题刻调查报告》（科学出版社，2022 年 11 月）刊载清朱岷题记 1 处，大致位于西甘涧净土庵西南崖壁。岩石风化严重，保存一般。可辨题记竖写一行，字径 9 厘米，正书"宛平□□仁题紫阳朱岷书"。因落款年代不详，根据朱岷所处时代，定做乾隆年间（1736—1795 年）。

根据《游盘日纪》所记，查为仁一行 4 人在乾隆五年（1740 年）二月七日至九日，游历盘山 3 日，行走时间与行走路线记录清晰，题刻所在方位与盘山西甘涧附近实地调查现存"清朱岷题记"摩崖题刻所在位置相吻合；再有，《盘山摩崖题刻调查报告》刊载"清朱岷题记"，残存文字应为《游盘日纪》所载题记落款，"宛平□□仁"便可认定是查为仁，"紫阳朱岷"即新安朱岷。至于朱岷落款称"紫阳"，是标称朱熹后裔的泛称。朱熹（1130—1200），字元晦，一字仲晦，斋号晦庵、考亭，晚称晦翁，又称紫阳先生、紫阳夫子、沧州病叟、云谷老人，行五十二，小名沈郎，小字季延，谥文，又称朱文公。南宋江南东路徽州婺源县（今江西省上饶市婺源县）人，生于福建路南剑州尤溪县（今福建省三明市尤溪县）。南宋理学家，程朱理学集大成者，学者尊称朱子。朱熹家境贫穷但自幼聪颖，绍兴十八年（1148 年）进士，年仅十九岁，历高宗、孝宗、光宗、宁宗四朝。于建阳云谷结草堂名"晦庵"，在此讲学，宋理宗赐名"考亭书院"，故世称"考亭学派"，又因朱熹别号"紫阳"，故世称"紫阳学派"。因此，明清间有关朱氏碑刻、墓志铭等石刻资料，多有称"紫阳先生后裔"的提法。

因此认为《游盘日纪》所记西甘涧处摩崖题记，应与《盘山摩崖题刻调查报告》刊载清朱岷题记为同一处摩崖石刻。《游盘日纪》所记年代，可补朱岷题记明确纪年之缺。此处残存的摩崖石刻，大概也是水西庄主与门客留在盘山的唯一实物资料。

第三处："小绉云"，应位于东竺庵遗址巨石上。

按《游盘日纪》：（八日）……庵内（东竺庵）左侧有石一峰，壁立无依，高出屋宇丈余，予因题"小绉云"三字，亦倩导江书之，命石工镌焉。

2016 年 3 月做盘山摩崖石刻调查时，未发现此摩崖石刻，可补盘山摩崖石刻文字之缺。

查为仁一行 4 人游历盘山 3 日，查为仁得诗 19 首，朱岷得诗 9 首，陈皋得诗 13 首，陆宗蔡得诗 9 首，共计诗文 50 首。其中朱岷《自上方寺踏雪至少林寺观多宝塔》、查为仁《宿东竺庵晓起山门看雪》和陈皋《自莲花池舍车步至天城寺》《宿东竺庵晓起山门看雪》《晚自欢喜岭取道西峰樵径而下》收录于蒋溥《钦定盘山志》。查为仁在《游盘日纪》开篇便道："仆于盘山之游胸结二十年矣，每一发兴，辄为事阻。"吴廷华《游盘山日纪序》提到："莲坡剧好奇观，其捷径蹈危，拥裘僵卧而不以为意，则诚无所畏矣。但以二十余年之结想而偶得暇以为是游，则是游也。"查为仁的"盘山之游胸结二十年"源于将近 10 年牢狱生活后对于生活态度的改变。在《游山集自序》中提到："山林幸不求吾是，泉石又不责吾非，然则遁迹是非之外，舍两山予将奚托耶？"山水田园成为他远离是非的栖身之所。郑方坤《蔗塘诗钞小传》云："心谷既出狱，则结园沽水之西，临流植援，闭门叠石，赋夕烟于琴幌，吟晓日于书床。而津门为水陆之冲，去京师十舍而近，冠盖相错，宾至如归，投辖赠鞭，征歌对酒。"

查为仁追求在山水田园中寻求安身，安于平淡，不嫌拙陋。从容平和而又坚守独立自由的人格，其《游盘日纪》有关盘山的记载，对盘山摩崖石刻及盘山历史文化研究具有一定的史料价值。

作者简介：杨新，天津市文化遗产保护中心，馆员，天津市和平区贵州路 58 号，300051。